ANVIL EDITIONS

Baudelaire
The Poems in Prose

The Poems in Prose

with *La Fanfarlo*

BAUDELAIRE

VOLUME II

EDITED, INTRODUCED AND TRANSLATED BY

FRANCIS SCARFE

Anvil Press Poetry

Published in 1989
by Anvil Press Poetry Ltd
Neptune House 70 Royal Hill London SE10 8RF
www.anvilpresspoetry.com

Reprinted 1991, 1996, 2004

ISBN 0 85646 170 9

This book is published with financial assistance
from the Arts Council of England

A catalogue record for this book is available from
the British Library

Set in Bembo by Bryan Williamson
Printed and bound in England by
Cromwell Press, Trowbridge, Wiltshire

PUBLISHER'S NOTE

THIS SERIES presents the work of major foreign poets in their original language, accompanied by prose translations. Its purpose is to help readers whose command of a language is not fluent enough to follow poems without constant recourse to a dictionary. It also aims to provide authoritatively edited texts or selections with expert introductions which will be useful to readers of any level of linguistic accomplishment.

In the case of this book, we have presented a facing-text edition, since translations at the foot of the page, as in the companion volume of Baudelaire's verse, would be inappropriate. Francis Scarfe intended his translations to be enjoyed in their own right, and not used solely as an aid to construing Baudelaire's French. His main introduction to Baudelaire's œuvre appears in volume I, where there is considerable discussion of the prose poems in the context of Baudelaire's poetry as a whole.

Francis Scarfe handed us the typescript of this volume two or three months before he died in March 1986. We were unable to discuss points of detail or to prepare the book for publication in consultation with him as we had done with volume I. We have therefore confined our editing to the minimum, correcting only slips of the typewriter, obvious misreadings and small inconsistencies of style. We are grateful to Bernard Howells, lecturer in French at King's College London, for his valuable comments on our editorial emendations, for which we alone bear responsibility.

The French text is in the main that of C. Pichois in the Pléiade edition of 1976. We have omitted the verse Epilogue ('Le cœur content...') which in the opinion of most editors, including Francis Scarfe, properly belongs where it appears in volume I. Dates in square brackets are those of magazine publication in Baudelaire's lifetime, or within a few weeks of his death. A few dates in round brackets are of projected publication in *La Presse* – poems 1-20 had appeared there in August and September 1862, but poems 21-26 got no further than proof. Undated poems were not printed until the posthumous edition of 1869.

<div align="right">

PETER JAY
JULIA STERLAND

</div>

TABLE DES MATIÈRES

CONTENTS

INTRODUCTION

The *Poems in Prose*, or *Paris Blues*

I

BAUDELAIRE first mentioned 'prosifying' or translating his verse into prose in *La Fanfarlo* (see p.227), then did so in 1851 when he included two prose versions of his 'wine' poems in *Du Vin et du haschisch*. However it was only in 1855 that he began writing and publishing poems in prose. In that year he contributed the first prose versions (given on pp.267 and 269 below) of 'Le Crépuscule du soir' and 'Solitude' (which really consist of one poem in two parts) to a collection offered to the landscapist C.F. Denecourt, for whose benefit Baudelaire, who professed to hate Nature, added a few words of tribute to a fine landscape.

It was only in 1857 that Baudelaire began writing a series of poems in prose under the title *Poèmes nocturnes*, and in the following year he announced that he had begun serious work on such a book. Then his acquaintance with the artist Charles Méryon, and a chance re-reading of Aloysius Bertrand's *Gaspard de la nuit* (1831) combined to suggest something rather different from the group of six 'nocturnal' poems which had appeared in *Le Présent* in August 1857. A further group of nine pieces published in *La Revue fantaisiste* in 1861 contained six reprints and only three new items: this review promised a further batch, then went out of business.

By now the poet was anxious to find a review which would undertake publication of the whole series. This great opportunity seemed to have come when his influential friend Arsène Houssaye became editor of the important *La Presse*, and in August and September 1862 printed three batches of the prose poems, making a total of twenty of which fourteen were new items and six were reprints. A further *feuilleton* was announced but never appeared, as the poet and publisher soon fell out. Houssaye was angry on discovering that some of the poems had already appeared elsewhere. Baudelaire maintained that he had expected Houssaye to publish the entire series, and that the pieces complained of had been published only in ephemeral magazines. In any case Houssaye soon ceased being editor, but the unfortunate misunderstanding explains why Baudelaire had to make

frantic efforts to publish the rest of his work, which appeared piecemeal in a dozen different reviews in the next few years. By the time of his death he had got forty-five items into print, and a further five were found and inserted in the posthumous edition of 1869. The poems in prose had become for Baudelaire a *gagne-pain*, a vital source of income, so that he had no further scruples about reprinting his more popular pieces several times over, which he did without any complaint from the editors. He was unable, however, to secure any suitable contract for the book as a whole.

Although the *Petits Poèmes en prose* may be regarded as a complete work as it stands, after projecting fifty, then sixty items Baudelaire drew up a list of over a hundred possible themes. Many of these would have been very personal, some of them in the nature of autobiographical sketches drawn from his childhood or of an anecdotal kind. One which we may particularly regret concerns his father's portrait. With the exception of the fascinating notes for the 'Elegy on Hats' and the 'Symptoms of Ruin', the surviving drafts, given here in the Appendix, are not of any great interest.

II

In the course of his beautiful book's evolution, Baudelaire remained for some years at a loss for a suitable title. When it came to publication in reviews he used the title *Poèmes nocturnes* only once. The rubric became *Poèmes en prose* in 1861, then *Petits Poèmes en prose* in 1862 and 1863, the term 'petits' no doubt meaning short rather than little. Meanwhile he had toyed with *Le Promeneur solitaire*, which is too close to Rousseau's *Rêveries d'un promeneur solitaire*, and *Le Rôdeur parisien* which evokes Restif de la Bretonne's *Les Nuits de Paris, ou le Spectateur nocturne*. The title *Le Spleen de Paris, poèmes en prose* was used in 1864 but not repeated thereafter. In my view it is not at all necessary to regard *Le Spleen de Paris* as the main or definitive title, but it might remain as a subtitle.

The order of presentation in the present edition (as in that of 1869) is based on a list compiled by Baudelaire in 1865, which shows no signs of a chronological arrangement in the order of composition, nor of any thematic grouping. Baudelaire himself thought of the book as being in four sections: I, Parisian themes; II, Dreams; III, Symbols and moralities; IV, 'other possible headings'. This suggests that he was aware that the Parisian element is not representative of the

collection as a whole. Indeed of the fifty surviving pieces only ten have any direct relationship to the Parisian background.

For obvious reasons the title *Le Spleen de Paris* has little or no appeal for the Anglo-Saxon reader. Nowadays the term 'spleen' refers only to an unpleasant and mysterious part of the anatomy, while its many meanings as an abstract term have fallen into disuse, with only the notion of anger remaining, as in the cliché 'to vent one's spleen', which suggests a rather irrational outburst.

The question arises, what could the term *spleen* have meant for Baudelaire or for his readers at that time? In his verse it is closely allied to *ennui* or a certain deadness of mind, body and soul. But outside poetry the word must then have had some accepted meaning. The problem may be resolved to some extent by reference to a nineteenth-century edition of the *Dictionnaire de l'Académie*, where we find the following:

> SPLEEN (on prononce *spline*): mot emprunté de l'anglais. Sorte d'hypochondrie qui consiste dans un ennui sans cause et dans le dégoût de la vie. *Avoir le spleen. Être dévoré de spleen.*

This is not particularly helpful. Perhaps Baudelaire would not have accepted the 'sans cause'. One cannot think in terms of 'Paris hypochondria', as that expression can only refer to persons and not to places or things.

On the other hand the OED shows that the word's early uses in the abstract sense were very varied in English. In the sixteenth century it could mean 'hot or proud temper' and 'violent ill nature or ill humour'. In the seventeenth century it meant 'excessive dejection', 'depression of spirits', 'moroseness', 'melancholia'. Nearer to Baudelaire's period the examples given are Tennyson's 'flashed into sudden spleen', Bulwer Lytton's 'he is the victim of English spleen', and the rather odd 'this room gives me the spleen' of 1860. I therefore make no apology for avoiding the word and for translating *Le Spleen de Paris* as *Paris Blues*. The English term 'blue devils' goes back to 1742, while 'the blues' (1787) already meant 'depression of spirits', so that we must not imagine that 'blues' only concern modern jazz music. Even then, it can easily be shown that only seventeen of the fifty poems have anything to do with spleen or the blues, and as a result the dominant mood in the book is one which shows a positive approach to existence.

III

Baudelaire's letter of 1862 to Arsène Houssaye, which since 1869 has been used by editors as if it were a formal dedication, is rather an unfortunate document in every respect. It was written at a moment when Baudelaire had high hopes of Houssaye's support, and is unpleasantly ingratiating. It is most unlikely that the poet would ever have reprinted it after Houssaye had let him down. Secondly, Houssaye himself, a man of facile and squandered talents, a *touche-à-tout* who never managed to write anything worth taking seriously, had tried his hand at writing so-called prose poems. His 'Chant du vitrier' or 'Glazier's Song' with its little refrain 'Oh! Vitrier!' was a heartily lugubrious affair in which the writer ended by offering the famished pedlar a good meal. Baudelaire's acidulous 'Le Mauvais Vitrier' is obviously a sharp reply to that, and is not to be taken too seriously, either. Critics have gone to town about this piece and a few other atrocities like 'La Corde' and 'Assommons les Pauvres' as evidence of Baudelaire's 'sadism', forgetting that he wrote that he had 'been accused of all the crimes he described'; forgetting also the very basis of his outlook on life and its reflection in his work, 'extase de la vie – horreur de la vie', the poles which he so finely epiphanized in all his poetic work and even in his criticism.

A further unfortunate aspect of the Houssaye letter is the exaggerated prominence it gives to Aloysius Bertrand's *Gaspard de la nuit* (1842). This book is to be regarded as a cause and not a source of Baudelaire's book. Bertrand's whimsical material is of no interest in itself, but he was certainly the originator of the short prose-poem as a literary genre in France. We must dismiss the well-meaning pedants who have painfully traced the prose-poem back through such writers as Chateaubriand, Maurice de Guérin, Jean-Jacques Rousseau and found even earlier and dimmer manifestations: what they are really talking about is no more than the romantic purple passage or Jack Style. However, Bertrand had an authentic and original system of his own which justifies his claim as an innovator. Unlike Baudelaire's poems or anyone else's, Bertrand's have their basis in conventional prosody. He equated the paragraph to the poetic strophe or stanza. He instructed his printer to arrange his text in such a way that each prose-poem was clearly divided into four, five, six or seven 'alinéas ou couplets' (indentations or versicles) with wide spaces between them. But Bertrand admitted that from Book Four onwards (i.e. half the work) he had abandoned that rather limiting process and

introduced looser passages, dialogue and so on. There is no sign that Baudelaire obeyed Bertrand's prescriptions, but twenty-eight of the fifty pieces in his *Poèmes en prose* range from a single paragraph to as few as seven paragraphs.

As for Baudelaire's remarks in the same letter on 'poetic prose', while such a term quite obviously applies to a few early pieces like 'Un Hémisphère dans une chevelure' and 'L'Invitation au voyage' and for that matter the delightful 'Les Bons Chiens' which was written much later, his work does not often indulge in the purple passage and shows a wide stylistic range. In any case Baudelaire *borrowed* nothing at all from *Gaspard de la nuit*, its only significance being that its stimulus made Baudelaire the first and most distinguished successor to the inventor of the short prose-poem. Here we are not talking in terms of 'poetic prose' merely, in which Baudelaire was forestalled by Nerval and dozens of other writers.

For the Anglo-Saxon reader there is nothing very surprising about the form taken by Baudelaire's last work. Many of his pieces are not, after all, so far removed from some of the 'poetic' essays of Charles Lamb or Hazlitt, or for that matter those of Goldsmith, Addison and other eighteenth-century essayists. The appeal of the *Petits Poèmes en prose* does not lie in the adoption of a particular, highly debatable form, but in its wide range of subjects, its variations of tone and mood, its great variety of presentation and above all its psychological subtleties. Men, women, children, animals and supernatural characters, and the complex character of the poet himself with his angers and his prayers, are all brought vividly to life in a superbly written volume which is a worthy pendant to *Les Fleurs du mal* itself. It shows the poet at the height of his powers, totally uninhibited in his expression of wonder, tenderness, and compassion, and of those 'negative emotions' which offend the prude and pedant but which T.S. Eliot, like Baudelaire, regarded as a fit theme for poetry.

La Fanfarlo

I

DATING A literary work is a boring business, but in the case of *La Fanfarlo* it is necessary to discuss the problem, for reasons to be seen later. Baudelaire's friend Charles Asselineau who was the first to write the poet's biography affirmed in 1868 that the book was written in 1843-4. As it was only published in January 1847 there has been much

speculation about what happened to it in the meantime. The poet referred to it in letters to his mother in 1843 and 1844, at first saying that the story would appear in the *Bulletin des amis des arts* in January 1844, which it did not; then that it had been rejected by *La Démocratie pacifique* 'on grounds of immorality'. In June 1844 he wrote that he was still busy with his 'interminable nouvelle'. At some stage the story was also rejected by *La Revue de Paris*, which ceased publication in June 1845.

It is not unlikely that, having drafted his novella in 1843, Baudelaire modified it more than once in his efforts to satisfy the editors of the three journals to which he submitted it, indeed four if we count the *Bulletin de la Société des gens de lettres* which printed it in 1847. But the situation is complicated by critics who point to a resemblance in the structure of *La Fanfarlo* to that of Balzac's (third part of) *Béatrix*, which appeared in instalments under the title 'Un adultère retrospectif' in December 1844 and January 1845; that is to say some months after Baudelaire began circulating his text. C. Pichois in his Pléiade edition (1975) sensibly enough concludes that *La Fanfarlo* should be imprecisely dated 1843-1846. This is all very well so long as we recognize that the work must already have had some sort of structure and plot when submitted for publication as early as 1843-4, and that its intrigue and four characters must already have taken shape.

Admittedly, Balzac's incident in which a young man is involved in seducing another's mistress has its parallel in *La Fanfarlo*; but such a manoeuvre had long been a commonplace theatrical device. In the case of Balzac and Baudelaire, who used it first? As Balzac is known to have frequented the hôtel Lauzun (Pimodan) at a time when Baudelaire was living there, the great novelist might well have heard about Baudelaire's story before writing his own. It would not be the first time that Balzac owed the germ of an idea to someone else – but of course the transfer could have occurred either way and quite unconsciously. But if Balzac, like Molière, could dare to 'prendre son bien partout où il le trouve', it seems unlikely that a young writer would be so foolish as to imitate another's work so soon after its publication.

Apart from all this, on several occasions Baudelaire was to list *La Fanfarlo* as his first work, which means that he placed it before his *Salon de 1845*. All the available evidence suggests that Baudelaire's novella in its main elements and structure was completed before the public appearance of Balzac's; but some shade of mystery remains. Critics have also found echoes of Gautier, Alfred de Musset and Sainte-Beuve in his work, but as we shall see, these are insignificant

compared with another possible influence, which has so far been ignored.

II

The significant difference between Balzac's and Baudelaire's stories is that *La Fanfarlo* is not simply the comedy of a seduction: it is the story of insincere loves. Samuel Cramer's insincere design to win Mme de Cosmelly is followed by an even more insincere approach to the dancer Fanfarlo, which ends in his being trapped when he really does fall in love with her, after which his previous duplicity is revealed, and thereafter he is condemned to the martyred existence of a despised and cuckolded lover. It is only the abruptness of the final two pages of the work, a kind of postscript written almost in note-form, that gives the book a flippant ending instead of the darker overtones of black comedy which a longer ending to the work would have involved.

It has often struck me that instead of digging frantically for what they call 'sources', literary critics – and academic critics in particular – should spend more time on thinking about *causes*. Certainly some books are pillaged by other writers, and are therefore sources. Other works, more importantly, are not pillaged but impel other writers to attempt something similar to their model, and act as catalysts.

In the latter case such models are not *sources*, but *causes*. Baudelaire was particularly subject to impressions and reactions of this kind. Thus, *Gaspard de la nuit* was a *cause* but not a *source* of the poems in prose; Poe was a cause and not a source of some of Baudelaire's writings; De Quincey was both a source *and* a cause for the poet's essays on opiates. To give even clearer examples from non-literary fields, Delacroix, Daumier, Méryon, Constantin Guys and the sculptor Christophe were *causes* of some of Baudelaire's poems, and paintings and sculptures can hardly be described as sources. It would take a whole book to expound a theory of causes; but a simple enough start would be a study of such problems as Nietzsche/Gide and Nietzsche/Valéry, or the different *kinds* of impact made by the Waverley Novels, or Wagner, in France.

On this basis I would suggest that the most obvious *cause* of *La Fanfarlo* could not have been something by Balzac, but was Benjamin Constant's short novel *Adolphe*, which he wrote in 1807 and published in 1816. *Adolphe* is the intricate, analytical story of an insincere love-affair, based on the author's painful relationship with Madame de

Staël, which ends in torment in the same way as Samuel Cramer's affair with Fanfarlo, except that Fanfarlo does not die and the anti-hero has to face the music for the rest of his life, in subjection to the woman he has cheated. Baudelaire made his novella more complex in that it consists of a *double inconstance* (to use Marivaux's term), a false relationship with two women instead of one, while the women reciprocate with equal cunning and falsity, turning the tables. This is a far more complex affair than Balzac's.

That is not all. There is ample evidence in both texts to show that *Adolphe* was not only a *cause*, but also a *source* of *La Fanfarlo*, as regards many of its details. Setting aside numerous smaller parallels or echoes we have such outstanding examples as:

Baudelaire	'Nos passions sont-elles sincères? Qui peut savoir sûrement ce qu'il veut et connaître au juste le baromètre de son cœur?'
Constant	'Il n'y a pas d'unité complète dans l'homme, et presque jamais personne n'est tout à fait sincère ni tout à fait de mauvaise foi.'
Baudelaire	'Il avait souvent singé la passion; il fut contraint de la connaître.'
Constant	'L'amour, qu'une heure avant je m'applaudissais de feindre, je dus tout à coup l'éprouver avec fureur.'
	'Nous sommes des créatures tellement mobiles, que les sentiments que nous feignons, nous finissons par les éprouver.'

So much for that; but if such evidence is not enough it is interesting to note that Adolphe's mistress Ellénore becomes at one stage 'coquette' and pretends to flirt with other men in the same way as Madame de Cosmelly. In addition, the dénouement in both books depends on the receipt of a telltale letter. Thus I conclude that *La Fanfarlo* owes more to Constant than to Balzac or any other writer.

A further speculation arises: was it Baudelaire's intention not only to imitate or parody Constant's novel, but to caricature the Swiss writer himself in his portrait of the dilettante Samuel Cramer? Why else should Samuel Cramer be the offspring of 'un blême Allemand', a bloodless German? Although Constant was of remote French extraction he was plagued throughout his life by those who challenged his claim to being French. The family had emigrated to Switzerland in 1567, exactly two hundred years before Constant's birth, from the

Artois region which was then a Flemish province under Spanish rule. To add to the complications, Constant's ancestor had adopted the name Agostino Constante on his arrival in Geneva. Apart from short spells in Oxford and Edinburgh, Constant's main education was received in Germany, where he subsequently held a post in the court of the Duke of Brunswick and later moved in the Goethe-Schiller-Schlegel circle. He became, in the words of Sainte-Beuve himself, 'ce tribun parisien croisé d'Allemand'. Like Samuel Cramer, Constant was a dilettante who wrote with equal facility on philosophy, politics and theology, as well as dabbling with poetry, the theatre and the novel. Like Adolphe and Samuel he was notorious for his dubious attachments and shiftiness with women. Learned and slapdash, aggressive and faint-hearted, noble and cynical, generous and mean, self-critical and faintly ridiculous in his own eyes, Constant himself was the living exemplar of the romantic anti-hero, just as Adolphe was its literary exemplar before Byron's Childe Harold and Don Juan came along. Such predecessors as Joseph Andrews and Candide are in rather a different category. If not exactly a rat, we may smell a Constant and an Adolphe in Samuel Cramer, who is also a caricature of the young Baudelaire himself.

<div align="center">III</div>

Some critics have tried to identify Madame de Cosmelly with Baudelaire's sister-in-law Félicité Baudelaire, on the grounds that the poet sent her flirtatious notes at one time. But there is no evidence whatever that the strait-laced bourgeois, Félicité, was ever a betrayed or scheming wife like Madame de Cosmelly.

More determined efforts have been made to identify Fanfarlo with the feeble actress Marie Daubrun, with whom Baudelaire had an unsatisfactory flirtation in the 1850s and for whom he wrote an important series of poems. The argument for such an identification depends on re-dating a letter known as 'la lettre à Marie', usually considered to have been written in 1852 but now conveniently pushed back to about 1847, on the grounds that someone (allegedly Deroy, who died in 1848) had painted Daubrun's portrait in Baudelaire's presence. This does not stand up to close scrutiny. There is no evidence whatever that Baudelaire knew or was interested in Marie before 1852. Where is Deroy's portrait? Marie was barely eighteen years old when she was playing small parts in 1846, by which time *La Fanfarlo* had already been circulated to various reviews. Her first

minor success came with *La Belle aux cheveux d'or* some months after the novel was published, in 1847. This pusillanimous dumb blonde, who took seven years to decide whether to live with Baudelaire or Banville, who could never find a part in a Paris theatre between 1854 and 1859, and who 'retired' from the stage at the age of thirty-one, in no way resembles the portrait of la Fanfarlo, and C. Pichois is wide of the mark in asserting that 'ses traits sont à peu près ceux da la Fanfarlo'. On the contrary, Fanfarlo's characteristics are clearly those of Jeanne Duval, and she has not a single trait in common with Marie Daubrun. Fanfarlo is portrayed as aggressively sexy and immodest; cunning and experienced in the ways of the world; with her great shock of hair, her lively libertine manners and uninhibited life-style, her flamboyant taste for flashy clothes and gaudy furnishings, and above all her delight in a spicy, exotic cuisine. When Fanfarlo bends to lace her high boots she reveals the 'chair brune' of her dark-skinned shoulders; she is tall and elegant whereas critics described Marie as dumpy and ungraceful. Fanfarlo's eyes are 'clairs', meaning bright, like those of Jeanne which remained fiery even in old age, whereas Marie's were described by critics (and by the poet) as veiled and dim. In 1846 Charles Hervey described Marie as 'short but symmetrical' and her movements 'deficient in grace'; others wrote that her postures were wooden, her enunciation poor, her manner sulky and bored. It was a left-handed compliment to say that she was trying to rival Mademoiselle George, as that actress was a heavyweight bordering on twenty stone. None of all this can be said of Fanfarlo, who in every respect resembles Jeanne Duval (except perhaps in the matter of intelligence, in which Marie was not very strong, either). Finally, the identification with Jeanne is firmly established by the 'imaginary' drawing, inscribed *La Fanfarlo*, which Baudelaire made himself in 1846 and which is in no way distinguishable from others which he made of his beautiful dusky mistress.

IV

Structurally, there is a serious disproportion between the first and second parts of Baudelaire's novella. The first two-thirds of the work are taken up with the skirmishes between Samuel Cramer and Mme de Cosmelly, before he decides to separate Fanfarlo from that lady's husband. The last third of the novel presents with breathless haste the seduction of Fanfarlo and the subsequent discomfiture of the hero.

Critics have remarked unfavourably on this structural imbalance, only one of them (C. Pichois) claiming that the first part is a 'savante préparation' for the rest. If common sense is to be our guide, it would be better to discard the idea that the weakness of structure was deliberate: it is more likely that the author was faced with some unpleasant editorial problem (as I once was when asked to cut out the last fifty pages of my first novel). The poet probably had to skimp or cut material from the final part, in order to produce a work of the right length for a *feuilleton*. On the other hand the over-long introduction would have been useful enough in a much longer novel than it became; a worldly explanation being that Baudelaire was short of cash and finished the job in a hurry.

Baudelaire's (as I see it, *unfinished*) novella had the makings of a satirical masterpiece of the type of Beerbohm's *Zuleika Dobson*, Huysmans's *À Rebours*, Valéry Larbaud's *Fermina Marquez*, or any of Evelyn Waugh's early fictions. The joke about it is that it is so like the 'belles œuvres ratées', the failed successes of Samuel Cramer himself. The prevailing tendency is to dismiss or take this youthful work too lightly, although, far from being a flop in its day, it was reprinted five times in less than three years. It is an hilarious self-caricature as well as a satire on the poet's romantic predecessors, the *Jeunes-France*, and his contemporaries of the *École Normande*. Of course it is what the French call a *canular*, a leg-pull, and is not to be read with a long face. Both in French and in translation the pastiche of the purple style is off-putting, but it was one of those seminal works responsible for the 'écriture artiste' of the Aesthetic movement. With its sharp flashes of wit, its veiled jokes and innuendos, its perverse ironies, its reflections on the arts and manners of the period, it is not only a fascinating document of the poet's mind when in his early twenties (turned inside-out in the manner of Sterne); it is a charming extravaganza which becomes the more enjoyable the oftener it is read.

<div align="right">

FRANCIS SCARFE
Oxford, 1985

</div>

Petits Poèmes en prose
[LE SPLEEN DE PARIS]

Poems in Prose
[PARIS BLUES]

À ARSÈNE HOUSSAYE

Mon cher ami, je vous envoie un petit ouvrage dont on ne pourrait pas dire, sans injustice, qu'il n'a ni queue ni tête, puisque tout, au contraire, y est à la fois tête et queue, alternativement et réciproquement. Considérez, je vous prie, quelles admirables commodités cette combinaison nous offre à tous, à vous, à moi et au lecteur. Nous pouvons couper où nous voulons, moi ma rêverie, vous le manuscrit, le lecteur sa lecture; car je ne suspends pas la volonté rétive de celui-ci au fil interminable d'une intrigue superflue. Enlevez une vertèbre, et les deux morceaux de cette tortueuse fantaisie se rejoindront sans peine. Hachez-la en nombreux fragments, et vous verrez que chacun peut exister à part. Dans l'espérance que quelques-uns de ces tronçons seront assez vivants pour vous plaire et vous amuser, j'ose vous dédier le serpent tout entier.

J'ai une petite confession à vous faire. C'est en feuilletant, pour la vingtième fois au moins, le fameux *Gaspard de la Nuit*, d'Aloysius Bertrand (un livre connu de vous, de moi et de quelques-uns de nos amis, n'a-t-il pas tous les droits à être appelé *fameux?*) que l'idée m'est venue de tenter quelque chose d'analogue, et d'appliquer à la description de la vie moderne, ou plutôt d'*une* vie moderne et plus abstraite, le procédé qu'il avait appliqué à la peinture de la vie ancienne, si étrangement pittoresque.

Quel est celui de nous qui n'a pas, dans ses jours d'ambition, rêvé le miracle d'une prose poétique, musicale sans rythme et sans rime, assez souple et assez heurtée pour s'adapter aux mouvements lyriques de l'âme, aux ondulations de la rêverie, aux soubresauts de la conscience?

C'est surtout de la fréquentation des villes énormes, c'est du croisement de leurs innombrables rapports que naît cet idéal obsédant. Vous-même, mon cher ami, n'avez-vous pas tenté de traduire en une *chanson* le cri strident du *Vitrier*, et d'exprimer dans une prose lyrique toutes les désolantes suggestions que ce cri envoie jusqu'aux mansardes, à travers les plus hautes brumes de la rue?

Mais, pour dire le vrai, je crains que ma jalousie ne m'ait pas porté bonheur. Sitôt que j'eus commencé le travail, je m'aperçus que non seulement je restais bien loin de mon mystérieux et brillant modèle, mais encore que je faisais quelque chose (si cela peut s'appeler *quelque chose*) de singulièrement différent, accident dont tout autre que moi

TO ARSÈNE HOUSSAYE

My dear friend, I am sending you a modest work of mine, of which nobody can say without injustice that it has neither beginning nor end, as everything in it is both head and tail, one or the other or both at once, each way. I must ask you to appreciate the admirable convenience of such an arrangement for all concerned – for you and me and the reader. We may break off or skip wherever we wish – I, my revery, you, the manuscript, and the reader his perusal; for I have not strung the latter's wayward will to the endless thread of some unnecessary plot. Take out a vertebra and the two halves of my tortuous fantasy will join together again quite easily. Slice it into any number of chunks and you will find that each has its independent existence. In the hope that a few of these slices will have enough life in them to please and entertain you, I venture to dedicate the whole snake to you.

I have a small confession to make. When I was browsing for at least the twentieth time in Aloysius Bertrand's famous *Gaspard de la nuit* (a book well-known to you and me and a few of our friends, so it surely has the right to be called famous) I had the idea of trying to write something of the same kind, but applying to the portrayal of modern life – or, rather, a certain variety of modern, more abstract life – the same method as he had applied to the depiction of the quaintly picturesque life of a bygone age.

Which of us has never imagined, in his more ambitious moments, the miracle of a poetic prose, musical though rhythmless and rhymeless, flexible yet strong enough to identify with the lyrical impulses of the soul, the ebbs and flows of revery, the pangs of conscience?

The notion of such an obsessive ideal has its origins above all in our experience of the life of great cities, the confluence and interactions of the countless relationships within them. Have you not yourself, dear friend, endeavoured to transmute the *Glazier's* strident street-cry into a song, and to express in lyrical prose all the saddening implications that such an utterance throws up to garret and attic through the mist-bound streets?

But to tell the truth, I'm afraid that my envy brought me no joy. I no sooner started work than I realized I was falling far short of my mysterious and brilliant model, and also doing something remarkably different – a mishap that anyone but myself would no doubt take

s'enorgueillirait sans doute, mais qui ne peut qu'humilier profondément un esprit qui regarde comme le plus grand honneur du poète d'accomplir *juste* ce qu'il a projeté de faire.

<div align="right">

Votre bien affectionné,

C.B.

</div>

pride in, but which can only be deeply humiliating to any mind that believes the poet's highest honour to lie in achieving exactly what he set out to do, and nothing else.

Affectionately yours,

C.B.

[26 August 1862]

I
L'ÉTRANGER

«Qui aimes-tu le mieux, homme énigmatique, dis? ton père, ta mère, ta sœur ou ton frère?

– Je n'ai ni père, ni mère, ni sœur, ni frère.

– Tes amis?

– Vous vous servez là d'une parole dont le sens m'est resté jusqu'à ce jour inconnu.

– Ta patrie?

– J'ignore sous quelle latitude elle est située.

– La beauté?

– Je l'aimerais volontiers, déesse et immortelle.

– L'or?

– Je le hais comme vous haïssez Dieu.

– Eh! qu'aimes-tu donc, extraordinaire étranger?

– J'aime les nuages... les nuages qui passent... là-bas... là-bas... les merveilleux nuages!»

I
THE OUTSIDER

– Now tell me whom you love most, mysterious fellow; your father, mother, sister, or brother?

– I have neither father nor mother, sister nor brother.

– And your friends?

– You use a term I have never known the meaning of, so far.

– Your homeland?

– I have no idea where that can be.

– Beauty?

– I'd be glad to love that, if it were a goddess, and immortal.

– Gold?

– I hate that as much as you hate God.

– What do you love then, strangest of strangers?

– I love the clouds, clouds that go passing over, far away . . . yonder . . . the marvellous clouds.

[1862]

II
LE DÉSESPOIR DE LA VIEILLE

La petite vieille ratatinée se sentit toute réjouie en voyant ce joli enfant à qui chacun faisait fête, à qui tout le monde voulait plaire; ce joli être, si fragile comme elle, la petite vieille, et, comme elle aussi, sans dents et sans cheveux.

Et elle s'approcha de lui, voulant lui faire des risettes et des mines agréables.

Mais l'enfant épouvanté se débattait sous les caresses de la bonne femme décrépite, et remplissait la maison de ses glapissements.

Alors la bonne vieille se retira dans sa solitude éternelle, et elle pleurait dans un coin, se disant: – «Ah! pour nous, malheureuses vieilles femelles, l'âge est passé de plaire, même aux innocents; et nous faisons horreur aux petits enfants que nous voulons aimer!»

II
AN OLD WOMAN'S DESPAIR

The tiny wizened old lady felt overjoyed when she saw the pretty little child that everyone was making so much of and doing their best to please – such a delicious little baby, so delicate, and as fragile as the little old body herself, and as toothless and bald-headed as she was.

So she drew closer, intending to offer him a sweet smile or two, and pull a few nice faces.

But the terrified infant squirmed and raved at the decrepit old woman's caresses, and started filling the whole house with its screams and squeals.

Then the good old soul went away, and relapsed into her eternal solitude. She went and wept in a corner, saying to herself, 'Ah – for the likes of us miserable old hags, the day has gone when we could please even the innocent, and now we terrify the little bairns we long to love.'

[1862]

III
LE *CONFITEOR* DE L'ARTISTE

Que les fins de journées d'automne sont pénétrantes! Ah! pénétrantes jusqu'à la douleur! car il est de certaines sensations délicieuses dont le vague n'exclut pas l'intensité; et il n'est pas de pointe plus acérée que celle de l'Infini.

Grand délice que celui de noyer son regard dans l'immensité du ciel et de la mer! Solitude, silence, incomparable chasteté de l'azur! une petite voile frissonnante à l'horizon, et qui par sa petitesse et son isolement imite mon irrémédiable existence, mélodie monotone de la houle, toutes ces choses pensent par moi, ou je pense par elles (car dans la grandeur de la rêverie, le *moi* se perd vite!); elles pensent, dis-je, mais musicalement et pittoresquement, sans arguties, sans syllogismes, sans déductions.

Toutefois, ces pensées, qu'elles sortent de moi ou s'élancent des choses, deviennent bientôt trop intenses. L'énergie dans la volupté crée un malaise et une souffrance positive. Mes nerfs trop tendus ne donnent plus que des vibrations criardes et douloureuses.

Et maintenant la profondeur du ciel me consterne; sa limpidité m'exaspère. L'insensibilité de la mer, l'immuabilité du spectacle, me révoltent... Ah! faut-il éternellement souffrir, ou fuir éternellement le beau? Nature, enchanteresse sans pitié, rivale toujours victorieuse, laisse-moi! Cesse de tenter mes désirs et mon orgueil! L'étude du beau est un duel où l'artiste crie de frayeur avant d'être vaincu.

III
THE ARTIST'S *CONFITEOR*

How deeply autumn sundowns penetrate us, piercing to the pang of pain: for certain delicious sensations may be vague enough yet none the less intense, and no point is sharper than the Infinite's.

Great is the delight of letting one's gaze drown in the immensity of sky and sea. Solitude and silence, the incomparable chasteness of the azure heavens; a speck of sail quivering on the horizon, its smallness and loneliness the image of my irreparable existence; the monotonous melody of the ocean swell – all these things think through me, or else I think through them – for the ego is very soon lost in the vastness of revery: they think, I said, but think in music and the picturesque, with never a quibble or syllogism or deduction.

These thoughts, however, whether they come from within me or whether they proceed from things themselves, quickly become far too intense. The energy of voluptuous feeling ends in discomfort and positive suffering. The overwrought nerves have nothing to offer but harsh and painful reverberations.

The unfathomable sky dismays me now, its limpidness irritates me. The stark insensibility of the sea and the changeless pattern of the natural scene now fill me with disgust. Must we forever suffer, or must we flee from the beautiful for ever? Nature, who enchant us without mercy, my unfailingly victorious rival, plague me no more. Tempt my aspirations and self-respect no longer. The study of the beautiful is a duel, in which the artist protests in terror, before defeat.

[1862]

IV

UN PLAISANT

C'était l'explosion du nouvel an: chaos de boue et de neige, traversé de mille carrosses, étincelant de joujoux et de bonbons, grouillant de cupidités et de désespoirs, délire officiel d'une grande ville fait pour troubler le cerveau du solitaire le plus fort.

Au milieu de ce tohu-bohu et de ce vacarme, un âne trottait vivement, harcelé par un malotru armé d'un fouet.

Comme l'âne allait tourner l'angle d'un trottoir, un beau monsieur ganté, verni, cruellement cravaté et emprisonné dans des habits tout neufs, s'inclina cérémonieusement devant l'humble bête, et lui dit, en ôtant son chapeau: «Je vous la souhaite bonne et heureuse!» puis se retourna vers je ne sais quels camarades avec un air de fatuité, comme pour les prier d'ajouter leur approbation à son contentement.

L'âne ne vit pas ce beau plaisant, et continua de courir avec zèle où l'appelait son devoir.

Pour moi, je fus pris subitement d'une incommensurable rage contre ce magnifique imbécile, qui me parut concentrer en lui tout l'esprit de la France.

. IV
A WAG

The New Year's Day upheaval was at its height – a chaos of mud and snow churned up by a thousand carriages; a glitter of toys and sweetmeats; a swarm of selfish greeds and heartaches – the officialized delirium of a great metropolis, calculated to unbalance the sanest loner's mind.

In all this uproar and pandemonium a donkey came trotting briskly along, egged on by a lout wielding his whip.

As the donkey turned the corner of the pavement, a well turned-out gent, immaculately gloved and groomed and cruelly cravated, encased in his brand-new outfit, bowed with great ceremony towards the humble creature and said, as he raised his hat, 'Here's wishing you a Prosperous and Happy New Year!' Then he turned towards his cronies with a fatuous grin on his face, as if inviting them to add their approval to his self-satisfaction.

The donkey took no notice of this foppish wag, and went galloping along to wherever his business called him.

As for me, I was suddenly filled with uncontrollable rage against that superlative idiot, who struck me as the incarnation of the French mentality.

[1862]

V
LA CHAMBRE DOUBLE

Une chambre qui ressemble à une rêverie, une chambre véritable-
ment *spirituelle*, où l'atmosphère stagnante est légèrement teintée de
rose et de bleu.

L'âme y prend un bain de paresse, aromatisé par le regret et le
désir. – C'est quelque chose de crépusculaire, de bleuâtre et de rosâtre;
un rêve de volupté pendant une éclipse.

Les meubles ont des formes allongées, prostrées, alanguies. Les
meubles ont l'air de rêver; on les dirait doués d'une vie somnam-
bulique, comme le végétal et le minéral. Les étoffes parlent une langue
muette, comme les fleurs, comme les ciels, comme les soleils
couchants.

Sur les murs nulle abomination artistique. Relativement au rêve
pur, à l'impression non analysée, l'art défini, l'art positif est un blas-
phème. Ici, tout a la suffisante clarté et la délicieuse obscurité de
l'harmonie.

Une senteur infinitésimale du choix le plus exquis, à laquelle se
mêle une très légère humidité, nage dans cette atmosphère, où l'esprit
sommeillant est bercé par des sensations de serre chaude.

La mousseline pleut abondamment devant les fenêtres et devant
le lit; elle s'épanche en cascades neigeuses. Sur ce lit est couchée l'Idole,
la souveraine des rêves. Mais comment est-elle ici? Qui l'a amenée?
quel pouvoir magique l'a installée sur ce trône de rêverie et de volupté?
Qu'importe? la voilà! je la reconnais.

Voilà bien ces yeux dont la flamme traverse le crépuscule; ces
subtiles et terribles *mirettes*, que je reconnais à leur effrayante malice!
Elles attirent, elles subjuguent, elles dévorent le regard de l'imprudent
qui les contemple. Je les ai souvent étudiées, ces étoiles noires qui
commandent la curiosité et l'admiration.

À quel démon bienveillant dois-je d'être ainsi entouré de mystère,
de silence, de paix et de parfums? Ô béatitude! ce que nous nommons
généralement la vie, même dans son expansion la plus heureuse, n'a
rien de commun avec cette vie suprême dont j'ai maintenant connais-
sance et que je savoure minute par minute, seconde par seconde!

Non! il n'est plus de minutes, il n'est plus de secondes! Le temps
a disparu; c'est l'Éternité qui règne, une éternité de délices!

V
THE TWOFOLD ROOM

A room just like a daydream, a truly spiritual room, in which the unmoving air is faintly tinged with rosiness and blue.

In it the soul enjoys a bath of stillness, a bath scented with regret and desire. It has something of twilight about it, bluish and roseate, a voluptuous dream in an eclipse.

The furniture takes elongated shapes, prostrate and languorous. Each piece seems to be dreaming, as if living in a state of trance, like vegetable and mineral things. The draperies speak an unvoiced language, like flowers and skies and setting suns.

There's no artistic abortion on the walls. Compared with pure dream or unanalysed impressions, definitive or positive art is a blasphemy. Everything here has its appropriate measure of light and delicious dark, of harmony itself.

A fragrance, infinitely vague, of the most exquisite quality and with a hint of moistness, floats in this atmosphere in which the somnolent mind is lulled by such sensations as a hot-house stirs.

Muslin falls in a profuse shower over the window and the canopy of the bed, flowing in snowy cascades down. And on the bed reclines the Idol, the queen of dreams. Who could have brought her here? How came she there? What magic power installed her on the palanquin of revery and delight? What matter – there she is – and now I recognize her.

Those are certainly the eyes whose flame pierces the dusk, those subtle, terrifying *specula* which I recognize by their blood-curdling malice. They attract and master and devour the gaze of any unwary man who looks into them. I have often studied those sable stars which compel curiosity and admiration.

To what well-wishing demon am I indebted for being surrounded in this way by mystery and silence, peace and perfumes? What bliss! What we commonly call life, even in its most generous moments of euphoria has nothing to compare with this life of lives, which now I know and savour minute by minute and second after second.

No – there are no more minutes, no seconds any more – Time has vanished away, Eternity reigns – an eternity of delights!

Mais un coup terrible, lourd, a retenti à la porte, et, comme dans les rêves infernaux, il m'a semblé que je recevais un coup de pioche dans l'estomac.

Et puis un Spectre est entré. C'est un huissier qui vient me torturer au nom de la loi; une infâme concubine qui vient crier misère et ajouter les trivialités de sa vie aux douleurs de la mienne; ou bien le saute-ruisseau d'un directeur de journal qui réclame la suite du manuscrit.

La chambre paradisiaque, l'idole, la souveraine des rêves, la *Sylphide*, comme disait le grand René, toute cette magie a disparu au coup brutal frappé par le Spectre.

Horreur! je me souviens! je me souviens! Oui! ce taudis, ce séjour de l'éternel ennui, est bien le mien. Voici les meubles sots, poudreux, écornés; la cheminée sans flamme et sans braise, souillée de crachats; les tristes fenêtres où la pluie a tracé des sillons dans la poussière; les manuscrits, raturés ou incomplets; l'almanach où le crayon a marqué les dates sinistres!

Et ce parfum d'un autre monde, dont je m'enivrais avec une sensibilité perfectionnée, hélas! il est remplacé par une fétide odeur de tabac mêlée à je ne sais quelle nauséabonde moisissure. On respire ici maintenant le ranci de la désolation.

Dans ce monde étroit, mais si plein de dégoût, un seul objet connu me sourit: la fiole de laudanum; une vieille et terrible amie; comme toutes les amies, hélas! féconde en caresses et en traîtrises.

Oh! oui! le Temps a reparu; le Temps règne en souverain maintenant; et avec le hideux vieillard est revenu tout son démoniaque cortège de Souvenirs, de Regrets, de Spasmes, de Peurs, d'Angoisses, de Cauchemars, de Colères et de Névroses.

Je vous assure que les secondes maintenant sont fortement et solennellement accentuées, et chacune, en jaillissant de la pendule, dit: – «Je suis la Vie, l'insupportable, l'implacable Vie!»

Il n'y a qu'une Seconde dans la vie humaine qui ait mission d'annoncer une bonne nouvelle, la *bonne nouvelle* qui cause à chacun une inexplicable peur.

Oui! le Temps règne; il a repris sa brutale dictature. Et il me pousse, comme si j'étais un bœuf, avec son double aiguillon. – «Et hue donc! bourrique! Sue donc, esclave! Vis donc, damné!»

But suddenly a terrible, heavy thump resounded on the door, and as in some hellish nightmare I felt as though I had just received a blow from a pick-axe, in the pit of my stomach.

And then a ghost came in – perhaps some bailiff come to torment me in the name of the law, or a shameless concubine to whine about her poverty and add the trivialities of her existence to the sufferings of my own, or some editor's errand-boy demanding the next instalment of copy.

The room which was heaven on earth, and the Idol, the Queen of Dreams – the Sylphide as Chateaubriand used to say – all that magic has vanished with the ghost's brutal hammering on the door.

How horrible – now I remember everything. Yes, this hovel, this home of everlasting boredom, is indeed my own. Look, there are the fatuous bits of junk, my dusty and chipped furniture; the fireless hearth with not even a glowing ember in the grate all fouled with spit; the dingy windows down which the rain has scrawled runnels in the grime; the manuscripts riddled with cross-outs or left half done; the calendar on which the evil days of reckoning are underlined in pencil.

And that otherworld perfume, in which I exulted with such superfine sensitiveness, is replaced by the fetid stench of tobacco blending with a nauseating stink of damp. Nothing to breathe here but the rancidness of desolation.

In this mean little world of mine only one familiar object smiles at me – the flask of laudanum, my old terrifying girl-friend, who like all female friends has an inexhaustible stock of caresses and betrayals.

Ah, yes indeed, Time has returned again and reigns like a tyrant now, and with that hideous old fellow the whole diabolical rout has come back again, the horde of Memories and Regrets, Fits, Fears, Anguishes, Nightmares, Angers and Neuroses.

I assure you that the Seconds are now powerfully and solemnly stressed, and each one leaping from the clock says 'I am Life, I am unlivable, relentless Life!'

There is only one Second in human existence whose task is to announce good news, *the* good news which arouses inexplicable fear in the breast of every man.

Yes, this is Time's dominion, he has resumed his brutal dictatorship and drives me on like a bullock with his double goad – 'Get along, you old hack! Sweat your guts out, slave! Live on, though you are damned!'

[1862]

VI
CHACUN SA CHIMÈRE

Sous un grand ciel gris, dans une grande plaine poudreuse, sans chemins, sans gazon, sans un chardon, sans une ortie, je rencontrai plusieurs hommes qui marchaient courbés.

Chacun d'eux portait sur son dos une énorme Chimère, aussi lourde qu'un sac de farine ou de charbon, ou le fourniment d'un fantassin romain.

Mais la monstrueuse bête n'était pas un poids inerte; au contraire, elle enveloppait et opprimait l'homme de ses muscles élastiques et puissants; elle s'agrafait avec ses deux vastes griffes à la poitrine de sa monture; et sa tête fabuleuse surmontait le front de l'homme, comme un de ces casques horribles par lesquels les anciens guerriers espéraient ajouter à la terreur de l'ennemi.

Je questionnai l'un de ces hommes, et je lui demandai où ils allaient ainsi. Il me répondit qu'il n'en savait rien, ni lui, ni les autres; mais qu'évidemment ils allaient quelque part, puisqu'ils étaient poussés par un invincible besoin de marcher.

Chose curieuse à noter: aucun de ces voyageurs n'avait l'air irrité contre la bête féroce suspendue à son cou et collée à son dos; on eût dit qu'il la considérait comme faisant partie de lui-même. Tous ces visages fatigués et sérieux ne témoignaient d'aucun désespoir; sous la coupole spleenétique du ciel, les pieds plongés dans la poussière d'un sol aussi désolé que ce ciel, ils cheminaient avec la physionomie résignée de ceux qui sont condamnés à espérer toujours.

Et le cortège passa à côté de moi et s'enfonça dans l'atmosphère de l'horizon, à l'endroit où la surface arrondie de la planète se dérobe à la curiosité du regard humain.

Et pendant quelques instants je m'obstinai à vouloir comprendre ce mystère; mais bientôt l'irrésistible Indifférence s'abattit sur moi, et j'en fus plus lourdement accablé qu'ils ne l'étaient eux-mêmes par leurs écrasantes Chimères.

VI
EVERYMAN'S CHIMERA

Under the vast grey sky, in an endless dust-bowl with no sign of a path or a blade of grass or a thistle or nettle anywhere, I came across some men who were all walking along with their heads bent down towards the ground.

Every one of them was carrying a huge Chimera on his back, as heavy as a sack of flour or coal or a Roman soldier's pack.

But the monstrous freaks they carried were not merely an inert mass, far from it: they were hugging and throttling their man in the grasp of their powerful elastic muscles, clinging with their huge claws on the man's chest, their fantastic heads rising above the man's face like one of those hideous helmets which warriors wore in the olden days to strike more terror into the enemy.

I questioned one of these men, asking him where they were bound for. He replied that he had no idea, any more than the rest of them, but obviously they must be going somewhere, as they were compelled by some irresistible desire to plod on and on.

A curious point, worth noting, is that not one of the pilgrims seemed at all irritated by the ferocious creature dangling from his neck and clinging to his back; they all seemed to regard their monster as being part of their own body. Not one of their haggard, grim faces showed the least sign of despair, but under the sinister dome of sky their feet sank into the dusty sands as desolate as the heavens above, and they slogged along with the resigned faces of men condemned to an everness of hopeless hope.

So the procession went filing past me, to vanish into thin air on the horizon, at the point where the earth's curve eludes the curiosity of the human eye.

For a few moments I racked my brains in an effort to solve and understand this mystery; but very soon an irresistible indifference came over me, overwhelming me even more than they were by their Chimeras.

[1862]

VII
LE FOU ET LA VÉNUS

Quelle admirable journée! Le vaste parc se pâme sous l'œil brûlant du soleil, comme la jeunesse sous la domination de l'Amour.

L'extase universelle des choses ne s'exprime par aucun bruit; les eaux elles-mêmes sont comme endormies. Bien différente des fêtes humaines, c'est ici une orgie silencieuse.

On dirait qu'une lumière toujours croissante fait de plus en plus étinceler les objets; que les fleurs excitées brûlent du désir de rivaliser avec l'azur du ciel par l'énergie de leurs couleurs, et que la chaleur, rendant visibles les parfums, les fait monter vers l'astre comme des fumées.

Cependant, dans cette jouissance universelle, j'ai aperçu un être affligé.

Aux pieds d'une colossale Vénus, un de ces fous artificiels, un de ces bouffons volontaires chargés de faire rire les rois quand le Remords ou l'Ennui les obsède, affublé d'un costume éclatant et ridicule, coiffé de cornes et de sonnettes, tout ramassé contre le piédestal, lève des yeux pleins de larmes vers l'immortelle Déesse.

Et ses yeux disent: – «Je suis le dernier et le plus solitaire des humains, privé d'amour et d'amitié, et bien inférieur en cela au plus imparfait des animaux. Cependant je suis fait, moi aussi, pour comprendre et sentir l'immortelle Beauté! Ah! Déesse! ayez pitié de ma tristesse et de mon délire!»

Mais l'implacable Vénus regarde au loin je ne sais quoi avec ses yeux de marbre.

VII
THE JESTER AND THE VENUS

What a marvellous day it is! Now the great park swoons under the sun's flaming eye, like youth under the tyranny of love.

The universal ecstasy of things doesn't reveal itself through sound, and even the fountains seem to be asleep. Unlike our human holidays this is a silent revelry.

It's as though a steadily strengthening light makes all things glitter more and more; as though the enraptured flowers burn with desire to rival the azure sky with the vividness of their hues; as though the torrid heat makes perfumes visible and sets them floating sunwards like misty fumes.

But at the height of that universal rejoicing, I noticed a man in great distress.

At the foot of a colossal Venus, one of those feigned madmen – one of those self-appointed jesters whose task is to make kings laugh when they are beset by boredom or remorse, sporting a preposterous motley outfit and with horns and bells stuck on his head – lay huddled against the pedestal, raising his tear-filled eyes towards the immortal goddess.

And his eyes were saying, 'I am the loneliest and most abject of all human beings, outlawed from love and friendship and therefore lowlier than the most imperfect of the creatures. Yet I, like other men, am capable of understanding and feeling immortal Beauty. Ah, goddess, I implore you to have pity on my sorrow and delirium!'

But the implacable Venus gazes far into the distance, at the unknown, with her marble eyes.

[1862]

VIII
LE CHIEN ET LE FLACON

«– Mon beau chien, mon bon chien, mon cher toutou, approchez et venez respirer un excellent parfum acheté chez le meilleur parfumeur de la ville.»

Et le chien, en frétillant de la queue, ce qui est, je crois, chez ces pauvres êtres, le signe correspondant du rire et du sourire, s'approche et pose curieusement son nez humide sur le flacon débouché; puis, reculant soudainement avec effroi, il aboie contre moi, en manière de reproche.

«– Ah! misérable chien, si je vous avais offert un paquet d'excréments, vous l'auriez flairé avec délices et peut-être dévoré. Ainsi, vous-même, indigne compagnon de ma triste vie, vous ressemblez au public, à qui il ne faut jamais présenter des parfums délicats qui l'exaspèrent, mais des ordures soigneusement choisies.»

VIII
THE DOG AND THE SCENT-BOTTLE

'My dear little dog, good dog, dear little doggie – come along then, come and sniff this lovely perfume, which I bought at the most chic scent-shop in town!'

So the dog, wagging its tail – a manifestation in those poor creatures which I think is the same as laughing or smiling – comes up to me, all agog, and applies his wet nose to the uncorked bottle, then recoils in a fright and barks a reproach at me.

'Ah, you naughty dog – if I'd offered you a packet of turds you would have sniffed it with delight and perhaps made a dinner of it. So even you, who don't deserve to share my miserable existence, are no better than the public, to whom one should never offer delicate perfumes, which only madden them, but only carefully selected filth.'

[1862]

IX
LE MAUVAIS VITRIER

Il y a des natures purement contemplatives et tout à fait impropres à l'action, qui cependant, sous une impulsion mystérieuse et inconnue, agissent quelquefois avec une rapidité dont elles se seraient crues elles-mêmes incapables.

Tel qui, craignant de trouver chez son concierge une nouvelle chagrinante, rôde lâchement une heure devant sa porte sans oser rentrer, tel qui garde quinze jours une lettre sans la décacheter, ou ne se résigne qu'au bout de six mois à opérer une démarche nécessaire depuis un an, se sentent quelquefois brusquement précipités vers l'action par une force irrésistible, comme la flèche d'un arc. Le moraliste et le médecin, qui prétendent tout savoir, ne peuvent pas expliquer d'où vient si subitement une si folle énergie à ces âmes paresseuses et voluptueuses, et comment, incapables d'accomplir les choses les plus simples et les plus nécessaires, elles trouvent à une certaine minute un courage de luxe pour exécuter les actes les plus absurdes et souvent même les plus dangereux.

Un de mes amis, le plus inoffensif rêveur qui ait existé, a mis une fois le feu à une forêt pour voir, disait-il, si le feu prenait avec autant de facilité qu'on l'affirme généralement. Dix fois de suite, l'expérience manqua; mais, à la onzième, elle réussit beaucoup trop bien.

Un autre allumera un cigare à côté d'un tonneau de poudre, *pour voir, pour savoir, pour tenter la destinée*, pour se contraindre lui-même à faire preuve d'énergie, pour faire le joueur, pour connaître les plaisirs de l'anxiété, pour rien, par caprice, par désœuvrement.

C'est une espèce d'énergie qui jaillit de l'ennui et de la rêverie; et ceux en qui elle se manifeste si inopinément sont, en général, comme je l'ai dit, les plus indolents et les plus rêveurs des êtres.

Un autre, timide à ce point qu'il baisse les yeux même devant les regards des hommes, à ce point qu'il lui faut rassembler toute sa pauvre volonté pour entrer dans un café ou passer devant le bureau d'un théâtre, où les contrôleurs lui paraissent investis de la majesté de Minos, d'Éaque et de Rhadamante, sautera brusquement au cou

IX
THE USELESS GLAZIER

There are people of an entirely contemplative character, quite unsuited for action; but who, on some mysterious and unaccountable impulse will occasionally act with a speed they would never think themselves capable of.

A fellow who is so afraid of finding bad news awaiting him in the caretaker's lodge that he hangs about outside for an hour in a funk, not daring to go in; or one who leaves a letter unopened for a fortnight; or who lets six months go by before resigning himself to some essential step which was already urgent a year ago – such people can all find themselves suddenly goaded into instant action by some irresistible power, like an arrow slung from a bow. Moralists and medicals – who claim to know everything – cannot explain why such mad fits of energy can suddenly erupt in such apathetic, pleasure-loving souls; or why, while being incapable of dealing with the simplest and most necessary contingencies, they may be filled on a sudden with a sublime overdose of courage, and commit the most absurd and even dangerous acts.

A friend of mine, the most harmless dreamer that ever was, once set fire to a forest in order to find out, or so he said, whether fires take hold and spread as easily as people make out. His experiment failed ten times running, but was only too successful on the eleventh attempt.

Another man will light a cigar beside a barrel of gunpowder – why? Merely in order to see, to know, to tempt Providence, or to force himself to show some sign of energy, or to play russian roulette, or to experience the thrills of anxiety, or just for no reason whatever, out of sheer caprice or the want of something better to do.

There is a type of energy which erupts from boredom and revery, and those who most unexpectedly show signs of it are most often, as I have implied, the most indolent and dream-addicted of mankind.

Another fellow, so bashful that he lowers his eyes whenever anyone looks in his direction, so shy that he has to muster all his feeble will-power before entering a café or going anywhere near a theatre ticket-box – where the ushers seem to him endowed with all the majesty of the judges in the Underworld – will suddenly hug some

d'un vieillard qui passe à côté de lui et l'embrassera avec enthousiasme devant la foule étonnée.

Pourquoi? Parce que...parce que cette physionomie lui était irrésistiblement sympathique? Peut-être; mais il est plus légitime de supposer que lui-même il ne sait pas pourquoi.

J'ai été plus d'une fois victime de ces crises et de ces élans, qui nous autorisent à croire que des Démons malicieux se glissent en nous et nous font accomplir, à notre insu, leurs plus absurdes volontés.

Un matin je m'étais levé maussade, triste, fatigué d'oisiveté, et poussé, me semblait-il, à faire quelque chose de grand, une action d'éclat; et j'ouvris la fenêtre, hélas!

(Observez, je vous prie, que l'esprit de mystification qui, chez quelques personnes, n'est pas le résultat d'un travail ou d'une combinaison, mais d'une inspiration fortuite, participe beaucoup, ne fût-ce que par l'ardeur du désir, de cette humeur, hystérique selon les médecins, satanique selon ceux qui pensent un peu mieux que les médecins, qui nous pousse sans résistance vers une foule d'actions dangereuses ou inconvenantes.)

La première personne que j'aperçus dans la rue, ce fut un vitrier dont le cri perçant, discordant, monta jusqu'à moi à travers la lourde et sale atmosphère parisienne. Il me serait d'ailleurs impossible de dire pourquoi je fus pris à l'égard de ce pauvre homme d'une haine aussi soudaine que despotique.

« – Hé! hé! » et je lui criai de monter. Cependant je réfléchissais, non sans quelque gaieté, que, la chambre étant au sixième étage et l'escalier fort étroit, l'homme devait éprouver quelque peine à opérer son ascension et accrocher en maint endroit les angles de sa fragile marchandise.

Enfin il parut: j'examinai curieusement toutes ses vitres, et je lui dis: «Comment? vous n'avez pas de verres de couleur? des verres roses, rouges, bleus, des vitres magiques, des vitres de paradis? Impudent que vous êtes! vous osez vous promener dans des quartiers pauvres, et vous n'avez pas même de vitres qui fassent voir la vie en beau!» Et je le poussai vivement vers l'escalier, où il trébucha en grognant.

Je m'approchai du balcon et je me saisis d'un petit pot de fleurs, et quand l'homme reparut au débouché de la porte, je laissai tomber perpendiculairement mon engin de guerre sur le rebord postérieur de

old man passing by and embrace him enthusiastically, to the astonishment of everyone in sight.

Why? Is it because the old man's face seemed irresistibly congenial? Perhaps; but it is just as reasonable to assume that he had no idea why he did so.

I have more than once been the victim of such fits and impulses, which give us ground for believing that malign demons can find their way into us and, unknown to ourselves, make us carry out their ridiculous whims.

One morning I left my bed in a disgruntled mood, feeling depressed, worn out by my own idleness, and somehow feeling impelled to do something important, some impressive act – and then, unhappily, I opened the window.

(Please note that a bent for mystification, which in some people arises less from any particular effort or scheming on their part, than from some casual inspiration, has something in common, if only because of some urgent, latent desire, with that humour – hysterical, according to the medical men, but satanic according to those who think on a higher plane – which impels us, incapable as we are of any resistance, into a host of dangerous or unseemly actions.)

The first person I saw in the street below was a peddling glazier, whose shrill and grating cry as he puffed his wares rose in my direction through the heavy, polluted Paris air. But it's quite beyond me to explain why I felt such an immediate, bullying hatred for the poor fellow.

'Hi, you!' I shouted for him to come up. Meanwhile it struck me, not without a certain amusement, that as my den was six floors up and the staircase very narrow, my man would enjoy a far from easy passage skywards, with his fragile merchandise striking various snags on the way.

At last he showed himself. With great curiosity I examined all his sheets of glass one after the other, very closely, then exclaimed 'I say! why haven't you any stained glass in this lot – pink and red and blue panes, magical panes, windows of paradise? What an imposter you are, parading through the slums when you haven't a single bit of the tinted glass that makes life look more beautiful!' Then I gave him a hearty shove in the direction of the stairs, where he stumbled and went off swearing.

After that I ran to the balcony and armed myself with a small flower-pot, and as soon as the man appeared in the doorway I let my weapon drop straight onto the back rim of his bracket, and as the

ses crochets; et le choc le renversant, il acheva de briser sous son dos toute sa pauvre fortune ambulatoire qui rendit le bruit éclatant d'un palais de cristal crevé par la foudre.

Et, ivre de ma folie, je lui criai furieusement: «La vie en beau! la vie en beau!»

Ces plaisanteries nerveuses ne sont pas sans péril, et on peut souvent les payer cher. Mais qu'importe l'éternité de la damnation à qui a trouvé dans une seconde l'infini de la jouissance?

impact made him fall backwards, he fell and smashed all his peripatetic treasure, with the shattering noise of a crystal palace struck by lightning.

Drunk with my own madness, I shouted at him angrily, 'Make life look more beautiful, life more beautified!'

Hysterical pranks of this sort are not without their dangers, and often cost us dear. But what does eternal damnation matter, to anyone who has found infinite pleasure in a split second?

[1862]

X
À UNE HEURE DU MATIN

Enfin! seul! On n'entend plus que le roulement de quelques fiacres attardés et éreintés. Pendant quelques heures, nous posséderons le silence, sinon le repos. Enfin! la tyrannie de la face humaine a disparu, et je ne souffrirai plus que par moi-même.

Enfin! il m'est donc permis de me délasser dans un bain de ténèbres! D'abord, un double tour à la serrure. Il me semble que ce tour de clef augmentera ma solitude et fortifiera les barricades qui me séparent actuellement du monde.

Horrible vie! Horrible ville! Récapitulons la journée: avoir vu plusieurs hommes de lettres, dont l'un m'a demandé si l'on pouvait aller en Russie par voie de terre (il prenait sans doute la Russie pour une île); avoir disputé généreusement contre le directeur d'une revue, qui à chaque objection répondait: « – C'est ici le parti des honnêtes gens», ce qui implique que tous les autres journaux sont rédigés par des coquins; avoir salué une vingtaine de personnes, dont quinze me sont inconnues; avoir distribué des poignées de main dans la même proportion, et cela sans avoir pris la précaution d'acheter des gants; être monté pour tuer le temps, pendant une averse, chez une sauteuse qui m'a prié de lui dessiner un costume de *Vénustre*; avoir fait ma cour à un directeur de théâtre, qui m'a dit en me congédiant: « – Vous feriez peut-être bien de vous adresser à Z...; c'est le plus lourd, le plus sot et le plus célèbre de tous mes auteurs, avec lui vous pourriez peut-être aboutir à quelque chose. Voyez-le, et puis nous verrons»; m'être vanté (pourquoi?) de plusieurs vilaines actions que je n'ai jamais commises, et avoir lâchement nié quelques autres méfaits que j'ai accomplis avec joie, délit de fanfaronnade, crime de respect humain; avoir refusé à un ami un service facile, et donné une recommandation écrite à un parfait drôle; ouf! est-ce bien fini?

Mécontent de tous et mécontent de moi, je voudrais bien me racheter et m'enorgueillir un peu dans le silence et la solitude de la nuit. Âmes de ceux que j'ai aimés, âmes de ceux que j'ai chantés, fortifiez-moi, soutenez-moi, éloignez de moi le mensonge et les vapeurs corruptrices du monde, et vous, Seigneur mon Dieu! accordez-moi la grâce de produire quelques beaux vers qui me prouvent à moi-même que je ne suis pas le dernier des hommes, que je ne suis pas inférieur à ceux que je méprise!

X
ONE O'CLOCK IN THE MORNING

Alone, at last! Nothing can be heard but the rumble of a few belated fagged-out cabs. For a few hours we'll have silence, if not rest. At last the tyranny of the human face has gone, and I'll suffer no more except from my own self.

At last I'm allowed to relax in a bath of gloom. First, a double turn of the key in the lock; I have the feeling that this turn will amplify my solitude, and strengthen the barricades which now protect me from the outside world.

What a horrible life, a horrible city! To sum up the day: I saw a few 'men of letters', one of whom asked if you can travel to Russia overland – no doubt he imagined that Russia is an island; argued my head off with the editor of a review, who answered every protest with 'We stand for decent folk!' – which implies that all the other papers are scribbled by scoundrels; paid my compliments to a score of people, fifteen of them perfect strangers; gave ditto number of handshakes without the precaution of buying a pair of gloves; climbed a flight of stairs, to kill time during a shower, and called on a female trapezist who asked me to design her a 'Venustra' costume; boot-licked a theatre boss, who said as he showed me off the premises, 'You'd be well advised to see X... first – he's the dullest and silliest and most famous of all my writers – you could no doubt pull something off with him – just try him and then we'll see'; boasted – why on earth? – of a few dirty tricks I was never guilty of, but was coward enough to deny a few other lapses that gave me a thrill at the time – the sin of showing off, an offence against human decency; refused a friend a service which would have cost me nothing, yet gave a testimonial to a perfect nitwit – phew, is that the lot?

Dissatisfied with everybody, myself included, I would gladly redeem myself and retrieve my self-respect in the silence and loneliness of the night. O souls of those whom I have loved, O souls of those whom my poems have celebrated, strengthen me and sustain me, drive far from me all falsehood and the corrupting exhalations of the world: and thou, O my Lord and God, grant me the grace to produce a few lines of poetry which will convince me that I am not the dregs of mankind, and not inferior to those I despise!

[1862]

XI
LA FEMME SAUVAGE ET LA PETITE-MAÎTRESSE

«Vraiment, ma chère, vous me fatiguez sans mesure et sans pitié; on dirait, à vous entendre soupirer, que vous souffrez plus que les glaneuses sexagénaires et que les vieilles mendiantes qui ramassent des croûtes de pain à la porte des cabarets.

«Si au moins vos soupirs exprimaient le remords, ils vous feraient quelque honneur; mais ils ne traduisent que la satiété du bien-être et l'accablement du repos. Et puis, vous ne cessez de vous répandre en paroles inutiles: "Aimez-moi bien! j'en ai tant besoin! Consolez-moi par-ci, caressez-moi par-là!" Tenez, je veux essayer de vous guérir; nous en trouverons peut-être le moyen, pour deux sols, au milieu d'une fête, et sans aller bien loin.

«Considérons bien, je vous prie, cette solide cage de fer derrière laquelle s'agite, hurlant comme un damné, secouant les barreaux comme un orang-outang exaspéré par l'exil, imitant, dans la perfection, tantôt les bonds circulaires du tigre, tantôt les dandinements stupides de l'ours blanc, ce monstre poilu dont la forme imite assez vaguement la vôtre.

«Ce monstre est un de ces animaux qu'on appelle généralement "mon ange!" c'est-à-dire une femme. L'autre monstre, celui qui crie à tue-tête, un bâton à la main, est un mari. Il a enchaîné sa femme légitime comme une bête, et il la montre dans les faubourgs, les jours de foire, avec permission des magistrats, cela va sans dire.

«Faites bien attention! Voyez avec quelle voracité (non simulée peut-être!) elle déchire des lapins vivants et des volailles piaillantes que lui jette son cornac. "Allons, dit-il, il ne faut pas manger tout son bien en un jour", et, sur cette sage parole, il lui arrache cruellement la proie, dont les boyaux dévidés restent un instant accrochés aux dents de la bête féroce, de la femme, veux-je dire.

«Allons! un bon coup de bâton pour la calmer! car elle darde des yeux terribles de convoitise sur la nourriture enlevée. Grand Dieu! le bâton n'est pas un bâton de comédie, avez-vous entendu résonner la chair, malgré le poil postiche? Aussi les yeux lui sortent maintenant

XI

THE SAVAGE WIFE AND THE KEPT WOMAN

'Really, dear, you weary me no end, it's cruel of you – anyone hearing your sighs of woe would imagine you were worse off than a sixty-year-old woman gleaning in the fields, or those old beggar-women who scramble for crusts outside the pot-houses.

'If your sighs at least showed a hint of remorse they would be all to your credit; but all they really mean is that you've had too much of a good time and are worn out with doing nothing. What's more, you never stop repeating the same old rigmarole – "Love me a bit more – I need your love so much –", with "Console me!" one minute and "Pet me" the next. Well, now I'm going to do my best to cure you of all that: perhaps we'll find some inexpensive way of doing it during the carnival, without having to go all that far.

'Now, if you don't mind, let's take a good look at that strong cage over there, with a hairy monster howling in it like one of the damned, shaking the iron bars like an orang-outang driven out of its wits by exile, or giving a perfect imitation of a tiger's circular pounce or a polar-bear's rocking dance – a hairy monster whose shape has some vague resemblance to your own, my dear.

'That freak is one of those creatures commonly addressed as "my angel" – that is to say, a woman – no, a *wife*. The other monster, who is shouting his head off and waving a stick is what we call a husband. He has chained his lawful wedded wife up like a wild animal, and exhibits her in the suburbs whenever there's a fair on – with a magistrate's licence, of course.

'Now just watch them closely. Just observe how greedily – perhaps her hunger isn't just put on? – she tears at the live rabbits and clucking hens which her keeper is throwing at her: "Steady on," he shouts, "you don't have to guzzle all your rations in one day!" And with that wise remark he heartlessly snatches her prey from her, its guts dangling for a moment from the fangs of that ferocious beast I mean his *wife*.

'And now, a little taste of the cane to sweeten her spirits, for she is eyeing her forbidden food with terrible longing. And, heavens above, the stick is no mere comic prop – did you hear that fleshy smack from under her gummed-on fur? Now her eyes are popping

de la tête, elle hurle *plus naturellement*. Dans sa rage, elle étincelle tout entière, comme le fer qu'on bat.

«Telles sont les mœurs conjugales de ces deux descendants d'Ève et d'Adam, ces œuvres de vos mains, ô mon Dieu! Cette femme est incontestablement malheureuse, quoique après tout, peut-être, les jouissances titillantes de la gloire ne lui soient pas inconnues. Il y a des malheurs plus irrémédiables, et sans compensation. Mais dans le monde où elle a été jetée, elle n'a jamais pu croire que la femme méritât une autre destinée.

«Maintenant, à nous deux, chère précieuse! À voir les enfers dont le monde est peuplé, que voulez-vous que je pense de votre joli enfer, vous qui ne reposez que sur des étoffes aussi douces que votre peau, qui ne mangez que de la viande cuite, et pour qui un domestique habile prend soin de découper les morceaux?

«Et que peuvent signifier pour moi tous ces petits soupirs qui gonflent votre poitrine parfumée, robuste coquette? Et toutes ces affectations apprises dans les livres, et cette infatigable mélancolie, faite pour inspirer au spectateur un tout autre sentiment que la pitié? En vérité, il me prend quelquefois envie de vous apprendre ce que c'est que le vrai malheur.

«À vous voir ainsi, ma belle délicate, les pieds dans la fange et les yeux tournés vaporeusement vers le ciel, comme pour lui demander un roi, on dirait vraisemblablement une jeune grenouille qui invoquerait l'idéal. Si vous méprisez le soliveau (ce que je suis maintenant, comme vous savez bien), gare la grue *qui vous croquera, vous gobera et vous tuera à son plaisir!*

«Tant poète que je sois, je ne suis pas aussi dupe que vous voudriez le croire, et si vous me fatiguez trop souvent de vos *précieuses* pleurnicheries, je vous traiterai en *femme sauvage*, ou je vous jetterai par la fenêtre, comme une bouteille vide.»

out of her head, her screams sound much more *natural* than before. She is sparking with anger like an iron on the anvil.

'Such are the conjugal practices of these two descendants of Adam and Eve, your handiwork, O Lord. That woman is undeniably miserable, although when all is said and done she is no stranger to the thrills of glory. There are kinds of misfortune far more incurable than hers, and which bring no such compensations. But in the sort of society she exists in, she has never managed to believe that womenfolk might deserve a better fate.

'And now for us two, my pet. When you see all the infernos the world is full of, what do you expect me to think of your cosy little hell, you who lounge around on silks and satins as smooth as your own skin, you who eat nothing but tasty cooked meats, all daintily sliced up for you by a domestic?

'And what do you expect me to make of all those wee sighs which heave your perfumed breast, my well-upholstered coquette? And all those affected tricks which you've picked up from novelettes, and that sulky melancholy which is calculated to stir anything but pity in an outside observer? To tell the truth, there are times when I feel like teaching you what genuine unhappiness really is.

'Seeing you the way you are, my unpleasable beauty, with your feet in the dirt and your eyes turned wistfully skywards as if to beg for a king to be sent down, you could be compared with a juvenile frog invoking the Ideal. But if you despise your King Log – which I happen to be just now, as you are well aware – beware of King Crane, who will gobble you up and kill you just for the fun of it.

'Even though I am a poet, I am not as green as you would like to imagine; and if you weary me once too often with your precious snivelling I'll treat you like a savage wife, or throw you out of the window like an empty bottle.'

[1862]

XII
LES FOULES

Il n'est pas donné à chacun de prendre un bain de multitude: jouir de la foule est un art; et celui-là seul peut faire, aux dépens du genre humain, une ribote de vitalité, à qui une fée a insufflé dans son berceau le goût du travestissement et du masque, la haine du domicile et la passion du voyage.

Multitude, solitude: termes égaux et convertibles pour le poète actif et fécond. Qui ne sait pas peupler sa solitude, ne sait pas non plus être seul dans une foule affairée.

Le poète jouit de cet incomparable privilège, qu'il peut à sa guise être lui-même et autrui. Comme ces âmes errantes qui cherchent un corps, il entre, quand il veut, dans le personnage de chacun. Pour lui seul, tout est vacant; et si de certaines places paraissent lui être fermées, c'est qu'à ses yeux elles ne valent pas la peine d'être visitées.

Le promeneur solitaire et pensif tire une singulière ivresse de cette universelle communion. Celui-là qui épouse facilement la foule connaît des jouissances fiévreuses, dont seront éternellement privés l'égoïste, fermé comme un coffre, et le paresseux, interné comme un mollusque. Il adopte comme siennes toutes les professions, toutes les joies et toutes les misères que la circonstance lui présente.

Ce que les hommes nomment amour est bien petit, bien restreint et bien faible, comparé à cette ineffable orgie, à cette sainte prostitution de l'âme qui se donne tout entière, poésie et charité, à l'imprévu qui se montre, à l'inconnu qui passe.

Il est bon d'apprendre quelquefois aux heureux de ce monde, ne fût-ce que pour humilier un instant leur sot orgueil, qu'il est des bonheurs supérieurs au leur, plus vastes et plus raffinés. Les fondateurs de colonies, les pasteurs de peuples, les prêtres missionnaires exilés au bout du monde, connaissent sans doute quelque chose de ces mystérieuses ivresses; et, au sein de la vaste famille que leur génie s'est faite, ils doivent rire quelquefois de ceux qui les plaignent pour leur fortune si agitée et pour leur vie si chaste.

XII
CROWDS

Not all men have the gift of enjoying a crowd-bath. Luxuriating in the throng is an art of its own, and the only man who can embark on an invigorating trip at the expense of the rest of mankind is he whose good fairy endowed him, in his cot, with a bent for disguises and masking, hatred of domestic humdrum, and *wanderlust*.

Multitude and solitude are equal and interchangeable terms for the active and productive poet. Anyone who doesn't know how to people his solitude does not know, either, how to be alone in the midst of a bustling crowd.

The poet enjoys the unique privilege of being both himself and other people, at will. Like those lost souls which wander in search of a body to inhabit, he can enter the personality of anyone else, whenever he likes. For him alone, everything is a vacancy; and if certain places appear closed against him, that is only because he does not consider them worth a visit.

The thoughtful perambulating loner derives a special kind of uplift from this communion with all and sundry. He who can readily identify with the crowd enjoys ecstatic delights which are forever denied to the egoist who is locked inside himself as in a coffer, or to the lazy-minded fellow trapped in his own shell like an oyster. He can make every profession his own, and make his all those joys and miseries that circumstance may bring his way.

What men call love is a very minute, limited and feeble affair, compared with the indescribable supersensual joy, the saintly prostitution of the soul when it yields itself entire, in all its poetry and all its charity, to the epiphany of the unforeseen, the unknown passer-by.

There are times when it is salutary to teach the self-satisfied mortals of this world, if only to deflate their self-conceit for a moment, that there are forms of happiness of a higher quality than their own, more vast and more refined than theirs. Founders of colonies, pastors of nations, missionary priests exiled at the far ends of the earth, no doubt know something of such mysterious transcendences, and in the heart of the vast family created by their genius, must sometimes laugh at those who pity their unquiet fortunes, and their chaste lives.

[1861, 1862]

XIII
LES VEUVES

Vauvenargues dit que dans les jardins publics il est des allées hantées principalement par l'ambition déçue, par les inventeurs malheureux, par les gloires avortées, par les cœurs brisés, par toutes ces âmes tumultueuses et fermées, en qui grondent encore les derniers soupirs d'un orage, et qui reculent loin du regard insolent des joyeux et des oisifs. Ces retraites ombreuses sont les rendez-vous des éclopés de la vie.

C'est surtout vers ces lieux que le poète et le philosophe aiment diriger leurs avides conjectures. Il y a là une pâture certaine. Car s'il est une place qu'ils dédaignent de visiter, comme je l'insinuais tout à l'heure, c'est surtout la joie des riches. Cette turbulence dans le vide n'a rien qui les attire. Au contraire, ils se sentent irrésistiblement entraînés vers tout ce qui est faible, ruiné, contristé, orphelin.

Un œil expérimenté ne s'y trompe jamais. Dans ces traits rigides ou abattus, dans ces yeux caves et ternes, ou brillants des derniers éclairs de la lutte, dans ces rides profondes et nombreuses, dans ces démarches si lentes ou si saccadées, il déchiffre tout de suite les innombrables légendes de l'amour trompé, du dévouement méconnu, des efforts non récompensés, de la faim et du froid humblement, silencieusement supportés.

Avez-vous quelquefois aperçu des veuves sur ces bancs solitaires, des veuves pauvres? Qu'elles soient en deuil ou non, il est facile de les reconnaître. D'ailleurs il y a toujours dans le deuil du pauvre quelque chose qui manque, une absence d'harmonie qui le rend plus navrant. Il est contraint de lésiner sur sa douleur. Le riche porte la sienne au grand complet.

Quelle est la veuve la plus triste et la plus attristante, celle qui traîne à sa main un bambin avec qui elle ne peut pas partager sa rêverie, ou celle qui est tout à fait seule? Je ne sais... Il m'est arrivé une fois de suivre pendant de longues heures une vieille affligée de cette espèce; celle-là roide, droite, sous un petit châle usé, portait dans tout son être une fierté de stoïcienne.

Elle était évidemment condamnée, par une absolue solitude, à des habitudes de vieux célibataire, et le caractère masculin de ses mœurs ajoutait un piquant mystérieux à leur austérité. Je ne sais dans quel misérable café et de quelle façon elle déjeuna. Je la suivis au cabinet

XIII
WIDOWS

Vauvenargues says that there are alleys in public parks which are haunted mainly by disappointed ambition, frustrated inventors, those who are thwarted of fame, broken hearts, and by all those volcanic, ingrown souls in whom the last sighs of revolt still heave, and who withdraw from the insolent stare of cheerful, idle folk. These shady sanctuaries are where life's cripples come together.

It is especially towards such spots that the poet and philosopher love to direct their eager speculations. There they are sure to find food for thought. For if there is any place they disdain to visit, as I was implying a few moments ago, it is surely wherever the rich may be seen enjoying themselves. That tumult in a vacuum has no attractions for them. On the contrary, they feel irresistibly drawn towards all that is enfeebled, ruined, mortified, or orphaned.

The experienced eye never fails. In those set or dejected features, in those hollow lack-lustre eyes, or those eyes which glint with the last flashes of the struggle, in those deep and manifold furrows, in that sluggish or jerky step, the practised eye swiftly decodes innumerable histories of betrayed love, unappreciated devotion, unrewarded effort, hunger and cold, endured in humility and silence.

Have you ever observed the widowed women, impoverished widows, sitting on those lonely benches? Whether in mourning weeds or not, they are easily recognized. Incidentally, the poor person's mourning always has something missing, some lack of harmony which makes it the more distressing. The poor are forced to be niggardly over their grief; whereas the rich sport theirs in all its glory.

Who is the saddest and most saddening of widows: she who trails with her a little child incapable of sharing her meditations, or she who is entirely alone? I am not sure. I once happened to follow, for several hours, an old bereaved woman of the second kind: she held herself straight and erect under her little threadbare shawl, and showed a stoical pride in all her person.

She was obviously condemned, by her absolute solitude, to the habits of an ageing bachelor, and the masculine character of her ways added a mysterious piquancy to their austereness. I don't know in what shabby chop-house or in what manner she took her midday meal. I followed her into a public reading-room and watched her a

de lecture; et je l'épiai longtemps pendant qu'elle cherchait dans les gazettes, avec des yeux actifs, jadis brûlés par les larmes, des nouvelles d'un intérêt puissant et personnel.

Enfin, dans l'après-midi, sous un ciel d'automne charmant, un de ces ciels d'où descendent en foule les regrets et les souvenirs, elle s'assit à l'écart dans un jardin, pour entendre, loin de la foule, un de ces concerts dont la musique des régiments gratifie le peuple parisien.

C'était sans doute là la petite débauche de cette vieille innocente (ou de cette vieille purifiée), la consolation bien gagnée d'une de ces lourdes journées sans ami, sans causerie, sans joie, sans confident, que Dieu laissait tomber sur elle, depuis bien des ans peut-être! trois cent soixante-cinq fois par an.

Une autre encore:

Je ne puis jamais m'empêcher de jeter un regard, sinon universellement sympathique, au moins curieux, sur la foule de parias qui se pressent autour de l'enceinte d'un concert public. L'orchestre jette à travers la nuit des chants de fête, de triomphe ou de volupté. Les robes traînent en miroitant; les regards se croisent; les oisifs, fatigués de n'avoir rien fait, se dandinent, feignant de déguster indolemment la musique. Ici rien que de riche, d'heureux; rien qui ne respire et n'inspire l'insouciance et le plaisir de se laisser vivre; rien, excepté l'aspect de cette tourbe qui s'appuie là-bas sur la barrière extérieure, attrapant gratis, au gré du vent, un lambeau de musique, et regardant l'étincelante fournaise intérieure.

C'est toujours chose intéressante que ce reflet de la joie du riche au fond de l'œil du pauvre. Mais ce jour-là, à travers ce peuple vêtu de blouses et d'indienne, j'aperçus un être dont la noblesse faisait un éclatant contraste avec toute la trivialité environnante.

C'était une femme grande, majestueuse, et si noble dans tout son air, que je n'ai pas souvenir d'avoir vu sa pareille dans les collections des aristocratiques beautés du passé. Un parfum de hautaine vertu émanait de toute sa personne. Son visage, triste et amaigri, était en parfaite accordance avec le grand deuil dont elle était revêtue. Elle aussi, comme la plèbe à laquelle elle s'était mêlée et qu'elle ne voyait pas, elle regardait le monde lumineux avec un œil profond, et elle écoutait en hochant doucement la tête.

Singulière vision! «À coup sûr, me dis-je, cette pauvreté-là, si pauvreté il y a, ne doit pas admettre l'économie sordide; un si noble

long time as she scanned through the gazettes, with urgent eyes that must long ago have been scalded with tears, looking for news which must have had some powerful, personal meaning for her.

Finally, in the afternoon, under a balmy autumn sky, one of those skies from which regrets and memories swarm down, she went and sat all by herself in a park, at some distance from the crowd, to listen to one of those concerts with which regimental bands regale the Paris masses.

This was no doubt that innocent – or reformed – old lady's modest treat, the well-earned consolation for one of those dreary days spent without a friend or chat, without a moment of joy or someone to confide in, and which, for many years past, God had made her lot for three hundred and sixty-five days a year.

Here is another one. I can never resist casting a glance, if not of sympathy, at least of curiosity, at the bunch of outcasts thronging round the entrance to a concert-hall. The orchestra is pouring its songs of revelry, triumph, or rapture, into the night. The shimmering evening-dresses trail along the floor, the audience eye each other, the idle men-about-town, exhausted with doing nothing, loaf in their seats in a languid pretence of savouring the music. There is nothing in that hall but happiness and wealth, nothing but what expresses or inspires the unconcern and pleasure of living – nothing, that is, but the sight of the rabble leaning on the rail outside, catching, at the wind's whim, a snatch of music, and gaping at the sparkling splendour there within.

It is always interesting to see the reflection of the rich man's happiness in the eyes of the poor. But on that occasion, in the midst of those workaday folk in their overalls and cheap ginghams, I glimpsed a figure whose distinguished appearance was in sharp contrast to all the triviality around her.

She was a tall, majestic lady, of such a noble bearing that I cannot recall having seen her equal in the albums of aristocratic beauties of the past. An aura of the loftiest virtue emanated from her entire person. Her sad, emaciated face was in perfect harmony with the full mourning in which she was attired. She, also, like the common folk she had joined but whose presence she ignored, was gazing on that luminous world with her unfathomable eye, and swaying her head in time with the music as she listened.

What an unusual sight! Surely, I said to myself, that poverty of hers, if it is poverty, would not stoop to any sordid economy; such

visage m'en répond. Pourquoi donc reste-t-elle volontairement dans un milieu où elle fait une tache si éclatante?»

Mais en passant curieusement auprès d'elle, je crus en deviner la raison. La grande veuve tenait par la main un enfant comme elle vêtu de noir; si modique que fût le prix d'entrée, ce prix suffisait peut-être pour payer un des besoins du petit être, mieux encore, une superfluité, un jouet.

Et elle sera rentrée à pied, méditant et rêvant, seule, toujours seule; car l'enfant est turbulent, égoïste, sans douceur et sans patience; et il ne peut même pas, comme le pur animal, comme le chien et le chat, servir de confident aux douleurs solitaires.

a noble face is evidence of that. Why, then, does she choose to linger there in a setting with which she is in such marked contrast?

But as I drew nearer, out of curiosity, I thought I could guess why. The imposing widow was holding the hand of a little boy, like herself dressed all in black. However modest the price of admission, that sum would no doubt be enough to provide for one of her son's needs or, better still, for some luxury such as a toy.

And she will have returned home on foot, meditating and dreaming all by herself, always alone; for the child is unruly and selfish, neither gentle nor patient, and he cannot even, like a simple dumb animal, a cat or dog, serve as the confidant of her solitary griefs.

[1861, 1862]

XIV
LE VIEUX SALTIMBANQUE

Partout s'étalait, se répandait, s'ébaudissait le peuple en vacances. C'était une de ces solennités sur lesquelles, pendant un long temps, comptent les saltimbanques, les faiseurs de tours, les montreurs d'animaux et les boutiquiers ambulants, pour compenser les mauvais temps de l'année.

En ces jours-là il me semble que le peuple oublie tout, la douleur et le travail; il devient pareil aux enfants. Pour les petits c'est un jour de congé, c'est l'horreur de l'école renvoyée à vingt-quatre heures. Pour les grands c'est un armistice conclu avec les puissances malfaisantes de la vie, un répit dans la contention et la lutte universelles.

L'homme du monde lui-même et l'homme occupé de travaux spirituels échappent difficilement à l'influence de ce jubilé populaire. Ils absorbent, sans le vouloir, leur part de cette atmosphère d'insouciance. Pour moi, je ne manque jamais, en vrai Parisien, de passer la revue de toutes les baraques qui se pavanent à ces époques solennelles.

Elles se faisaient, en vérité, une concurrence formidable: elles piaillaient, beuglaient, hurlaient. C'était un mélange de cris, de détonations de cuivre et d'explosions de fusées. Les queues-rouges et les Jocrisses convulsaient les traits de leurs visages basanés, racornis par le vent, la pluie et le soleil; ils lançaient, avec l'aplomb des comédiens sûrs de leurs effets, des bons mots et des plaisanteries d'un comique solide et lourd comme celui de Molière. Les Hercules, fiers de l'énormité de leurs membres, sans front et sans crâne, comme les orangs-outangs, se prélassaient majestueusement sous les maillots lavés la veille pour la circonstance. Les danseuses, belles comme des fées ou des princesses, sautaient et cabriolaient sous le feu des lanternes qui remplissaient leurs jupes d'étincelles.

Tout n'était que lumière, poussière, cris, joie, tumulte; les uns dépensaient, les autres gagnaient, les uns et les autres également joyeux. Les enfants se suspendaient aux jupons de leurs mères pour obtenir quelque bâton de sucre, ou montaient sur les épaules de leurs pères pour mieux voir un escamoteur éblouissant comme un dieu. Et

XIV
THE OLD ACROBAT

Everywhere you went the holiday crowds were pouring into the streets, spreading out in all directions and having a good time. It was one of those red-letter days which are relied on long in advance by acrobats and conjurors, showmen with performing animals, hawkers and cheap-jacks, to compensate for the dead spells in the calendar.

On such occasions it seems to me that the masses are out to forget everything, to put all their sufferings and labours behind them, and then they behave like a lot of children. For the children themselves it means a day off school, with the horrors of the classroom postponed for twenty-four hours. For the grown-ups it means a truce with the malign bosses who tyrannize their existence, a short respite from the hostilities and confrontations of the world at large.

The man of the world, and the intellectual whose life is devoted to spiritual toil, find it hard to resist the influence of such popular jubilations. Like it or not, they absorb their dose of this carefree atmosphere. For my part, like any born Parisian, which I am, I never fail to make the rounds of all the booths and stalls that clamour for our attention during such traditional festivities.

All the attractions were in fierce competition with each other, screaming, bellowing, howling, a pandemonium of shouts, clashing cymbals, trumpets and exploding fireworks. Clowns in red-ribboned wigs and slapstick jokers screwed up their swarthy faces, furrowed and weather-beaten by sun and wind and rain, and with the cool cheek of comedians who know their audience, threw out their cracks and chestnuts as professionally and as heavily comic as anything in Molière. The Samsons, proud of their herculean physique, low-browed and flat-skulled as orang-outangs, showed off their points, clad in slips washed the night before for the performance. The dancing-girls, as pretty as fairies or princesses, were kicking their legs and cavorting under the limelight which filled their skirts with sparks.

There was nothing here but raw illuminations and dust, a babel of voices, joy and tumultuous bustle, some spending, some winning, and all with equal enjoyment. The children clung to their mothers' skirts, wheedling for a stick of candy, or climbed on their fathers' backs for a better view of the conjuror, a wizard as dazzling as any

partout circulait, dominant tous les parfums, une odeur de friture qui était comme l'encens de cette fête.

Au bout, à l'extrême bout de la rangée de baraques, comme si, honteux, il s'était exilé lui-même de toutes ces splendeurs, je vis un pauvre saltimbanque, voûté, caduc, décrépit, une ruine d'homme, adossé contre un des poteaux de sa cahute; une cahute plus misérable que celle du sauvage le plus abruti, et dont deux bouts de chandelles, coulants et fumants, éclairaient trop bien encore la détresse.

Partout la joie, le gain, la débauche; partout la certitude du pain pour les lendemains; partout l'explosion frénétique de la vitalité. Ici la misère absolue, la misère affublée, pour comble d'horreur, de haillons comiques, où la nécessité, bien plus que l'art, avait introduit le contraste. Il ne riait pas, le misérable! Il ne pleurait pas, il ne dansait pas, il ne gesticulait pas, il ne criait pas; il ne chantait aucune chanson, ni gaie ni lamentable, il n'implorait pas. Il était muet et immobile. Il avait renoncé, il avait abdiqué. Sa destinée était faite.

Mais quel regard profond, inoubliable, il promenait sur la foule et les lumières, dont le flot mouvant s'arrêtait à quelques pas de sa répulsive misère! Je sentis ma gorge serrée par la main terrible de l'hystérie, et il me sembla que mes regards étaient offusqués par ces larmes rebelles qui ne veulent pas tomber.

Que faire? À quoi bon demander à l'infortuné quelle curiosité, quelle merveille il avait à montrer dans ces ténèbres puantes, derrière son rideau déchiqueté? En vérité, je n'osais; et, dût la raison de ma timidité vous faire rire, j'avouerai que je craignais de l'humilier. Enfin, je venais de me résoudre à déposer en passant quelque argent sur une de ses planches, espérant qu'il devinerait mon intention, quand un grand reflux de peuple, causé par je ne sais quel trouble, m'entraîna loin de lui.

Et, m'en retournant, obsédé par cette vision, je cherchai à analyser ma soudaine douleur, et je me dis: Je viens de voir l'image du vieil homme de lettres qui a survécu à la génération dont il fut le brillant amuseur; du vieux poète sans amis, sans famille, sans enfants, dégradé par sa misère et par l'ingratitude publique, et dans la baraque de qui le monde oublieux ne veut plus entrer!

god. And over it all, drowning all other aromas, the smell of frying floated, the incense of the revels.

At the farthest end of the rows of booths, as if he had banished himself in shame from all those splendid sights, I noticed an old acrobat, hunched and decrepit, a ruin of a man, who was leaning against one of the posts of his hut, a more miserable contraption than the most abject savage's could be, with a couple of dripping, smoky candle-ends throwing only too much light on its shabbiness.

Everywhere else there was nothing but exuberance and prosperity and debauchery; everywhere the certainty of daily bread for the days to come; everywhere the uninhibited overflow of vital energy. But here was poverty at its nadir, and to complete the horror of it, a poverty dressed to kill in the rags and tatters of farce, making a contrast dictated more by destitution than by art. The miserable athlete was far from laughing, but he neither wept nor danced, nor gesticulated nor uttered a sound; he had no song to sing, whether gay or melancholy, nor was he inviting anyone's compassion. He just stood there, speechless and motionless. He had given up, abdicated; his destiny was already fulfilled.

But what a profound and unforgettable gaze he cast on the mob and the illuminations, where the tide stopped only a few paces away from his repulsive, miserable poverty. I felt my throat tighten with a sort of frightening hysteria, my eyes blinded with tears of protest that refused to flow.

What could be done about it? What was the use of asking that unfortunate man what wonderful performance he had to display in the stinking gloom behind his tattered curtains? To tell the truth I hadn't the courage to ask, and though you might be tempted to laugh at the reason for my shyness, I must confess that I was afraid of humiliating him. In the end I decided to leave a few coins on one of his planks as I went past, in the hope that he would understand my intentions; but as a result of some disturbance or other, a wave of merrymakers swept me beyond his reach.

As I turned away, obsessed by the whole scene, I tried to analyse my sudden painful feelings, and said to myself, 'I have just seen the very image of some old man of letters who has outlived his own generation, which once he entertained so brilliantly: the old poet without any friends or family or children, degraded by poverty and public ingratitude, into whose hovel the forgetful world no longer wishes to set foot.'

[1861, 1862]

XV
LE GÂTEAU

Je voyageais. Le paysage au milieu duquel j'étais placé était d'une grandeur et d'une noblesse irrésistibles. Il en passa sans doute en ce moment quelque chose dans mon âme. Mes pensées voltigeaient avec une légèreté égale à celle de l'atmosphère; les passions vulgaires, telles que la haine et l'amour profane, m'apparaissaient maintenant aussi éloignées que les nuées qui défilaient au fond des abîmes sous mes pieds; mon âme me semblait aussi vaste et aussi pure que la coupole du ciel dont j'étais enveloppé; le souvenir des choses terrestres n'arrivait à mon cœur qu'affaibli et diminué, comme le son de la clochette des bestiaux imperceptibles qui paissaient loin, bien loin, sur le versant d'une autre montagne. Sur le petit lac immobile, noir de son immense profondeur, passait quelquefois l'ombre d'un nuage, comme le reflet du manteau d'un géant aérien volant à travers le ciel. Et je me souviens que cette sensation solennelle et rare, causée par un grand mouvement parfaitement silencieux, me remplissait d'une joie mêlée de peur. Bref, je me sentais, grâce à l'enthousiasmante beauté dont j'étais environné, en parfaite paix avec moi-même et avec l'univers; je crois même que, dans ma parfaite béatitude et dans mon total oubli de tout le mal terrestre, j'en étais venu à ne plus trouver si ridicules les journaux qui prétendent que l'homme est né bon; -- quand la matière incurable renouvelant ses exigences, je songeai à réparer la fatigue et à soulager l'appétit causés par une si longue ascension. Je tirai de ma poche un gros morceau de pain, une tasse de cuir et un flacon d'un certain élixir que les pharmaciens vendaient dans ce temps-là aux touristes pour le mêler dans l'occasion avec de l'eau de neige.

Je découpais tranquillement mon pain, quand un bruit très léger me fit lever les yeux. Devant moi se tenait un petit être déguenillé, noir, ébouriffé, dont les yeux creux, farouches et comme suppliants, dévoraient le morceau de pain. Et je l'entendis soupirer, d'une voix basse et rauque, le mot: *gâteau!* Je ne pus m'empêcher de rire en entendant l'appellation dont il voulait bien honorer mon pain presque blanc, et j'en coupai pour lui une belle tranche que je lui offris. Lentement il se rapprocha, ne quittant pas des yeux l'objet de sa convoitise; puis, happant le morceau avec sa main, se recula vivement, comme s'il eût craint que mon offre ne fût pas sincère ou que je m'en repentisse déjà.

XV
THE CAKE

Travelling about, I found myself in the centre of an impressively grand and noble landscape. No doubt something of it penetrated my soul at that moment. My thoughts leapt as lightly as the ozone itself; such vulgar passions as hatred or profane love seemed as remote as the clouds advancing along the chasms at my feet; my soul felt as vast and pure as the immense dome of sky that encompassed me; remembrance of earthly things came only faint and dwindled into my heart, like the muffled sound of bells from the unseen flock which browsed far off on some other mountain slope. Over the small, still lake, black with fathomless depths, the shade of a cloud passed now and then, like the shadow of some airy giant's mantle as he winged through the heavens. I remember how the solemn and rare sensation stirred by that enormous soundless motion filled me with fearful joy. In a word, thanks to the inspiring beauty around me I felt in perfect peace with myself and the universe. Now I even think that in my unalloyed bliss and total oblivion of all the evils of the earth, I had reached the point of finding nothing foolish in those journals which proclaim that 'Man was born good'; when – mere Matter suddenly renewing its demands – I thought I would repair my fatigue and satisfy the appetite my climb had roused. So I drew a large hunk of bread from my knapsack, and also a leather beaker and a flask of a certain pick-me-up which chemists used to sell to tourists in those days, and which could be diluted with melted snow.

I was slicing my bread in peace, when a slight noise made me look up. Then I saw an undersized young imp standing in front of me, dressed in rags, swarthy and unkempt, whose wild and yet beseeching sunken eyes were devouring my bit of loaf. Then I heard him heave a sigh and whisper in a deep low voice, the word *cake*. I could hardly refrain from laughing at the expression with which he chose to dignify my not very white bread, but I cut him a thick slice and held it out towards him. He shuffled up to me slowly, without turning his eyes from the object of his longing, then, snatching the crust, he recoiled as fast as he could, as though afraid that my gift was not sincerely intended, or that I was already having second thoughts.

Mais au même instant il fut culbuté par un autre petit sauvage, sorti je ne sais d'où, et si parfaitement semblable au premier qu'on aurait pu le prendre pour son frère jumeau. Ensemble ils roulèrent sur le sol, se disputant la précieuse proie, aucun n'en voulant sans doute sacrifier la moitié pour son frère. Le premier, exaspéré, empoigna le second par les cheveux; celui-ci lui saisit l'oreille avec les dents, et en cracha un petit morceau sanglant avec un superbe juron patois. Le légitime propriétaire du gâteau essaya d'enfoncer ses petites griffes dans les yeux de l'usurpateur; à son tour celui-ci appliqua toutes ses forces à étrangler son adversaire d'une main, pendant que de l'autre il tâchait de glisser dans sa poche le prix du combat. Mais, ravivé par le désespoir, le vaincu se redressa et fit rouler le vainqueur par terre d'un coup de tête dans l'estomac. À quoi bon décrire une lutte hideuse qui dura en vérité plus longtemps que leurs forces enfantines ne semblaient le promettre? Le gâteau voyageait de main en main et changeait de poche à chaque instant; mais, hélas! il changeait aussi de volume; et lorsque enfin, exténués, haletants, sanglants, ils s'arrêtèrent par impossibilité de continuer, il n'y avait plus, à vrai dire, aucun sujet de bataille; le morceau de pain avait disparu, et il était éparpillé en miettes semblables aux grains de sable auxquels il était mêlé.

Ce spectacle m'avait embrumé le paysage, et la joie calme où s'ébaudissait mon âme avant d'avoir vu ces petits hommes avait totalement disparu; j'en restai triste assez longtemps, me répétant sans cesse: «Il y a donc un pays superbe où le pain s'appelle du *gâteau*, friandise si rare qu'elle suffit pour engendrer une guerre parfaitement fratricide!»

At that very moment he was knocked down by a similar little savage who had appeared from nowhere, such a perfect replica of the first that he could have been his twin brother. Now they rolled together on the ground, fighting for possession of their precious prey, neither of them willing to sacrifice half for his brother. The first, driven frantic, clutched the second by the hair, who at once caught his ear between his teeth and spat out a bloody morsel, uttering a tremendous local oath as he did so. The rightful owner of the *cake* now tried to dig his claws into the usurper's eyes, then in his turn the second did his best to strangle his opponent with one hand, while trying to squeeze the prize into his pocket with the other. But with his energies redoubled by despair, the defeated urchin drew himself up and knocked his victor down by ramming him in the stomach with his head. However, why bother to describe a hideous battle which lasted longer than their childish strength seemed to warrant? The *cake*, meanwhile, had travelled from hand to hand and pocket to pocket all this time, but by now its size and volume were sadly diminished. When at last, exhausted, gasping and covered with blood, they stopped fighting only because it was impossible to carry on any longer, to tell the truth there was no trophy left – the chunk of bread had completely disintegrated, and was scattered round in crumbs much the same as the grains of sand in which they mingled.

This scene had overcast the landscape for me, and the calm bliss in which my soul rejoiced, before seeing those little fellows, had completely evaporated. The happening left me feeling depressed long afterwards, as I repeated to myself, 'So, there is a wonderland in which *bread* is known as *cake*, such a rare delicacy that it is enough to cause a fratricidal war.'

[1862]

XVI
L'HORLOGE

Les Chinois voient l'heure dans l'œil des chats.

Un jour un missionnaire, se promenant dans la banlieue de Nankin, s'aperçut qu'il avait oublié sa montre, et demanda à un petit garçon quelle heure il était.

Le gamin du céleste Empire hésita d'abord; puis, se ravisant, il répondit: «Je vais vous le dire.» Peu d'instants après, il reparut, tenant dans ses bras un fort gros chat, et le regardant, comme on dit, dans le blanc des yeux, il affirma sans hésiter: «Il n'est pas encore tout à fait midi.» Ce qui était vrai.

Pour moi, si je me penche vers la belle Féline, la si bien nommée, qui est à la fois l'honneur de son sexe, l'orgueil de mon cœur et le parfum de mon esprit, que ce soit la nuit, que ce soit le jour, dans la pleine lumière ou dans l'ombre opaque, au fond de ses yeux adorables je vois toujours l'heure distinctement, toujours la même, une heure vaste, solennelle, grande comme l'espace, sans divisions de minutes ni de secondes, – une heure immobile qui n'est pas marquée sur les horloges, et cependant légère comme un soupir, rapide comme un coup d'œil.

Et si quelque importun venait me déranger pendant que mon regard repose sur ce délicieux cadran, si quelque Génie malhonnête et intolérant, quelque Démon du contretemps venait me dire: «Que regardes-tu là avec tant de soin? Que cherches-tu dans les yeux de cet être? Y vois-tu l'heure, mortel prodigue et fainéant?» je répondrais sans hésiter: «Oui, je vois l'heure; il est l'Éternité!»

N'est-ce pas, madame, que voici un madrigal vraiment méritoire, et aussi emphatique que vous-même? En vérité, j'ai eu tant de plaisir à broder cette prétentieuse galanterie, que je ne vous demanderai rien en échange.

XVI
THE CLOCK

The Chinese read the time in the eyes of cats.

One day a missionary, walking through the suburbs of Nanking, found that he had forgotten his watch, and asked a small boy what time it was.

The urchin of the Celestial Empire hesitated a moment, then a thought struck him and he replied 'I'll tell you soon'. He reappeared a few minutes later with a big fat cat in his arms and, looking so to speak point-blank into its eyes, announced without hesitation 'It's not yet noon', which was quite correct.

For my part, as I bend over my lovely Felina – so aptly named – who is both the honour of her sex and the pride of my heart and the perfume of my mind, whether it be night or day, broad daylight or opaquest shadow, I can always tell the exact time in the depths of her adorable eyes; a time which is always the same, a vast and solemn hour as infinite as space, with no subdivision into minutes or seconds; a motionless hour not shown on the face of any clock, but as light as a sigh and as swift as a glance.

And if some 'gentleman from Porlock' should come intruding on me while my eyes are resting on that delicious dial, if some devious and intolerant Genie, some genius of the *untimely* should come and inquire 'What are you looking at so intently, what are you expecting to discover in that creature's eyes – can you find the time in them, you *chronophage*, you idle mortal?' I should reply without the slightest hesitation, 'Yes, I can read the time in them – and it is Eternity'.

You will no doubt think, lady, that this is a perfectly-turned madrigal, as assertive as yourself? To tell the truth, I have found so much pleasure in embroidering this ambitious specimen of amorous flattery, that I'll not be asking you the slightest favour in exchange.

[1857, 1861, 1862]

XVII
UN HÉMISPHÈRE DANS UNE CHEVELURE

Laisse-moi respirer longtemps, longtemps, l'odeur de tes cheveux, y plonger tout mon visage, comme un homme altéré dans l'eau d'une source, et les agiter avec ma main comme un mouchoir odorant, pour secouer des souvenirs dans l'air.

Si tu pouvais savoir tout ce que je vois! tout ce que je sens! tout ce que j'entends dans tes cheveux! Mon âme voyage sur le parfum comme l'âme des autres hommes sur la musique.

Tes cheveux contiennent tout un rêve, plein de voilures et de mâtures; ils contiennent de grandes mers dont les moussons me portent vers de charmants climats, où l'espace est plus bleu et plus profond, où l'atmosphère est parfumée par les fruits, par les feuilles et par la peau humaine.

Dans l'océan de ta chevelure, j'entrevois un port fourmillant de chants mélancoliques, d'hommes vigoureux de toutes nations et de navires de toutes formes découpant leurs architectures fines et compliquées sur un ciel immense où se prélasse l'éternelle chaleur.

Dans les caresses de ta chevelure, je retrouve les langueurs des longues heures passées sur un divan, dans la chambre d'un beau navire, bercées par le roulis imperceptible du port, entre les pots de fleurs et les gargoulettes rafraîchissantes.

Dans l'ardent foyer de ta chevelure, je respire l'odeur du tabac mêlé à l'opium et au sucre; dans la nuit de ta chevelure, je vois resplendir l'infini de l'azur tropical; sur les rivages duvetés de ta chevelure je m'enivre des odeurs combinées du goudron, du musc et de l'huile de coco.

Laisse-moi mordre longtemps tes tresses lourdes et noires. Quand je mordille tes cheveux élastiques et rebelles, il me semble que je mange des souvenirs.

XVII
A HEMISPHERE IN HER HAIR

Let me breathe long and long the odour of your hair, and dip my whole face in it as a parched man dips his into the waters of a spring, and wave it in my hand like a scented handkerchief, shaking my memories in the air.

If you could know all that I see, all I can smell and hear in your hair! My soul sets out on a long voyage on its perfume, as other men's souls are carried away by music.

Your hair contains a rounded dream, full of shrouds and rigging of ships; it contains vast seas whose monsoons transport me to enchanting climes, where space has bluer blueness and deeper depth, where the air is scented with the smells of fruits and leaves and the skin of human bodies.

In the ocean of your hair I glimpse a harbour alive with sad sea-songs, and with hardy men of every race, and with ships of every trim outlining their delicate and complex structures against an immense sky in which the everlasting heat lies still.

In the caresses of your hair I find again the languor of long hours whiled away on a bunk in a fine ship's berth, rocked to and fro by the haven's gentle swell, between the pots of flowers and refreshing decanters.

In your hair's glowing hearth I breathe the fragrance of tobacco blended with opium and sugar; in your hair's night I see the glittering infinitude of tropical azure; on your hair's downy shores I am exalted by the confused aromas of tar and musk and coconut-oil.

Let me bite a while your ponderous ebony tresses; when I take your elastic rebellious hair between my teeth I feel as though I am devouring memories.

[1857, 1861, 1862]

XVIII
L'INVITATION AU VOYAGE

Il est un pays superbe, un pays de Cocagne, dit-on, que je rêve de visiter avec une vieille amie. Pays singulier, noyé dans les brumes de notre Nord, et qu'on pourrait appeler l'Orient de l'Occident, la Chine de l'Europe, tant la chaude et capricieuse fantaisie s'y est donné carrière, tant elle l'a patiemment et opiniâtrement illustré de ses savantes et délicates végétations.

Un vrai pays de Cocagne, où tout est beau, riche, tranquille, honnête; où le luxe a plaisir à se mirer dans l'ordre; où la vie est grasse et douce à respirer; d'où le désordre, la turbulence et l'imprévu sont exclus; où le bonheur est marié au silence; où la cuisine elle-même est poétique, grasse et excitante à la fois; où tout vous ressemble, mon cher ange.

Tu connais cette maladie fiévreuse qui s'empare de nous dans les froides misères, cette nostalgie du pays qu'on ignore, cette angoisse de la curiosité? Il est une contrée qui te ressemble, où tout est beau, riche, tranquille et honnête, où la fantaisie a bâti et décoré une Chine occidentale, où la vie est douce à respirer, où le bonheur est marié au silence. C'est là qu'il faut aller vivre, c'est là qu'il faut aller mourir!

Oui, c'est là qu'il faut aller respirer, rêver et allonger les heures par l'infini des sensations. Un musicien a écrit l'*Invitation à la valse*; quel est celui qui composera l'*Invitation au voyage*, qu'on puisse offrir à la femme aimée, à la sœur d'élection?

Oui, c'est dans cette atmosphère qu'il ferait bon vivre, – là-bas, où les heures plus lentes contiennent plus de pensées, où les horloges sonnent le bonheur avec une plus profonde et plus significative solennité.

Sur des panneaux luisants, ou sur des cuirs dorés et d'une richesse sombre, vivent discrètement des peintures béates, calmes et profondes, comme les âmes des artistes qui les créèrent. Les soleils couchants, qui colorent si richement la salle à manger ou le salon, sont tamisés par de belles étoffes ou par ces hautes fenêtres ouvragées que le plomb divise en nombreux compartiments. Les meubles sont vastes, curieux, bizarres, armés de serrures et de secrets comme des âmes raffinées. Les miroirs, les métaux, les étoffes, l'orfèvrerie et la

XVIII
THE INVITATION TO THE VOYAGE

There is a superb country, an earthly paradise, they say, which I
dream of visiting with a lady, an old friend. A country unlike any
other, wrapped in our northern mists, and which we might call the
Orient of the West, the China of Europe, so generously have Fancy's
ardour and caprice found full expression there, so patiently and resol-
utely beautifying it with meaningful, graceful vegetation.

Truly a paradise on earth, where everything is beautiful, opulent,
quiet, authentic; where luxury delights in reflecting itself in order;
where life is sumptuous and sweet to breathe; from which disorder
and turmoil and the unexpected are banished; where happiness is
wedded to silence; where the very cuisine is poetic, rich and stimulat-
ing; where everything resembles you, my beloved angel.

You know that fever which grips us in times of chill distress, that
longing for some land we have never seen, the anguish of curiosity?
There is a land resembling you, where everything is beautiful, rich
and quiet and authentic, where Fancy has built and embellished a
Cathay of the Occident, where life is sweet to breathe, where happi-
ness is wedded to silence. There we must go to live; there we must
go, to die.

Yes, it is there that we must go to breathe and dream, and to
prolong the hours with an infinity of sensations. A musician has
composed the *Invitation to the Waltz*; then who will compose the
Invitation to the Voyage, which a man might offer to the woman he
loves, the elect, the sister of his choice?

Yes, it is in that atmosphere that it would be good to be alive,
yonder where the slower hours contain more thoughts, where the
clocks chime happiness with a deeper and more significant gravity
than here.

On gleaming timbered panels, or walls lined with darkly mellow
gilded hide, serene paintings pass their unassuming lives, as calm and
full of depth as the souls of the artists who created them. The sunsets
that so lavishly colour the dining-room and drawing-room are filtered
through handsome fabrics or those lofty latticed windows which the
leads divide into many a section. The furniture is massive, quaint and
strange, armed with locks and secrecies like exquisite souls. Mirrors,
metals, draperies, plate and ceramics there perform for the eyes an

faïence y jouent pour les yeux une symphonie muette et mystérieuse; et de toutes choses, de tous les coins, des fissures des tiroirs et des plis des étoffes s'échappe un parfum singulier, un *revenez-y* de Sumatra, qui est comme l'âme de l'appartement.

Un vrai pays de Cocagne, te dis-je, où tout est riche, propre et luisant, comme une belle conscience, comme une magnifique batterie de cuisine, comme une splendide orfèvrerie, comme une bijouterie bariolée! Les trésors du monde y affluent, comme dans la maison d'un homme laborieux et qui a bien mérité du monde entier. Pays singulier, supérieur aux autres, comme l'Art l'est à la Nature, où celle-ci est réformée par le rêve, où elle est corrigée, embellie, refondue.

Qu'ils cherchent, qu'ils cherchent encore, qu'ils reculent sans cesse les limites de leur bonheur, ces alchimistes de l'horticulture! Qu'ils proposent des prix de soixante et de cent mille florins pour qui résoudra leurs ambitieux problèmes! Moi, j'ai trouvé ma *tulipe noire* et mon *dahlia bleu*!

Fleur incomparable, tulipe retrouvée, allégorique dahlia, c'est là, n'est-ce pas, dans ce beau pays si calme et si rêveur, qu'il faudrait aller vivre et fleurir? Ne serais-tu pas encadrée dans ton analogie, et ne pourrais-tu pas te mirer, pour parler comme les mystiques, dans ta propre *correspondance*?

Des rêves! toujours des rêves! et plus l'âme est ambitieuse et délicate, plus les rêves l'éloignent du possible. Chaque homme porte en lui sa dose d'opium naturel, incessamment sécrétée et renouvelée, et, de la naissance à la mort, combien comptons-nous d'heures remplies par la jouissance positive, par l'action réussie et décidée? Vivrons-nous jamais, passerons-nous jamais dans ce tableau qu'a peint mon esprit, ce tableau qui te ressemble?

Ces trésors, ces meubles, ce luxe, cet ordre, ces parfums, ces fleurs miraculeuses, c'est toi. C'est encore toi, ces grands fleuves et ces canaux tranquilles. Ces énormes navires qu'ils charrient, tout chargés de richesses, et d'où montent les chants monotones de la manœuvre, ce sont mes pensées qui dorment ou qui roulent sur ton sein. Tu les conduis doucement vers la mer qui est l'Infini, tout en réfléchissant les profondeurs du ciel dans la limpidité de ta belle âme; – et quand, fatigués par la houle et gorgés des produits de l'Orient, ils rentrent au port natal, ce sont encore mes pensées enrichies qui reviennent de l'Infini vers toi.

unheard, mysterious symphony; and from every object and every corner, from the chinks in the drawers and from the hangings' folds, there emanates an uncommon aroma, a spicy whiff of Sumatra which seems like the apartment's soul.

A veritable earthly paradise, believe me, where everything is sumptuous, clean and bright, like a clear conscience; like a kitchen's magnificent array of copper pots and pans; like a splendid specimen of the goldsmith's craft; like a multicoloured gem. The treasures of the earth abound there, they meet there as in the home of some hard-working man who has deserved well of all the world. A unique land, superior to all others, just as Art is superior to Nature; a land where Nature is reshaped by revery, where it is corrected and beautified and remoulded.

Let them seek and seek again, let them ceaselessly extend the boundaries of their bliss, the alchemists of the art of gardening! Let them offer rewards of sixty or a hundred thousand florins to the one who solves their ambitious problems! But as for me, I have already found my *black tulip* and my *blue dahlia*!

Incomparable flower, reinvented tulip, allegorical dahlia – it is there, is it not, in that lovely land so calm and full of dream that you should go to live and bloom? Would you not find yourself surrounded by your own counterpart, and would you not be able to mirror yourself, as the mystics say, in your own correlative?

Dreams, forever dreams! And the more the soul is aspiring and fastidious, the more our dreams outstrip the possible. Every man bears within him his measure of natural opium, incessantly secreted and renewed, and from birth to death, how many hours can we count that are filled with positive enjoyment, with successful, deliberate and decisive action? Shall we ever live? Will we never enter into the picture my mind has painted, this picture which resembles you?

These treasures, this furniture, this order, these perfumes, these miraculous flowers, are you, yourself. You are also those great rivers, those tranquil canals. Those vast ships which they bear along, all laden with riches and from which the monotonous sea-shanties rise as they navigate, are my thoughts that sleep or glide upon your breast. You guide them gently towards that sea which is the Infinite, while you reflect the sky's depths in the limpidness of your lovely soul; and when, wearied by the swell and brimming with the wares of the East they re-enter their home port, they are still my thoughts, enriched, returning from the Infinite to you.

[1857, 1861, 1862]

XIX
LE JOUJOU DU PAUVRE

Je veux donner l'idée d'un divertissement innocent. Il y a si peu d'amusements qui ne soient pas coupables!

Quand vous sortirez le matin avec l'intention décidée de flâner sur les grandes routes, remplissez vos poches de petites inventions à un sol, – telles que le polichinelle plat mû par un seul fil, les forgerons qui battent l'enclume, le cavalier et son cheval dont la queue est un sifflet, – et le long des cabarets, au pied des arbres, faites-en hommage aux enfants inconnus et pauvres que vous rencontrerez. Vous verrez leurs yeux s'agrandir démesurément. D'abord ils n'oseront pas prendre; ils douteront de leur bonheur. Puis leurs mains agripperont vivement le cadeau, et ils s'enfuiront comme font les chats qui vont manger loin de vous le morceau que vous leur avez donné, ayant appris à se défier de l'homme.

Sur une route, derrière la grille d'un vaste jardin, au bout duquel apparaissait la blancheur d'un joli château frappé par le soleil, se tenait un enfant beau et frais, habillé de ces vêtements de campagne si pleins de coquetterie.

Le luxe, l'insouciance et le spectacle habituel de la richesse, rendent ces enfants-là si jolis, qu'on les croirait faits d'une autre pâte que les enfants de la médiocrité ou de la pauvreté.

À côté de lui, gisait sur l'herbe un joujou splendide, aussi frais que son maître, verni, doré, vêtu d'une robe pourpre, et couvert de plumets et de verroteries. Mais l'enfant ne s'occupait pas de son joujou préféré, et voici ce qu'il regardait:

De l'autre côté de la grille, sur la route, entre les chardons et les orties, il y avait un autre enfant, sale, chétif, fuligineux, un de ces marmots-parias dont un œil impartial découvrirait la beauté, si, comme l'œil du connaisseur devine une peinture idéale sous un vernis de carrossier, il le nettoyait de la répugnante patine de la misère.

À travers ces barreaux symboliques séparant deux mondes, la grande route et le château, l'enfant pauvre montrait à l'enfant riche

XIX
THE POOR BOY'S TOY

I want to give you some idea of an innocent pastime – so few amusements are entirely free of guilt.

When you set out in the morning, intent on having a ramble along the main roads, you should fill your pockets with a few little contraptions, such as a cardboard Punch and Judy which is worked by a string, or a couple of blacksmiths hammering on an anvil, or a rider whose horse's tail is a tin whistle; then, outside the cafés or under the trees you can offer them as tribute to the poor anonymous children you meet on your way. Then you will see their eyes unnaturally widening. At first they'll not dare to accept your gifts, unable to believe their good luck. Then they will quickly grab your present and make off with it, like cats who go and eat at some distance away whatever food you have given them, having learnt to be wary of human beings.

On the main road, behind the wrought-iron gates of a vast park at the end of which the white dazzle of a charming castle's frontage could be glimpsed, stood a handsome, fresh-looking boy, dressed in one of those attractively stylish outfits of 'country' clothes.

Luxury, the habit of taking everything for granted, and the daily evidence of wealth all round them, prettifies the children of the rich, so that they seem to be made of different stuff from those born and bred in mediocrity or poverty.

Beside him a magnificent toy lay on the ground, looking as brand-new as its master – a doll varnished and gilded all over, dressed in a scarlet tunic and decked with feathers and beads. But the boy paid no attention to his favourite plaything, and this is what he was busy staring at:

On the other side of the railings, on the road, up to his knees in thistles and nettles, stood another boy, looking dirty and underfed and uncouth, one of those urchins in whom, for all that, an impartial observer might discern some trace of beauty – if only, just as the connoisseur's eye may sense an ideal painting beneath a carriage-painter's coats of varnish, he could wipe away the repulsive patina of poverty.

Through the symbolic bars which separated two entirely different worlds, the highway and the castle, the poor boy was showing the

son propre joujou, que celui-ci examinait avidement comme un objet rare et inconnu. Or, ce joujou, que le petit souillon agaçait, agitait et secouait dans une boîte grillée, c'était un rat vivant! Les parents, par économie sans doute, avaient tiré le joujou de la vie elle-même.

Et les deux enfants se riaient l'un à l'autre fraternellement, avec des dents d'une *égale* blancheur.

rich one his own plaything, which the latter was examining as eagerly as if it were some rare and unknown object. Well, the toy which the young urchin was teasing and shaking about in its makeshift cage, was none other than a live rat. His parents, no doubt for economy's sake, had given him a plaything drawn from life itself.

Meanwhile the two children were laughing together like brothers, both of them showing teeth of quite equal whiteness.

[1862]

XX
LES DONS DES FÉES

C'était grande assemblée des Fées, pour procéder à la répartition des dons parmi tous les nouveau-nés, arrivés à la vie depuis vingt-quatre heures.

Toutes ces antiques et capricieuses Sœurs du Destin, toutes ces Mères bizarres de la joie et de la douleur, étaient fort diverses: les unes avaient l'air sombre et rechigné, les autres, un air folâtre et malin; les unes, jeunes, qui avaient toujours été jeunes; les autres, vieilles, qui avaient toujours été vieilles.

Tous les pères qui ont foi dans les Fées étaient venus, chacun apportant son nouveau-né dans ses bras.

Les Dons, les Facultés, les bons Hasards, les Circonstances invincibles, étaient accumulés à côté du tribunal, comme les prix sur l'estrade, dans une distribution de prix. Ce qu'il y avait ici de particulier, c'est que les Dons n'étaient pas la récompense d'un effort, mais tout au contraire une grâce accordée à celui qui n'avait pas encore vécu, une grâce pouvant déterminer sa destinée et devenir aussi bien la source de son malheur que de son bonheur.

Les pauvres Fées étaient très affairées; car la foule des solliciteurs était grande, et le monde intermédiaire, placé entre l'homme et Dieu, est soumis comme nous à la terrible loi du Temps et de son infinie postérité, les Jours, les Heures, les Minutes, les Secondes.

En vérité, elles étaient aussi ahuries que des ministres un jour d'audience, ou des employés du Mont-de-Piété quand une fête nationale autorise les dégagements gratuits. Je crois même qu'elles regardaient de temps à autre l'aiguille de l'horloge avec autant d'impatience que des juges humains qui, siégeant depuis le matin, ne peuvent s'empêcher de rêver au dîner, à la famille et à leurs chères pantoufles. Si, dans la justice surnaturelle, il y a un peu de précipitation et de hasard, ne nous étonnons pas qu'il en soit de même quelquefois dans la justice humaine. Nous serions nous-mêmes, en ce cas, des juges injustes.

Aussi furent commises ce jour-là quelques bourdes qu'on pourrait considérer comme bizarres, si la prudence, plutôt que le caprice, était le caractère distinctif, éternel des Fées.

Ainsi la puissance d'attirer magnétiquement la fortune fut adjugée à l'héritier unique d'une famille très riche, qui, n'étant doué d'aucun

XX
FAIRY GIFTS

A great congress of Fairies was meeting for the distribution of gifts to all the new babies who had entered this life in the past twenty-four hours.

All those old-fashioned, capricious Sisters of Destiny, all those fantastic Mothers of Joys and Sorrows differed enormously from each other. Some had a gloomy, surly look about them, others looked playful and sly, some looked young and had been young for ever, while others, who were old, had been old always.

All the fathers who believed in Fairies had come to attend the meeting, each with his newborn infant in his arms.

The Gifts, Faculties, Good-Lucks, Overwhelming Circumstances and so on were heaped up on one side of the dais, in the same way as school prizes on a speech-day. The only difference was that here the Gifts were not being awarded for past efforts, but on the contrary were a grace or indulgence conferred on candidates who had not yet lived, a gift which could govern their future destiny and, accordingly, might just as well become a source of misfortune as of happiness.

The poor Fairies were extremely busy, as there was a great crowd of petitioners, and the faery world, that mid-world between man and God, is subject in the same way as we are to the dreadful laws of Time, and its infinite offspring of Days, Hours, Minutes and Seconds.

To tell the truth the Fairies were as harassed as Ministers are before a royal audience, or the employees of the municipal pawn-office when a bank holiday allows hockers to withdraw their pledges free of charge. I even think they kept throwing an anxious glance at the clock now and again, just as impatiently as human judges do, who, after sitting on the Bench since early morning, cannot help dreaming about their dinner and family and cosy slippers. If there is a suspicion of haste and chance in supernatural justice, we must not be surprised if the same thing happens now and then with human justice, in which case we, also, might be unjust magistrates.

So, on that day a few blunders were made which might appear incredible, if only prudence rather than caprice were a special and immutable characteristic of Fairies.

For example, the power of magnetically attracting wealth was awarded to the sole heir of a very rich family, a person who, never

sens de charité, non plus que d'aucune convoitise pour les biens les plus visibles de la vie, devait se trouver plus tard prodigieusement embarrassé de ses millions.

Ainsi furent donnés l'amour du Beau et la Puissance poétique au fils d'un sombre gueux, carrier de son état, qui ne pouvait, en aucune façon, aider les facultés, ni soulager les besoins de sa déplorable progéniture.

J'ai oublié de vous dire que la distribution, en ces cas solennels, est sans appel, et qu'aucun don ne peut être refusé.

Toutes les Fées se levaient, croyant leur corvée accomplie; car il ne restait plus aucun cadeau, aucune largesse à jeter à tout ce fretin humain, quand un brave homme, un pauvre petit commerçant, je crois, se leva, et empoignant par sa robe de vapeurs multicolores la Fée qui était le plus à sa portée, s'écria:

«Eh! madame! vous nous oubliez! Il y a encore mon petit! Je ne veux pas être venu pour rien.»

La Fée pouvait être embarrassée; car il ne restait plus *rien*. Cependant elle se souvint à temps d'une loi bien connue, quoique rarement appliquée, dans le monde surnaturel, habité par ces déités impalpables, amies de l'homme, et souvent contraintes de s'adapter à ses passions, telles que les Fées, les Gnomes, les Salamandres, les Sylphides, les Sylphes, les Nixes, les Ondins et les Ondines, – je veux parler de la loi qui concède aux Fées, dans un cas semblable à celui-ci, c'est-à-dire le cas d'épuisement des lots, la faculté d'en donner encore un, supplémentaire et exceptionnel, pourvu toutefois qu'elle ait l'imagination suffisante pour le créer immédiatement.

Donc la bonne Fée répondit, avec un aplomb digne de son rang: «Je donne à ton fils...je lui donne...le *Don de plaire*!»

«Mais plaire comment? plaire...? plaire pourquoi?» demanda opiniâtrement le petit boutiquier, qui était sans doute un de ces raisonneurs si communs, incapable de s'élever jusqu'à la logique de l'Absurde.

«Parce que! parce que!» répliqua la Fée courroucée, en lui tournant le dos; et rejoignant le cortège de ses compagnes, elle leur disait: «Comment trouvez-vous ce petit Français vaniteux, qui veut tout comprendre, et qui ayant obtenu pour son fils le meilleur des lots, ose encore interroger et discuter l'indiscutable?»

having the slightest sense of charity or the slightest urge to possess the most obvious of worldly goods, was later to find his millions a source of vexation.

In the same way a love of Beauty, together with Poetic Powers, was granted to the son of a surly wretch, a good-for-nothing who was a tranter by trade, a father who was quite incapable of encouraging his ill-fated offspring's gifts or providing for his needs.

I forgot to mention that no appeal is allowed against the allocation of gifts in such extreme cases, and that no gift may be refused.

At last all the Fairies were beginning to rise to their feet, thinking that their labours were over, for no presents now remained, no left-over bounty to be thrown to the small-fry of humanity – when an inoffensive fellow, some poor little tradesman I think, started up and caught the nearest Fairy by her robe (made of multicoloured mists) and cried out, 'I say, lady, you've missed us out – what about my baby? I didn't mean to come here just for nothing!'

The Fairy had every right to feel upset, as there was absolutely nothing left. However she remembered, just in time, a well-known rule which was not often invoked in her supernatural society (a world inhabited by such unsubstantial deities, all friends of man and often forced to adapt themselves to his passions, as Fairies, Elves, Salaman-ders, Sylphides, Sylphs, Nixies and Water-Sprites) – I mean a law which in such cases allows the Fairy, when all the awards have run out, the power of bestowing one more supplementary and exceptional gift, so long as she has enough imagination to invent one on the spot.

So the good Fairy replied, with a presence of mind worthy of her status, 'I give your son...I mean I'll offer your son...the art of pleasing!'

'But pleasing in what way? – and why please anybody?' the little shopkeeper doggedly insisted on asking, being no doubt one of those only too common nigglers who are unable to soar into the realms of the Logic of the Absurd.

'Because – and *because*', the Fairy replied with some annoyance, turning her back on him. As she rejoined her colleagues in the pro-cession she remarked, 'What do you make of that fatuous little Frenchman, so intent on *understanding* the why and wherefore of everything – who after obtaining the best of all possible gifts for his child, still goes on asking questions, and arguing about what is beyond all argument?'

[1862]

XXI
LES TENTATIONS
OU ÉROS, PLUTUS ET LA GLOIRE

Deux superbes Satans et une Diablesse, non moins extraordinaire, ont la nuit dernière monté l'escalier mystérieux par où l'Enfer donne assaut à la faiblesse de l'homme qui dort, et communique en secret avec lui. Et ils sont venus se poser glorieusement devant moi, debout comme sur une estrade. Une splendeur sulfureuse émanait de ces trois personnages, qui se détachaient ainsi du fond opaque de la nuit. Ils avaient l'air si fier et si plein de domination, que je les pris d'abord tous les trois pour de vrais Dieux.

Le visage du premier Satan était d'un sexe ambigu, et il y avait aussi, dans les lignes de son corps, la mollesse des anciens Bacchus. Ses beaux yeux languissants, d'une couleur ténébreuse et indécise, ressemblaient à des violettes chargées encore des lourds pleurs de l'orage, et ses lèvres entrouvertes à des cassolettes chaudes, d'où s'exhalait la bonne odeur d'une parfumerie; et à chaque fois qu'il soupirait, des insectes musqués s'illuminaient, en voletant, aux ardeurs de son souffle.

Autour de sa tunique de pourpre était roulé, en manière de ceinture, un serpent chatoyant qui, la tête relevée, tournait langoureusement vers lui ses yeux de braise. À cette ceinture vivante étaient suspendus, alternant avec des fioles pleines de liqueurs sinistres, de brillants couteaux et des instruments de chirurgie. Dans sa main droite il tenait une autre fiole dont le contenu était d'un rouge lumineux, et qui portait pour étiquette ces mots bizarres: «Buvez, ceci est mon sang, un parfait cordial»; dans la gauche, un violon qui lui servait sans doute à chanter ses plaisirs et ses douleurs, et à répandre la contagion de sa folie dans les nuits de sabbat.

À ses chevilles délicates traînaient quelques anneaux d'une chaîne d'or rompue, et quand la gêne qui en résultait le forçait à baisser les yeux vers la terre, il contemplait vaniteusement les ongles de ses pieds, brillants et polis comme des pierres bien travaillées.

Il me regarda avec ses yeux inconsolablement navrés, d'où s'écoulait une insidieuse ivresse, et il me dit d'une voix chantante: «Si tu veux, si tu veux, je te ferai le seigneur des âmes, et tu seras le maître de la matière vivante, plus encore que le sculpteur peut l'être de l'argile; et tu connaîtras le plaisir, sans cesse renaissant, de sortir de toi-même

XXI
TEMPTATIONS
OR EROS, PLUTUS AND GLORY

During the night, two splendid Satans and a she-devil no less
imposing, climbed the mysterious stair by which the Powers of the
Underworld attack a man in his sleep and parley with him in secret.
They came and posed in front of me in all their glory, standing above
me as though on a raised platform. A sulphurous splendour exuded
from those three beings as they stood out against the opaque back-
ground of the night. They looked so grandiose and full of authority
that at first sight I took them for genuine deities.

The first Satan's face was neither male nor female, and his body's
contours had the rounded softness of the Bacchus of the ancients. His
beautiful, languorous eyes were of a dark, indeterminate colour,
rather like violets still laden with the heavy tears of the storm, while
his half-open lips were like warm incense-burners and gave out the
pleasant aroma of an entire perfumery, and every time he sighed
musk-scented insects glittered and fluttered in his sultry breath.

Round his scarlet tunic, by way of a girdle, a glistening snake
went winding, with its uplifted head turning its drowsy, glowing
eyes towards him. On that living belt, gleaming knives and surgical
instruments hung down, with flasks of sinister liqueurs at intervals
between them. In his right hand he was holding another flask contain-
ing a luminous reddish liquid, and with a label on it with the strange
inscription, 'Drink: this is my blood, the perfect stimulant'. His left
hand held a violin which no doubt served for singing his pleasures
and sorrows, and for spreading his contagious madness abroad on
those nights when the rites of a witches' sabbath are performed.

On his slender ankles hung a few links of a broken gold chain,
and whenever this irked him and made him lower his eyes to the
ground, with some conceit he admired his own toenails, which were
bright and polished like finely-tooled precious stones

He looked at me with eyes full of inconsolable distress, but which
also gleamed with a kind of sly drunkenness, and said to me in a
sing-song voice, 'If you wish, if you really want it, I shall make you
a master of men's souls; more master of living matter than a sculptor
of his clay; then you will know the ever-renewed delight of escaping

pour t'oublier dans autrui, et d'attirer les autres âmes jusqu'à les confondre avec la tienne.»

Et je lui répondis: «Grand merci! je n'ai que faire de cette pacotille d'êtres qui, sans doute, ne valent pas mieux que mon pauvre moi. Bien que j'aie quelque honte à me souvenir, je ne veux rien oublier; et quand même je ne te connaîtrais pas, vieux monstre, ta mystérieuse coutellerie, tes fioles équivoques, les chaînes dont tes pieds sont empêtrés, sont des symboles qui expliquent assez clairement les inconvénients de ton amitié. Garde tes présents.»

Le second Satan n'avait ni cet air à la fois tragique et souriant, ni ces belles manières insinuantes, ni cette beauté délicate et parfumée. C'était un homme vaste, à gros visage sans yeux, dont la lourde bedaine surplombait les cuisses, et dont toute la peau était dorée et illustrée, comme d'un tatouage, d'une foule de petites figures mouvantes représentant les formes nombreuses de la misère universelle. Il y avait de petits hommes efflanqués qui se suspendaient volontairement à un clou; il y avait de petits gnomes difformes, maigres, dont les yeux suppliants réclamaient l'aumône mieux encore que leurs mains tremblantes; et puis de vieilles mères portant des avortons accrochés à leurs mamelles exténuées. Il y en avait encore bien d'autres.

Le gros Satan tapait avec son poing sur son immense ventre, d'où sortait alors un long et retentissant cliquetis de métal, qui se terminait en un vague gémissement fait de nombreuses voix humaines. Et il riait, en montrant impudemment ses dents gâtées, d'un énorme rire imbécile, comme certains hommes de tous les pays quand ils ont trop bien dîné.

Et celui-là me dit: «Je puis te donner ce qui obtient tout, ce qui vaut tout, ce qui remplace tout!» Et il tapa sur son ventre monstrueux, dont l'écho sonore fit le commentaire de sa grossière parole.

Je me détournai avec dégoût, et je répondis: «Je n'ai besoin, pour ma jouissance, de la misère de personne; et je ne veux pas d'une richesse attristée, comme un papier de tenture, de tous les malheurs représentés sur ta peau.»

Quant à la Diablesse, je mentirais si je n'avouais pas qu'à première vue je lui trouvai un bizarre charme. Pour définir ce charme, je ne saurais le comparer à rien de mieux qu'à celui des très belles femmes sur le retour, qui cependant ne vieillissent plus, et dont la beauté garde la magie pénétrante des ruines. Elle avait l'air à la fois impérieux et dégingandé, et ses yeux, quoique battus, contenaient une force fascinatrice. Ce qui me frappa le plus, ce fut le mystère de sa voix, dans

from yourself and entering into others, magnetically drawing other souls to you until they become indistinguishable from your own.'

I replied: 'My heartfelt thanks – but I intend to have no truck with that shabby crowd of fellow-mortals who are no doubt as worthless as myself. Although I am ashamed of remembering, I have no desire to forget; and if I didn't know you already, you old monster, then your mysterious cutlery and dubious poisons and the shackles on your feet are symbols which explain quite clearly how embarrassing your friendship is. So you may keep your gifts.'

The second Satan had no such tragic smirk on his face, nor such fine, ingratiating manners, nor such delicate, aromatic beauty. He was of gigantic stature, with a round, eyeless face, a ponderous belly drooping over his thighs, while his skin was all gilded and decorated, as if tattooed, with scores of small mobile figures, representing the myriad forms of human misery. There were skinny pigmies, hanging themselves from nails; thin little deformed gnomes whose imploring eyes begged more pitifully than their trembling hands; old mothers with their abortions clinging to their withered breasts, and others too numerous to describe.

The bloated Satan thumped his belly with his fist, making it resound with a prolonged clatter of metal, followed by the muffled groans of human voices. He gave an insolent laugh which bared his rotten teeth, a grotesque sottish laugh such as certain gentlemen all over the world belch when they have dined too well.

Then he said to me, 'I can give you something which can buy everything else, something which is worth everything and can replace everything.' And again he thumped his enormous belly, its resounding echo a sort of commentary on his obscene proposal.

I turned away in disgust and said, 'I don't need to enjoy someone else's poverty, nor do I long for wealth which is besmirched like a wallpaper with all the miseries that are illustrated on your hide.'

As for the she-devil, Glory, I'd be a liar if I denied that I found a peculiar charm in her, at first sight. To define that charm, perhaps I could best compare it with the attraction of beautiful women at their so-called turn of life, who grow no older but whose beauty has the poignant magic of ruins. She looked both domineering and relaxed, and her eyes, though somewhat care-worn, had a compelling strength in them. What struck me most was some mysterious inflection in her

laquelle je retrouvais le souvenir des *contralti* les plus délicieux et aussi un peu de l'enrouement des gosiers incessamment lavés par l'eau-de-vie.

«Veux-tu connaître ma puissance?» dit la fausse déesse avec sa voix charmante et paradoxale. «Écoute.»

Et elle emboucha alors une gigantesque trompette, enrubannée, comme un mirliton, des titres de tous les journaux de l'univers, et à travers cette trompette elle cria mon nom, qui roula ainsi à travers l'espace avec le bruit de cent mille tonnerres, et me revint répercuté par l'écho de la plus lointaine planète.

«Diable!» fis-je, à moitié subjugué, «voilà qui est précieux!» Mais en examinant plus attentivement la séduisante virago, il me sembla vaguement que je la reconnaissais pour l'avoir vue trinquant avec quelques drôles de ma connaissance; et le son rauque du cuivre apporta à mes oreilles je ne sais quel souvenir d'une trompette prostituée.

Aussi je répondis, avec tout mon dédain: «Va-t'en! Je ne suis pas fait pour épouser la maîtresse de certains que je ne veux pas nommer.»

Certes, d'une si courageuse abnégation j'avais le droit d'être fier. Mais malheureusement je me réveillai, et toute ma force m'abandonna. «En vérité, me dis-je, il fallait que je fusse bien lourdement assoupi pour montrer de tels scrupules. Ah! s'ils pouvaient revenir pendant que je suis éveillé, je ne ferais pas tant le délicat!»

Et je les invoquai à haute voix, les suppliant de me pardonner, leur offrant de me déshonorer aussi souvent qu'il le faudrait pour mériter leurs faveurs; mais je les avais sans doute fortement offensés, car ils ne sont jamais revenus.

voice, which reminded me of the most delicious contraltos but with a hint of hoarseness of the kind induced by regular tots of brandy.

'Would you like to know what my powers are?' the false goddess asked in her charming double-take voice. 'Then listen.'

Then she raised a gigantic trumpet to her lips, something like a mirliton or buzzer, decorated with streamers inscribed with the titles of all the newspapers on earth. She shouted my name through this instrument, and it went hurtling through space with the din of a hundred thousand years of thunderclaps before echoing back to me, echoing from the farthest of the planets.

'Dash it all,' I said, almost won over, 'now that's something worth having!' But when I examined her attractive features more closely, I had the vague feeling that I had seen her before, had seen her drinking with certain good-for-nothings of my acquaintance, and her hoarse brassy tones reminded me somehow of a hack journalist.

Accordingly I replied with all the contempt I could muster, 'Off with you! I'm not the sort who would marry the mistress of certain fellows whose names aren't worth repeating.'

Of course I had some right to be proud of such a brave self-sacrifice. But unfortunately I woke up just at that moment, and lost all my courage in a flash. 'To tell the truth,' I thought, 'I must have been far gone, to feel any such scruples. If only the devils would come back when I'm wide awake, perhaps I'd not be so particular.'

Then I called out loud for them, begging them to forgive me, offering to abase myself as often as they liked in return for their favours; but no doubt they were mortally – or immortally – offended, as they have never returned since.

[(1862), 1863]

XXII
LE CRÉPUSCULE DU SOIR

Le jour tombe. Un grand apaisement se fait dans les pauvres esprits fatigués du labeur de la journée; et leurs pensées prennent maintenant les couleurs tendres et indécises du crépuscule.

Cependant du haut de la montagne arrive à mon balcon, à travers les nues transparentes du soir, un grand hurlement, composé d'une foule de cris discordants, que l'espace transforme en une lugubre harmonie, comme celle de la marée qui monte ou d'une tempête qui s'éveille.

Quels sont les infortunés que le soir ne calme pas, et qui prennent, comme les hiboux, la venue de la nuit pour un signal de sabbat? Cette sinistre ululation nous arrive du noir hospice perché sur la montagne; et, le soir, en fumant et en contemplant le repos de l'immense vallée, hérissée de maisons dont chaque fenêtre dit: «C'est ici la paix maintenant; c'est ici la joie de la famille!» je puis, quand le vent souffle de là-haut, bercer ma pensée étonnée à cette imitation des harmonies de l'enfer.

Le crépuscule excite les fous. – Je me souviens que j'ai eu deux amis que le crépuscule rendait tout malades. L'un méconnaissait alors tous les rapports d'amitié et de politesse, et maltraitait, comme un sauvage, le premier venu. Je l'ai vu jeter à la tête d'un maître d'hôtel un excellent poulet, dans lequel il croyait voir je ne sais quel insultant hiéroglyphe. Le soir, précurseur des voluptés profondes, lui gâtait les choses les plus succulentes.

L'autre, un ambitieux blessé, devenait, à mesure que le jour baissait, plus aigre, plus sombre, plus taquin. Indulgent et sociable encore pendant la journée, il était impitoyable le soir; et ce n'était pas seulement sur autrui, mais aussi sur lui-même, que s'exerçait rageusement sa manie crépusculeuse.

Le premier est mort fou, incapable de reconnaître sa femme et son enfant; le second porte en lui l'inquiétude d'un malaise perpétuel, et fût-il gratifié de tous les honneurs que peuvent conférer les républiques et les princes, je crois que le crépuscule allumerait encore en lui la brûlante envie de distinctions imaginaires. La nuit, qui mettait ses ténèbres dans leur esprit, fait la lumière dans le mien; et, bien qu'il ne soit pas rare de voir la même cause engendrer deux effets contraires, j'en suis toujours comme intrigué et alarmé.

XXII
EVENING TWILIGHT

Nightfall. A great sense of peace steals into those poor minds exhausted by a day of toil, and now their thoughts are tinged with the blurred, tender hues of twilight.

And yet, from the mountain top, through the transparent evening mists, a loud uproar reaches my balcony, made of a host of discordant cries, transformed by the distance into a baleful harmony like a rising tide's or an awakening storm's.

Who are the unfortunate souls whom evening fails to calm, and who, like owls, regard the oncoming night as a signal for pandemonium? The sinister howling reaches us from the dismal asylum perched on the top of the hill, and at sundown, while I smoke and contemplate the vast vale in its repose, bristling with houses whose every window says 'Peace is here now, family happiness is in here', as the wind blows down I am able to soothe my thoughts, astounded as they are by that replica of the harmonies of hell.

Twilight excites the insane. I remember two friends who began to feel ill at dusk. The first used to forget all the formalities of friendship and politeness, and like a savage ill-treated all those he came across. I once saw him throw a perfectly good chicken at a head-waiter, as he thought he saw some insulting symbol in it. The nightfall, which is the herald of profound delights, could ruin for him the most succulent of dishes.

The other, a man of thwarted ambitions, grew more bitter and depressed and sharp-tongued as day dimmed. Completely understanding and sociable as long as the daylight lasted, he became pitiless in the evening, and it was not only against others, but against himself, that his twilight anger vented its rage.

The first of them died insane, unable to recognize his own wife and child. The second suffers from a permanent state of unease and anxiety, and even if he were to enjoy every honour that republics or princes can confer, I do believe that twilight would still inflame his mind with a greed for purely imaginary distinctions. Night, which so darkened their minds, brings nothing but light into my own; but although it is not unusual to see the same cause result in contrary effects, it never ceases to intrigue and alarm me.

Ô nuit! ô rafraîchissantes ténèbres! vous êtes pour moi le signal d'une fête intérieure, vous êtes la délivrance d'une angoisse! Dans la solitude des plaines, dans les labyrinthes pierreux d'une capitale, scintillement des étoiles, explosion des lanternes, vous êtes le feu d'artifice de la déesse Liberté!

Crépuscule, comme vous êtes doux et tendre! Les lueurs roses qui traînent encore à l'horizon comme l'agonie du jour sous l'oppression victorieuse de sa nuit, les feux des candélabres qui font des taches d'un rouge opaque sur les dernières gloires du couchant, les lourdes draperies qu'une main invisible attire des profondeurs de l'Orient, imitent tous les sentiments compliqués qui luttent dans le cœur de l'homme aux heures solennelles de la vie.

On dirait encore une de ces robes étranges de danseuses, où une gaze transparente et sombre laisse entrevoir les splendeurs amorties d'une jupe éclatante, comme sous le noir présent transperce le délicieux passé; et les étoiles vacillantes d'or et d'argent, dont elle est semée, représentent ces feux de la fantaisie qui ne s'allument bien que sous le deuil profond de la Nuit.

O Night, O refreshing shades of darkness, for me you are the signal for inner rejoicing, you bring me deliverance from anguish. Whether in the solitude of plains or the stony labyrinths of a metropolis, with your scintillations of stars and galaxies of streetlamps you are the firework-display of the goddess Liberty.

O dusk, how gentle and tender you are. The roseate gleams which linger still on the horizon, like the day's agony beneath the triumphant onslaught of advancing dark, the candelabra flames which smear their opaque red on the final glories of the western sky, the heavy draperies drawn by an invisible hand from the depths of the East, correspond to all those complex feelings which battle in men's hearts in the solemn moments of existence.

Or it suggests one of those ballerina's exotic costumes, whose dim transparent gauze hints at the splendours of a brightly coloured skirt, just as the delicious past shows through the darkness of the present; and the shimmering gold and silver stars which spangle it are the will-o'-the-wisps of Fancy, which only start to shine in the deep mourning of the night.

[1855, 1857, 1861, (1862), 1864]

XXIII
LA SOLITUDE

Un gazetier philanthrope me dit que la solitude est mauvaise pour l'homme; et à l'appui de sa thèse, il cite, comme tous les incrédules, des paroles des Pères de l'Église.

Je sais que le Démon fréquente volontiers les lieux arides, et que l'Esprit de meurtre et de lubricité s'enflamme merveilleusement dans les solitudes. Mais il serait possible que cette solitude ne fût dangereuse que pour l'âme oisive et divagante qui la peuple de ses passions et de ses chimères.

Il est certain qu'un bavard, dont le suprême plaisir consiste à parler du haut d'une chaire ou d'une tribune, risquerait fort de devenir fou furieux dans l'île de Robinson. Je n'exige pas de mon gazetier les courageuses vertus de Crusoé, mais je demande qu'il ne décrète pas d'accusation les amoureux de la solitude et du mystère.

Il y a dans nos races jacassières des individus qui accepteraient avec moins de répugnance le supplice suprême, s'il leur était permis de faire du haut de l'échafaud une copieuse harangue, sans craindre que les tambours de Santerre ne leur coupassent intempestivement la parole.

Je ne les plains pas, parce que je devine que leurs effusions oratoires leur procurent des voluptés égales à celles que d'autres tirent du silence et du recueillement; mais je les méprise.

Je désire surtout que mon maudit gazetier me laisse m'amuser à ma guise. «Vous n'éprouvez donc jamais, – me dit-il, avec un ton de nez très apostolique, – le besoin de partager vos jouissances?» Voyez-vous le subtil envieux! Il sait que je dédaigne les siennes, et il vient s'insinuer dans les miennes, le hideux trouble-fête!

«Ce grand malheur de ne pouvoir être seul!...» dit quelque part La Bruyère, comme pour faire honte à tous ceux qui courent s'oublier dans la foule, craignant sans doute de ne pouvoir se supporter eux-mêmes.

«Presque tous nos malheurs nous viennent de n'avoir pas su rester dans notre chambre», dit un autre sage, Pascal, je crois, rappelant ainsi dans la cellule du recueillement tous ces affolés qui cherchent le bonheur dans le mouvement et dans une prostitution que je pourrais appeler *fraternitaire*, si je voulais parler la belle langue de mon siècle.

XXIII
SOLITUDE

A philanthropic journalist once assured me that solitude is bad for human beings. In support of his thesis he quoted Holy Writ, as all atheists do.

I know that the devil likes to haunt barren places, and that a hankering for murder and lust is marvellously stimulated by certain forms of solitude. But perhaps that solitariness is only dangerous for idle and aimless souls, who people it with their own passions and fantasies.

There is no doubt that any windbag, whose chief satisfaction is to rant from the pulpit or tribunal, would be in danger of becoming stark mad on Crusoe's island. I should not expect a news-hound to have any of Crusoe's stoical virtues; but I must invite him to refrain from casting suspicion on those who love solitude and mystery.

In tongue-wagging circles, some individuals would willingly resign themselves to the guillotine, if only they were allowed to deliver a copious speech from the scaffold, without any fear of their eloquence being cut short by the hangman's drum.

I am not at all sorry for such fellows, as I can understand how their glib orations afford them no less pleasure than other people derive from silence and contemplation: but I despise them.

Above all I want my dratted journalist to let me amuse myself in my own style. 'Do you never feel,' he said to me, droning through his nose like a parson, 'do you never feel the need of sharing your pleasures with other people?' You can smell his hidden envy. He knows that I despise his pleasures, yet he wants to worm himself into mine, the hideous wet-blanket.

La Bruyère alludes somewhere to 'the great misfortune of being unable to be alone', as if to shame all those who are forever in a hurry to forget themselves in the crowd, and who are no doubt afraid of having to be alone with their own selves.

'Almost all our misfortunes come of not being able to sit still in our own room', another wise man said – Pascal, I think; thus inviting into the hermit-cell of spiritual composure all those gadabouts who seek happiness in movement, a sort of prostitution which I would call *fraternalism*, were I to fall into the ineffable jargon of our day and age.

[1855, 1857, 1861, (1862), 1864]

XXIV
LES PROJETS

Il se disait, en se promenant dans un grand parc solitaire: «Comme elle serait belle dans un costume de cour, compliqué et fastueux, descendant, à travers l'atmosphère d'un beau soir, les degrés de marbre d'un palais, en face des grandes pelouses et des bassins! Car elle a naturellement l'air d'une princesse.»

En passant plus tard dans une rue, il s'arrêta devant une boutique de gravures, et, trouvant dans un carton une estampe représentant un paysage tropical, il se dit: «Non! ce n'est pas dans un palais que je voudrais posséder sa chère vie. Nous n'y serions pas *chez nous*. D'ailleurs ces murs criblés d'or ne laisseraient pas une place pour accrocher son image; dans ces solennelles galeries, il n'y a pas un coin pour l'intimité. Décidément, c'est *là* qu'il faudrait demeurer pour cultiver le rêve de ma vie.»

Et, tout en analysant des yeux les détails de la gravure, il continuait mentalement: «Au bord de la mer, une belle case en bois, enveloppée de tous ces arbres bizarres et luisants dont j'ai oublié les noms..., dans l'atmosphère, une odeur enivrante, indéfinissable..., dans la case un puissant parfum de rose et de musc..., plus loin, derrière notre petit domaine, des bouts de mâts balancés par la houle..., autour de nous, au-delà de la chambre éclairée d'une lumière rose tamisée par les stores, décorée de nattes fraîches et de fleurs capiteuses, avec de rares sièges d'un rococo portugais, d'un bois lourd et ténébreux (où elle reposerait si calme, si bien éventée, fumant le tabac légèrement opiacé!), au-delà de la varangue, le tapage des oiseaux ivres de lumière, et le jacassement des petites négresses..., et, la nuit, pour servir d'accompagnement à mes songes, le chant plaintif des arbres à musique, des mélancoliques filaos! Oui, en vérité, c'est bien *là* le décor que je cherchais. Qu'ai-je à faire de palais?»

Et plus loin, comme il suivait une grande avenue, il aperçut une auberge proprette, où d'une fenêtre égayée par des rideaux d'indienne bariolée se penchaient deux têtes rieuses. Et tout de suite: «Il faut, – se dit-il, – que ma pensée soit une grande vagabonde pour aller chercher si loin ce qui est si près de moi. Le plaisir et le bonheur sont dans la première auberge venue, dans l'auberge du hasard, si féconde

XXIV
PROJECTS

He said to himself, as he strolled through the empty park, 'How lovely she would look in one of those intricate, luxurious court-dresses, on a fine sunny evening, stepping down the marble palace staircase towards the grand lawns and fountains; as she looks, quite naturally, every inch a princess.'

Later on, as he was walking down the street he stopped outside an art-shop and, finding a print of a tropical landscape in one of the cartons, thought to himself 'No! After all I'd not like to coop my beloved's life in a palace. We wouldn't feel at home. In any case its gilded panels would have no room left for me to hang her portrait, and in such pretentious galleries there isn't a nook reserved for intimacy. So it's quite definitely in a landscape like this one that we ought to settle down and cultivate my lifelong dream.'

While he went on analyzing the details of the engraving he continued in his mind: 'Some place by the sea – a pretty wooden shanty surrounded with those strange glistening trees I've forgotten the name of, with an intoxicating, indefinable aroma in the air, and a strong scent of roses and musk inside – and a bit farther on behind our own stretch of land, the tips of masts rocking to and fro on the sea-swell – all around us, beyond the bedroom aglow with a rosy light filtering through the slatted blinds, decorated with cool rush-mats and spicy flowers, with a few carved chairs of the rococo, Portuguese type, made of heavy, ebony wood (in which she would recline all calm and cool under the fan, smoking tobacco with a dash of opium) – and beyond the verandah the clamour of sea-drunk birds and the babble of little black girls – and in the night, as an accompaniment to my dreams, the plaintive lullaby of the melodious trees, the melancholy casuarinas' feathery fronds: – oh yes, it is there and nowhere else, the setting I was looking for – what use are palaces to me?'

A bit farther on, as he walked down a long wide avenue he noticed a little inn, where from a window with cheerful chintz curtains two laughing heads were looking out. In a flash he was saying to himself, 'My mind seems to be a terrible wanderer, always looking miles away from what is already in my reach. Pleasure and happiness are to be found in the first inn you come across, a chance inn where all sorts of delights are waiting for you. A good fire in the hearth, brightly

en voluptés. Un grand feu, des faïences voyantes, un souper passable, un vin rude, et un lit très large avec des draps un peu âpres, mais frais; quoi de mieux?»

Et en rentrant seul chez lui, à cette heure où les conseils de la Sagesse ne sont plus étouffés par les bourdonnements de la vie extérieure, il se dit: «J'ai eu aujourd'hui, en rêve, trois domiciles où j'ai trouvé un égal plaisir. Pourquoi contraindre mon corps à changer de place, puisque mon âme voyage si lestement? Et à quoi bon exécuter des projets, puisque le projet est en lui-même une jouissance suffisante?»

coloured delft glinting in the nooks, a hearty supper, a bottle of the local wine, an extra-large bed with rough but clean cool sheets – what more could anybody want?'

When he reached home, all alone, at the hour when wise counsels are no longer stifled by the din of life outside, he said to himself 'Today I've had three different homes, in my dreams, all of which gave me equal pleasure. Why should I make my body move around, when my soul can travel with such ease? And what's the point of carrying projects through, when there's pleasure enough to be had from the project itself?'

[1857, 1861, (1862), 1864, 1864]

XXV
LA BELLE DOROTHÉE

Le soleil accable la ville de sa lumière droite et terrible; le sable est éblouissant et la mer miroite. Le monde stupéfié s'affaisse lâchement et fait la sieste, une sieste qui est une espèce de mort savoureuse où le dormeur, à demi éveillé, goûte les voluptés de son anéantissement.

Cependant Dorothée, forte et fière comme le soleil, s'avance dans la rue déserte, seule vivante à cette heure sous l'immense azur, et faisant sur la lumière une tache éclatante et noire.

Elle s'avance, balançant mollement son torse si mince sur ses hanches si larges. Sa robe de soie collante, d'un ton clair et rose, tranche vivement sur les ténèbres de sa peau et moule exactement sa taille longue, son dos creux et sa gorge pointue.

Son ombrelle rouge, tamisant la lumière, projette sur son visage sombre le fard sanglant de ses reflets.

Le poids de son énorme chevelure presque bleue tire en arrière sa tête délicate et lui donne un air triomphant et paresseux. De lourdes pendeloques gazouillent secrètement à ses mignonnes oreilles.

De temps en temps la brise de mer soulève par le coin sa jupe flottante et montre sa jambe luisante et superbe; et son pied, pareil aux pieds des déesses de marbre que l'Europe enferme dans ses musées, imprime fidèlement sa forme sur le sable fin. Car Dorothée est si prodigieusement coquette, que le plaisir d'être admirée l'emporte chez elle sur l'orgueil de l'affranchie, et, bien qu'elle soit libre, elle marche sans souliers.

Elle s'avance ainsi, harmonieusement, heureuse de vivre et souriant d'un blanc sourire, comme si elle apercevait au loin dans l'espace un miroir reflétant sa démarche et sa beauté.

À l'heure où les chiens eux-mêmes gémissent de douleur sous le soleil qui les mord, quel puissant motif fait donc aller ainsi la paresseuse Dorothée, belle et froide comme le bronze?

Pourquoi a-t-elle quitté sa petite case si coquettement arrangée, dont les fleurs et les nattes font à si peu de frais un parfait boudoir; où elle prend tant de plaisir à se peigner, à fumer, à se faire éventer ou à se regarder dans le miroir de ses grands éventails de plumes,

XXV
BEAUTIFUL DOROTHEA

Now the sun is hammering on the little town with its direct pitiless rays, the sands are dazzling white, the ocean glitters. Everyone gives up out of cowardice, completely stupefied, and collapses into an afternoon nap, a siesta that is a kind of delicious death, in which the half-waking sleeper savours the delights of his own annihilation.

But Dorothea, as strong and proud as the sun itself, goes striding down the deserted street; she alone is alive at this time of day under the limitless blue sky, and now she makes a striking patch of darkness against the light.

She goes on her way, gently swaying her slender torso on her ample hips. Her tight silk dress, bright pink, is in marked contrast to her dusky skin, exactly modelling her longish waist, arched back and sharp-tipped breasts.

Her red parasol filters the sunlight, casting blood-red streaks like rouge on her dark face.

The weight of her mass of hair, which is almost blue, tilts her delicate head backwards, giving her an air of triumph and indolence. Her heavy rings jingle discreetly on her dainty little ears.

Every now and then the sea-breeze lifts a corner of her flowing skirt, showing a flash of her superbly shaped leg; while her foot, worthy of one of those marble goddesses who stand in our European museums, plants its impeccable imprint in the fine sand. For Dorothea is so outrageously coquettish that for her, the thrill of being admired is even stronger than her pride in being a liberated slave, and although she is a free woman, she wears no shoes.

Such is the way she strides along, in harmony with herself and with the world, happy to be alive, smiling that pearly smile of hers, as if she can see, far off in distant space, some mirror which reflects all her own grace and loveliness.

At such an hour, when even the dogs whine with discomfort under the biting sun, what urgent mission can be driving our Dorothea abroad, as beautiful and cool as bronze?

Why has she left her modest hut, so tastefully arranged with flowers and rush-mats to make a perfect boudoir at minimum expense, where she delights in combing her hair and smoking, or sitting in a nice cool draught, or admiring herself in the glass as she holds her big

pendant que la mer, qui bat la plage à cent pas de là, fait à ses rêveries indécises un puissant et monotone accompagnement, et que la marmite de fer, où cuit un ragoût de crabes au riz et au safran, lui envoie, du fond de la cour, ses parfums excitants?

Peut-être a-t-elle un rendez-vous avec quelque jeune officier qui, sur des plages lointaines, a entendu parler par ses camarades de la célèbre Dorothée. Infailliblement elle le priera, la simple créature, de lui décrire le bal de l'Opéra, et lui demandera si on peut y aller pieds nus, comme aux danses du dimanche, où les vieilles Cafrines elles-mêmes deviennent ivres et furieuses de joie; et puis encore si les belles dames de Paris sont toutes plus belles qu'elle.

Dorothée est admirée et choyée de tous, et elle serait parfaitement heureuse si elle n'était obligée d'entasser piastre sur piastre pour racheter sa petite sœur qui a bien onze ans, et qui est déjà mûre, et si belle! Elle réussira sans doute, la bonne Dorothée; le maître de l'enfant est si avare, trop avare pour comprendre une autre beauté que celle des écus!

feathery fans up, while the sea as it thrashes the shore only a stone's-throw away adds its monotonous accompaniment to her hazy day-dreams, and the iron soup-pan, with its simmering stew of crabs and saffron, wafts, from the area, its exciting aromas in her direction?

Perhaps she has a date to keep with a young officer who, a few beaches away, has heard his comrades boasting about this famous Dorothea. The simple creature will certainly not fail to inquire about the Opera Ball, and will ask whether girls are allowed to go there barefoot as they do here at the Sunday hop, where even the old Kaffir women get drunk and delirious with joy; and also whether the Paris belles are all prettier than herself?

Dorothea is made much of and admired by everybody, and would be completely happy if only she were not obliged to put her piastres aside in a money-box, in order to buy the freedom of her little eleven-year-old sister (already nubile and so beautiful). No doubt the lovely Dorothea will manage that, as the child's owner is an awful miser, far too mean to understand the beauty of anything but cash.

[(1862), 1863]

XXVI
LES YEUX DES PAUVRES

Ah! vous voulez savoir pourquoi je vous hais aujourd'hui. Il vous sera sans doute moins facile de le comprendre qu'à moi de vous l'expliquer; car vous êtes, je crois, le plus bel exemple d'imperméabilité féminine qui se puisse rencontrer.

Nous avions passé ensemble une longue journée qui m'avait paru courte. Nous nous étions bien promis que toutes nos pensées nous seraient communes à l'un et à l'autre, et que nos deux âmes désormais n'en feraient plus qu'une; – un rêve qui n'a rien d'original, après tout, si ce n'est que, rêvé par tous les hommes, il n'a été réalisé par aucun.

Le soir, un peu fatiguée, vous voulûtes vous asseoir devant un café neuf qui formait le coin d'un boulevard neuf, encore tout plein de gravois et montrant déjà glorieusement ses splendeurs inachevées. Le café étincelait. Le gaz lui-même y déployait toute l'ardeur d'un début, et éclairait de toutes ses forces les murs aveuglants de blancheur, les nappes éblouissantes des miroirs, les ors des baguettes et des corniches, les pages aux joues rebondies traînés par les chiens en laisse, les dames riant au faucon perché sur leur poing, les nymphes et les déesses portant sur leur tête des fruits, des pâtés et du gibier, les Hébés et les Ganymèdes présentant à bras tendu la petite amphore à bavaroises ou l'obélisque bicolore des glaces panachées; toute l'histoire et toute la mythologie mises au service de la goinfrerie.

Droit devant nous, sur la chaussée, était planté un brave homme d'une quarantaine d'années, au visage fatigué, à la barbe grisonnante, tenant d'une main un petit garçon et portant sur l'autre bras un petit être trop faible pour marcher. Il remplissait l'office de bonne et faisait prendre à ses enfants l'air du soir. Tous en guenilles. Ces trois visages étaient extraordinairement sérieux, et ces six yeux contemplaient fixement le café nouveau avec une admiration égale, mais nuancée diversement par l'âge.

Les yeux du père disaient: «Que c'est beau! que c'est beau! on dirait que tout l'or du pauvre monde est venu se porter sur ces murs.» – Les yeux du petit garçon: «Que c'est beau! que c'est beau! mais c'est une maison où peuvent seuls entrer les gens qui ne sont pas comme nous.» – Quant aux yeux du plus petit, ils étaient trop fascinés pour exprimer autre chose qu'une joie stupide et profonde.

XXVI
THE EYES OF THE POOR

So you want to know why I hate you today? Perhaps this will be harder for you to understand than for me to explain, as I believe you are the most perfect example of the thick-skinned female to be found anywhere.

We had just spent a long day together, which seemed to me all too short. We had each sworn that our every thought would be common to us both, and that from now on our twin souls would be one – a dream which is in no way original except that, having been dreamt of by all men, it has been achieved by none.

That evening, as you were feeling rather tired, you wanted us to sit on the terrace outside the café at the corner of a newly built boulevard which was still littered with rubble but already making a lavish display of its uncompleted splendours. The café glittered all over with lights. The new gas-jets cast their incandescent novelty all round, brightening the whiteness of the walls, the dazzling planes of a multitude of mirrors, the gilt of all the mouldings and cornices, the rosy-cheeked pageboys drawn along by harnessed dogs, the ladies laughing at the falcons perched on their wrists, the nymphs and goddesses balancing baskets of fruits and pâtés and game on their heads, the Hebes and Ganymedes offering little cups of bavarian cream or multicoloured pyramids of ices – all history and mythology were exploited in the service of gluttony.

Directly opposite to where we sat, a harmless fellow who must have been in his forties stood in the roadway. He had a tired face with a grizzled beard, and was holding a small boy by the hand, and carrying a child, too small for walking yet, on the other arm. He was playing the nursemaid, taking his children out for an evening airing. They were all in rags. Their three faces were strikingly serious, with their three pairs of eyes fixed on the new café, all with equal wonderment though varying in expression according to their age.

The father's eyes seemed to be saying, 'What a beautiful sight – how beautiful it all is – it's as though all the gold in our poor world has been spread over those walls.' The little boy's eyes were saying, 'How beautiful, beautiful – but this is a house where only people who are not like us are allowed in.' As for the smallest of the trio, his eyes were too hypnotized to express anything but a mindless, deeply felt joy.

Les chansonniers disent que le plaisir rend l'âme bonne et amollit le cœur, La chanson avait raison ce soir-là, relativement à moi. Non seulement j'étais attendri par cette famille d'yeux, mais je me sentais un peu honteux de nos verres et de nos carafes, plus grands que notre soif. Je tournais mes regards vers les vôtres, cher amour, pour y lire *ma* pensée; je plongeais dans vos yeux si beaux et si bizarrement doux, dans vos yeux verts, habités par le Caprice et inspirés par la Lune, quand vous me dites: «Ces gens-là me sont insupportables avec leurs yeux ouverts comme des portes cochères! Ne pourriez-vous pas prier le maître du café de les éloigner d'ici?»

Tant il est difficile de s'entendre, mon cher ange, et tant la pensée est incommunicable, même entre gens qui s'aiment!

The music-hall songsters tell us that pleasure is good for the soul and softens the heart. The ballad was quite right, that evening, as far as I was concerned. Not only was I moved by that family of eyes, but I felt a little ashamed of our array of glasses and decanters, all so much bigger than our thirst. I was turning my eyes towards yours, my dear, to read *my* thoughts in them; I was plunging into your beautiful, strangely gentle eyes, your emerald eyes full of caprice and the inspirations of the Moon, when you remarked, 'I just can't stand those people, with their eyes as wide open as gates. Could you not ask the head-waiter to see them off?'

So you see, how hard it is to understand one another, my dear angel, how incommunicable our thoughts are, even between those who love each other.

[(1862), 1864]

XXVII
UNE MORT HÉROÏQUE

Fancioulle était un admirable bouffon, et presque un des amis du Prince. Mais pour les personnes vouées par état au comique, les choses sérieuses ont de fatales attractions, et, bien qu'il puisse paraître bizarre que les idées de patrie et de liberté s'emparent despotiquement du cerveau d'un histrion, un jour Fancioulle entra dans une conspiration formée par quelques gentilshommes mécontents.

Il existe partout des hommes de bien pour dénoncer au pouvoir ces individus d'humeur atrabilaire qui veulent déposer les princes et opérer, sans la consulter, le déménagement d'une société. Les seigneurs en question furent arrêtés, ainsi que Fancioulle, et voués à une mort certaine.

Je croirais volontiers que le Prince fut presque fâché de trouver son comédien favori parmi les rebelles. Le Prince n'était ni meilleur ni pire qu'un autre; mais une excessive sensibilité le rendait, en beaucoup de cas, plus cruel et plus despote que tous ses pareils. Amoureux passionné des beaux-arts, excellent connaisseur d'ailleurs, il était vraiment insatiable de voluptés. Assez indifférent relativement aux hommes et à la morale, véritable artiste lui-même, il ne connaissait d'ennemi dangereux que l'Ennui, et les efforts bizarres qu'il faisait pour fuir ou pour vaincre ce tyran du monde lui auraient certainement attiré, de la part d'un historien sévère, l'épithète de «monstre», s'il avait été permis, dans ses domaines, d'écrire quoi que ce fût qui ne tendît pas uniquement au plaisir ou à l'étonnement, qui est une des formes les plus délicates du plaisir. Le grand malheur de ce Prince fut qu'il n'eut jamais un théâtre assez vaste pour son génie. Il y a de jeunes Nérons qui étouffent dans des limites trop étroites, et dont les siècles à venir ignoreront toujours le nom et la bonne volonté. L'imprévoyante Providence avait donné à celui-ci des facultés plus grandes que ses États.

Tout d'un coup le bruit courut que le souverain voulait faire grâce à tous les conjurés; et l'origine de ce bruit fut l'annonce d'un grand spectacle où Fancioulle devait jouer l'un de ses principaux et de ses meilleurs rôles, et auquel assisteraient même, disait-on, les gentilshommes condamnés; signe évident, ajoutaient les esprits superficiels, des tendances généreuses du Prince offensé.

XXVII
A HEROIC DEATH

Fanciullo was a superb jester, almost one of the Prince's friends. But for men whose station destines them for comedy, serious affairs may have a fatal attraction. Strange though it may seem that such notions as Motherland and Liberty might take the upper hand in the mind of a clown, Fanciullo became involved in a conspiracy led by a few disgruntled gentry.

Well-meaning informers are to be found everywhere, ready to denounce to the authorities those individuals of an activist turn of mind, who long to depose their princes and dismantle their society without bothering to consult it. The gentlemen in question, including Fanciullo, were all arrested and had no prospect but the axe.

I would gladly believe that the Prince was almost cross at finding his favourite comedian among the rebels. The Prince was neither better nor worse than those of his status; but over-sensitiveness often made him crueller and more tyrannical than his peers. A passionate lover of the arts, in fact an excellent connoisseur, he was quite insatiable where voluptuous indulgence was concerned. Indifferent enough as regards men and morality, himself a genuine artist, his only and most dangerous enemy was boredom, and his superhuman efforts to overcome that universal tyrant would no doubt have earned him, from any honest historian, the title of Monster, if only anyone in his principality were allowed to write anything that aroused any feeling but pleasure, or astonishment, which is one of the most refined forms pleasure can take. The Prince's great misfortune was that he never had a theatre as vast as his own genius. There are young Neros who stifle in too restricted confines, and whose repute and good intentions remain unknown to posterity. Providence, rather short-sightedly, had endowed our Prince with faculties which were out of proportion to his domains.

A rumour suddenly spread that the Sovereign intended to spare all the conspirators – a rumour which originated when it was announced that there would be a grand performance in which Fanciullo was to play one of his main and finest parts, and that even the condemned knights would be in the audience – a sure sign, according to the glibber commentators, of the offended Prince's magnanimity.

De la part d'un homme aussi naturellement et volontairement excentrique, tout était possible, même la vertu, même la clémence, surtout s'il avait pu espérer y trouver des plaisirs inattendus. Mais pour ceux qui, comme moi, avaient pu pénétrer plus avant dans les profondeurs de cette âme curieuse et malade, il était infiniment plus probable que le Prince voulait juger de la valeur des talents scéniques d'un homme condamné à mort. Il voulait profiter de l'occasion pour faire une expérience physiologique d'un intérêt *capital*, et vérifier jusqu'à quel point les facultés habituelles d'un artiste pouvaient être altérées ou modifiées par la situation extraordinaire où il se trouvait; au-delà, existait-il dans son âme une intention plus ou moins arrêtée de clémence? C'est un point qui n'a jamais pu être éclairci.

Enfin, le grand jour arrivé, cette petite cour déploya toutes ses pompes, et il serait difficile de concevoir, à moins de l'avoir vu, tout ce que la classe privilégiée d'un petit État, à ressources restreintes, peut montrer de splendeurs pour une vraie solennité. Celle-là était doublement vraie, d'abord par la magie du luxe étalé, ensuite par l'intérêt moral et mystérieux qui y était attaché.

Le sieur Fancioulle excellait surtout dans les rôles muets ou peu chargés de paroles, qui sont souvent les principaux dans ces drames féeriques dont l'objet est de représenter symboliquement le mystère de la vie. Il entra en scène légèrement et avec une aisance parfaite, ce qui contribua à fortifier, dans le noble public, l'idée de douceur et de pardon.

Quand on dit d'un comédien: «Voilà un bon comédien», on se sert d'une formule qui implique que sous le personnage se laisse encore deviner le comédien, c'est-à-dire l'art, l'effort, la volonté. Or, si un comédien arrivait à être, relativement au personnage qu'il est chargé d'exprimer, ce que les meilleures statues de l'antiquité, miraculeusement animées, vivantes, marchantes, voyantes, seraient relativement à l'idée générale et confuse de beauté, ce serait là, sans doute, un cas singulier et tout à fait imprévu. Fancioulle fut, ce soir-là, une parfaite idéalisation, qu'il était impossible de ne pas supposer vivante, possible, réelle. Ce bouffon allait, venait, riait, pleurait, se convulsait, avec une indestructible auréole autour de la tête, auréole invisible pour tous, mais visible pour moi, et où se mêlaient, dans un étrange amalgame, les rayons de l'Art et la gloire du Martyre. Fancioulle introduisait, par je ne sais quelle grâce spéciale, le divin et le surnaturel, jusque dans les plus extravagantes bouffonneries. Ma plume tremble, et des larmes d'une émotion toujours présente me montent aux yeux

From a man as naturally and wilfully eccentric as he was, anything was possible, even virtue and clemency, especially if he thought he might squeeze some pleasure from it. But for those who, like myself, were able to fathom that curious sick soul a bit more deeply, it was infinitely more likely that the Prince was intent on gauging the histrionic abilities of a man under sentence of death. He wanted to profit from the occasion by conducting a physiological – or psychological – experiment of *capital* interest, and to verify to what extent an artiste's normal talents may be adversely affected or modified by the extraordinary situation in which he found himself. But beyond that, was there any more or less decided inclination to clemency? No light has been shed on that question.

When the great day dawned at last, the smallish court made a splendid show of ceremonial. It is hard to conceive, without actually witnessing it, all that the privileged class of a petty state, with its slender resources, can muster in the way of pomp and circumstance for a solemnity such as this. This event was doubly 'solemn', first because of all the enchanting luxury on display, and secondly because of the moral issues and mystery that were involved.

Signor Fanciullo excelled above all in mime or almost mute roles, which are often the main parts in supernatural dramas which aim at a symbolic portrayal of the mystery of existence. Now he took the stage with a light step, perfectly at ease, making an entrance which encouraged the idea of indulgence in the aristocratic audience's mind.

Whenever we say 'There goes a fine actor', we are using a formula which implies that behind the character or personage we can still detect some sign of the performer himself; I mean his art, the effort and will-power that go into it. Well, if an actor contrived to be, in relation to the character he is supposed to represent, what the finest classical sculptures – miraculously animated, living, walking, seeing – are in relation to our general and confused idea of beauty itself, that would no doubt be a remarkable and unexpected phenomenon. But on that evening Fanciullo became a perfect *idealization*, which it was impossible not to suppose alive, possible, and real. The comedian filled the stage, laughing and weeping, fooling and contorting to the top of his bent, with a sort of indestructible aura round his head, a halo unseen by the others but quite visible to me, in which the illumination of art and the glory of martyrdom were strangely blended together. By some rare gift of grace Fanciullo infused the divine and supernatural into even his most extravagant clowning. The pen trembles in my hand and tears of that enduring emotion dim my eyes,

pendant que je cherche à vous décrire cette inoubliable soirée. Fancioulle me prouvait, d'une manière péremptoire, irréfutable, que l'ivresse de l'Art est plus apte que toute autre à voiler les terreurs du gouffre; que le génie peut jouer la comédie au bord de la tombe avec une joie qui l'empêche de voir la tombe, perdu, comme il est, dans un paradis excluant toute idée de tombe et de destruction.

Tout ce public, si blasé et frivole qu'il pût être, subit bientôt la toute-puissante domination de l'artiste. Personne ne rêva plus de mort, de deuil, ni de supplices. Chacun s'abandonna, sans inquiétude, aux voluptés multipliées que donne la vue d'un chef-d'œuvre d'art vivant. Les explosions de la joie et de l'admiration ébranlèrent à plusieurs reprises les voûtes de l'édifice avec l'énergie d'un tonnerre continu. Le Prince lui-même, enivré, mêla ses applaudissements à ceux de sa cour.

Cependant, pour un œil clairvoyant, son ivresse, à lui, n'était pas sans mélange. Se sentait-il vaincu dans son pouvoir de despote? humilié dans son art de terrifier les cœurs et d'engourdir les esprits? frustré de ses espérances et bafoué dans ses prévisions? De telles suppositions non exactement justifiées, mais non absolument injustifiables, traversèrent mon esprit pendant que je contemplais le visage du Prince, sur lequel une pâleur nouvelle s'ajoutait sans cesse à sa pâleur habituelle, comme la neige s'ajoute à la neige. Ses lèvres se resserraient de plus en plus, et ses yeux s'éclairaient d'un feu intérieur semblable à celui de la jalousie et de la rancune, même pendant qu'il applaudissait ostensiblement les talents de son vieil ami, l'étrange bouffon, qui bouffonnait si bien la mort. À un certain moment, je vis Son Altesse se pencher vers un petit page, placé derrière elle, et lui parler à l'oreille. La physionomie espiègle du joli enfant s'illumina d'un sourire; et puis il quitta vivement la loge princière comme pour s'acquitter d'une commission urgente.

Quelques minutes plus tard un coup de sifflet aigu, prolongé, interrompit Fancioulle dans un de ses meilleurs moments, et déchira à la fois les oreilles et les cœurs. Et de l'endroit de la salle d'où avait jailli cette désapprobation inattendue, un enfant se précipitait dans un corridor avec des rires étouffés.

Fancioulle, secoué, réveillé dans son rêve, ferma d'abord les yeux, puis les rouvrit presque aussitôt, démesurément agrandis, ouvrit ensuite la bouche comme pour respirer convulsivement, chancela un peu en avant, un peu en arrière, et puis tomba roide mort sur les planches.

while I try to bring that unforgettable evening alive for you, Fanciullo proved to me in a decisive, irrefutable way, that the exhilaration of art is more capable than any other of concealing all the terrors of the pit; that genius may enact comedy at the graveside with a joy that protects it from the vision of the grave, transcended into a mental paradise which excludes all idea of the tomb or of annihilation.

Soon the entire audience, however sophisticated and frivolous, yielded to the artist's irresistible spell. Not one of them had any further thought of death or grief or suffering. No longer uneasy, they gave themselves up to the manifold pleasures which the sight of a master-piece of living art can inspire. Outbursts of joy and admiration shook the hall's rafters time and time again with a sustained thunder of applause, and the Prince himself, enraptured, added his plaudits to the court's.

However, to the perceptive eye the Prince's ecstasy was not unmixed with other sentiments. Did he feel his despotic power some-how weakened, did he feel humiliated in his art of striking terror into men's hearts and numbing their minds, frustrated in his hopes, thwarted in his expectations? Such conjectures, not entirely justified but not entirely unjustifiable, crossed my mind as I watched the Prince's face, on which an unusual pallor intensified his customary paleness, as snow multiplies the whiteness of snow. His lips were tightening more and more, his eyes glowed with an inner fire like that of jealousy or pique, even though, ostensibly, he kept on applaud-ing the talents of his old friend, the jester so cleverly clowning Death. Then at a certain moment I saw His Royal Highness lean towards a young pageboy who was standing near him, and whisper in his ear. The pretty boy's puckish face brightened into a smile, then he left the royal box as if to carry out some errand.

A few minutes later a shrill whistle interrupted Fanciullo in one of his best moments, splitting our ears – and our hearts. Then from the spot in the hall from which this unexpected sign of disapproval came, a boy ran out into the corridor, bursting with laughter.

Fanciullo, shaken and torn out of his trance, at first closed his eyes, but opened them immediately, showing them enormously enlarged. He opened his mouth, gasping for breath, tottered slightly forward, took a step back, then fell dead on the stage.

Le sifflet, rapide comme un glaive, avait-il réellement frustré le bourreau? Le Prince avait-il lui-même deviné toute l'homicide efficacité de sa ruse? Il est permis d'en douter. Regretta-t-il son cher et inimitable Fancioulle? Il est doux et légitime de le croire.

Les gentilshommes coupables avaient joui pour la dernière fois du spectacle de la comédie. Dans la même nuit ils furent effacés de la vie.

Depuis lors, plusieurs mimes, justement appréciés dans différents pays, sont venus jouer devant la cour de *** ; mais aucun d'eux n'a pu rappeler les merveilleux talents de Fancioulle, ni s'élever jusqu'à la même *faveur*.

That whistle which came as sharp and swift as a stiletto – had it really forestalled the executioner? Had the Prince calculated how effective his cunning trick would be? We may well suspect that to be the case. But did he lament the death of his dear, inimitable Fanciullo? It would be pleasant and no doubt legitimate to think so.

The guilty knights had enjoyed a comic performance for the last time. Their lives were ended on that very night.

Since that time, several mimes, deservedly appreciated in their own country, have come to perform at the Prince's court; but none of them has ever managed to embody Fanciullo's marvellous gifts, nor achieve the same degree of royal *favour*.

[1863, 1864]

XXVIII
LA FAUSSE MONNAIE

Comme nous nous éloignions du bureau de tabac, mon ami fit un soigneux triage de sa monnaie; dans la poche gauche de son gilet il glissa de petites pièces d'or; dans la droite, de petites pièces d'argent; dans la poche gauche de sa culotte, une masse de gros sols, et enfin, dans la droite, une pièce d'argent de deux francs qu'il avait particulièrement examinée.

«Singulière et minutieuse répartition!» me dis-je en moi-même.

Nous fîmes la rencontre d'un pauvre qui nous tendit sa casquette en tremblant. – Je ne connais rien de plus inquiétant que l'éloquence muette de ces yeux suppliants, qui contiennent à la fois, pour l'homme sensible qui sait y lire, tant d'humilité, tant de reproches. Il y trouve quelque chose approchant cette profondeur de sentiment compliqué, dans les yeux larmoyants des chiens qu'on fouette.

L'offrande de mon ami fut beaucoup plus considérable que la mienne, et je luis dis: «Vous avez raison; après le plaisir d'être étonné, il n'en est pas de plus grand que celui de causer une surprise. – C'était la pièce fausse», me répondit-il tranquillement, comme pour se justifier de sa prodigalité.

Mais dans mon misérable cerveau, toujours occupé à chercher midi à quatorze heures (de quelle fatigante faculté la nature m'a fait cadeau!), entra soudainement cette idée qu'une pareille conduite, de la part de mon ami, n'était excusable que par le désir de créer un événement dans la vie de ce pauvre diable, peut-être même de connaître les conséquences diverses, funestes ou autres, que peut engendrer une pièce fausse dans la main d'un mendiant. Ne pouvait-elle pas se multiplier en pièces vraies? ne pouvait-elle pas aussi le conduire en prison? Un cabaretier, un boulanger, par exemple, allait peut-être le faire arrêter comme faux-monnayeur ou comme propagateur de fausse monnaie. Tout aussi bien la pièce fausse serait peut-être, pour un pauvre petit spéculateur, le germe d'une richesse de quelques jours. Et ainsi ma fantaisie allait son train, prêtant des ailes à l'esprit de mon ami et tirant toutes les déductions possibles de toutes les hypothèses possibles.

Mais celui-ci rompit brusquement ma rêverie en reprenant mes propres paroles: «Oui, vous avez raison; il n'est pas de plaisir plus doux que de surprendre un homme en lui donnant plus qu'il n'espère.»

XXVIII
A DUD COIN

As we were moving away from the tobacconist's my friend carefully sorted out his change, slipping the gold coins into his waistcoat's left-hand pocket, the small silver pieces into the right, then a handful of coppers into his left-hand trouser pocket, and, in the right, a silver two-franc coin which he had examined rather more closely.

'A rather odd and thorough share-out', I thought to myself.

A bit further along we came across a poor fellow who held his cap towards us, trembling as he did so. I know nothing more upsetting than the dumb eloquence of those imploring eyes which, for any sensitive person who knows how to interpret their message, contain so much humility and so much reproach. He finds something close to that depth of complex feeling in the tearful eyes of beaten dogs.

My friend's gratuity was rather more substantial than mine, and I remarked 'You are quite right – next to the pleasure of being astonished, there is no greater pleasure than astonishing other people.' 'But it was only the bad coin that I gave him', he replied quite coolly, as if to justify his extravagance.

But in my poor little mind, always on the lookout for trouble – what a tiresome faculty Nature endowed me with! – it suddenly dawned that such behaviour on my friend's part was only excusable if it implied some urge to provoke some kind of event in the poor fellow's existence; or perhaps, even, to find out what consequences, unpleasant or otherwise, might be brought about by a false coin in a beggar's possession. Might it not multiply itself into genuine currency? Might it not, just as likely, land him in jail? A barman or baker, for instance, could easily have him arrested for passing dud coinage. Or the dud coin could just as well be the origin of a few days' wealth for a small backer. My fancy went running along these lines, lending wings to my friend's astuteness and drawing every possible deduction from every possible hypothesis.

But my friend sharply interrupted my daydreams by taking up my remarks, saying 'Yes, you've hit the nail on the head: there's no sweeter pleasure than surprising someone by giving him more than he really hoped for.'

Je le regardai dans le blanc des yeux, et je fus épouvanté de voir que ses yeux brillaient d'une incontestable candeur. Je vis alors clairement qu'il avait voulu faire à la fois la charité et une bonne affaire; gagner quarante sols et le cœur de Dieu; emporter le paradis économiquement; enfin attraper gratis un brevet d'homme charitable. Je lui aurais presque pardonné le désir de la criminelle jouissance dont je le supposais tout à l'heure capable; j'aurais trouvé curieux, singulier, qu'il s'amusât à compromettre les pauvres; mais je ne lui pardonnerai jamais l'ineptie de son calcul. On n'est jamais excusable d'être méchant, mais il y a quelque mérite à savoir qu'on l'est; et le plus irréparable des vices est de faire le mal par bêtise.

I looked him straight in the eyes and was appalled to see them gleaming with a blatant lack of shame. Then I saw quite clearly that he had intended to carry off an act of charity and a good business deal at one blow; to economize a few pence and win God's affection at a stroke; to buy his way into the next world while making a profit on the deal; or, in a word, to obtain a reputation for being a charitable chap at no cost to himself. I could almost have forgiven his appetite for a perverse thrill, which I had thought him capable of a few moments ago; I would only have thought it rather odd that he should find some amusement in compromising the poor; but I can never forgive the ineptness of his calculations. We can never be excused for being wicked, but there is some merit in realizing that one is so; the most unpardonable of vices is to commit an evil act out of mere stupidity.

[1864, 1864, 1866]

XXIX
LE JOUEUR GÉNÉREUX

Hier, à travers la foule du boulevard, je me sentis frôlé par un Être mystérieux que j'avais toujours désiré connaître, et que je reconnus tout de suite, quoique je ne l'eusse jamais vu. Il y avait sans doute chez lui, relativement à moi, un désir analogue, car il me fit, en passant, un clignement d'œil significatif auquel je me hâtai d'obéir. Je le suivis attentivement, et bientôt je descendis derrière lui dans une demeure souterraine, éblouissante, où éclatait un luxe dont aucune des habitations supérieures de Paris ne pourrait fournir un exemple approchant. Il me parut singulier que j'eusse pu passer si souvent à côté de ce prestigieux repaire sans en deviner l'entrée. Là régnait une atmosphère exquise, quoique capiteuse, qui faisait oublier presque instantanément toutes les fastidieuses horreurs de la vie; on y respirait une béatitude sombre, analogue à celle que durent éprouver les mangeurs de lotus quand, débarquant dans une île enchantée, éclairée des lueurs d'une éternelle après-midi, ils sentirent naître en eux, aux sons assoupissants des mélodieuses cascades, le désir de ne jamais revoir leurs pénates, leurs femmes, leurs enfants, et de ne jamais remonter sur les hautes lames de la mer.

Il y avait là des visages étranges d'hommes et de femmes, marqués d'une beauté fatale, qu'il me semblait avoir vus déjà à des époques et dans des pays dont il m'était impossible de me souvenir exactement, et qui m'inspiraient plutôt une sympathie fraternelle que cette crainte qui naît ordinairement à l'aspect de l'inconnu. Si je voulais essayer de définir d'une manière quelconque l'expression singulière de leurs regards, je dirais que jamais je ne vis d'yeux brillant plus énergiquement de l'horreur de l'ennui et du désir immortel de se sentir vivre.

Mon hôte et moi, nous étions déjà, en nous asseyant, de vieux et parfaits amis. Nous mangeâmes, nous bûmes outre mesure de toutes sortes de vins extraordinaires, et, chose non moins extraordinaire, il me semblait, après plusieurs heures, que je n'étais pas plus ivre que lui. Cependant le jeu, ce plaisir surhumain, avait coupé à divers intervalles nos fréquentes libations, et je dois dire que j'avais joué et perdu mon âme, en partie liée, avec une insouciance et une légèreté héroïques. L'âme est une chose si impalpable, si souvent inutile et quelquefois si gênante, que je n'éprouvai, quant à cette perte, qu'un

XXIX
THE GENEROUS GAMBLER

Yesterday, in the thick of the crowd on the boulevard I felt a mysterious Being brush against me, someone I had always wanted to know. I recognized him at once although I had never seen him before. No doubt he felt a similar wish to know me, as in passing he gave a meaningful wink, which I lost no time in obeying. I shadowed him closely and was soon following him into a brilliantly lit underground residence, which displayed a luxury that none of the finest mansions in Paris could rival. It struck me as odd that I had so often passed this imposing retreat without even noticing the entrance. An exquisite, intoxicating atmosphere pervaded the place, making one forget, almost immediately, the dreary horrors of everyday existence. Here one seemed to breathe a kind of subliminal bliss, akin to what the lotus-eaters must have felt when they stepped ashore on the enchanted isle lit by the rays of an eternal afternoon, when they felt dawning within them, to the lulling cadence of melodious cascades, the desire to see their homes and wives and children no more, and never again to venture on the ocean's towering waves.

Then I saw the strange faces of men and women, marked by a kind of doomed beauty, and which I felt I must have seen before in other times and places that I could no longer remember, and which stirred a fraternal empathy in me rather than the awe which the sight of unknown things inspires. Were I to try to define the uncanny expression in their eyes, I could only say that I had never seen human eyes more potently lit by the horror of boredom and the eternal urge to feel completely alive.

By the time we sat down my host and I had already become old and perfect friends. We ate and drank more than our fill of extraordinary vintages, and it seemed no less extraordinary to me that, after a few hours, I was no more inebriated than my companion. However, a few spells of gambling – that superhuman pleasure – alternated with our bouts of drinking, and I have to confess that in the end I had staked and lost my soul, in a pretty close game, with heroic unconcern and frivolity. The soul is such an immaterial affair, so often of no apparent use, and an embarrassment, that in gambling it away I felt

peu moins d'émotion que si j'avais égaré, dans une promenade, ma carte de visite.

Nous fumâmes longuement quelques cigares dont la saveur et le parfum incomparables donnaient à l'âme la nostalgie de pays et de bonheurs inconnus, et, enivré de toutes ces délices, j'osai, dans un accès de familiarité qui ne parut pas lui déplaire, m'écrier, en m'emparant d'une coupe pleine jusqu'au bord: «À votre immortelle santé, vieux Bouc!»

Nous causâmes aussi de l'univers, de sa création et de sa future destruction; de la grande idée du siècle, c'est-à-dire du progrès et de la perfectibilité, et, en général, de toutes les formes de l'infatuation humaine. Sur ce sujet-là, Son Altesse ne tarissait pas en plaisanteries légères et irréfutables, et elle s'exprimait avec une suavité de diction et une tranquillité dans la drôlerie que je n'ai trouvées dans aucun des plus célèbres causeurs de l'humanité. Elle m'expliqua l'absurdité des différentes philosophies qui avaient jusqu'à présent pris possession du cerveau humain, et daigna même me faire confidence de quelques principes fondamentaux dont il ne me convient pas de partager les bénéfices et la propriété avec qui que ce soit. Elle ne se plaignit en aucune façon de la mauvaise réputation dont elle jouit dans toutes les parties du monde, m'assura qu'elle était, elle-même, la personne la plus intéressée à la destruction de la *superstition*, et m'avoua qu'elle n'avait eu peur, relativement à son propre pouvoir, qu'une seule fois, c'était le jour où elle avait entendu un prédicateur, plus subtil que ses confrères, s'écrier en chaire: «Mes chers frères, n'oubliez jamais, quand vous entendrez vanter le progrès des lumières, que la plus belle des ruses du diable est de vous persuader qu'il n'existe pas!»

Le souvenir de ce célèbre orateur nous conduisit naturellement vers le sujet des académies, et mon étrange convive m'affirma qu'il ne dédaignait pas, en beaucoup de cas, d'inspirer la plume, la parole et la conscience des pédagogues, et qu'il assistait presque toujours en personne, quoique invisible, à toutes les séances académiques.

Encouragé par tant de bontés, je lui demandai des nouvelles de Dieu, et s'il l'avait vu récemment. Il me répondit, avec une insouciance nuancée d'une certaine tristesse: «Nous nous saluons quand nous nous rencontrons, mais comme deux vieux gentilshommes, en qui une politesse innée ne saurait éteindre tout à fait le souvenir d'anciennes rancunes.»

Il est douteux que Son Altesse ait jamais donné une si longue audience à un simple mortel, et je craignais d'abuser. Enfin, comme l'aube frissonnante blanchissait les vitres, ce célèbre personnage,

rather less concern than if I had lost my visiting-card in the course of an outing.

We smoked a few leisurely cigars whose incomparable flavour and bouquet inspired me with a nostalgia for unexplored lands and joys as yet unknown. Carried away by so many delights, in a fit of familiarity which did not appear to displease him, I had the impertinence to exclaim, as I lifted a brimming bumper, 'Here's to your immortal health, Old Goat!'

We also discussed the creation and eventual destruction of the universe, as well as those pet ideas of our century, the notions of Progress and the Perfectibility of Man, and the numerous other forms that human fatuousness takes. His Highness had no end of facetious and unanswerable jokes to crack on this subject, expressing himself with a polished style and nimble wit such as I never met in our most famous masters of the arts of conversation. He explained the absurdities of the various philosophies that have so far taken possession of the human mind, and even ventured to confide a few basic principles which it would be indiscreet of me to share the benefit and ownership of with anyone else. He did not complain in the least of the bad reputation he enjoyed all over the globe, assuring me that he was not the person who had most to fear from the war on Superstition. He confessed that he had only once felt uneasy as regards his own powers: that was when he heard a preacher, rather more subtle than the rest of his fraternity, announce from the pulpit, 'My dear brethren, never forget, when you hear people praising the advance of the Enlightenment, that the devil's cleverest trick is to convince you that he does not exist.'

The memory of that celebrated orator led us naturally to the subject of academies, when my strange companion asserted that in many cases he was not above inspiring the pen, tongue, and conscience of pedants and that, while remaining quite invisible, he never missed a meeting of the French Academy.

Encouraged by so many favours, I asked for news about God, and whether His Highness had seen Him recently. In reply he said, with a certain detachment not without a hint of sadness, 'We do salute each other when we meet; but only like two old gentlemen whose good breeding cannot quite efface the memory of past grievances.'

I doubt whether His Highness ever gave such a protracted audience to any other mere mortal, and I was afraid of abusing the privilege. In the end, as the tremble of dawn whitened the window-panes, that

chanté par tant de poètes et servi par tant de philosophes qui travaillent à sa gloire sans le savoir, me dit: «Je veux que vous gardiez de moi un bon souvenir, et vous prouver que Moi, dont on dit tant de mal, je suis quelquefois *bon diable*, pour me servir d'une de vos locutions vulgaires. Afin de compenser la perte irrémédiable que vous avez faite de votre âme, je vous donne l'enjeu que vous auriez gagné si le sort avait été pour vous, c'est-à-dire la possibilité de soulager et de vaincre, pendant toute votre vie cette bizarre affection de l'Ennui, qui est la source de toutes vos maladies et de tous vos misérables progrès. Jamais un désir ne sera formé par vous, que je ne vous aide à le réaliser; vous régnerez sur vos vulgaires semblables; vous serez fourni de flatteries et même d'adorations; l'argent, l'or, les diamants, les palais féeriques, viendront vous chercher et vous prieront de les accepter, sans que vous ayez fait un effort pour les gagner; vous changerez de patrie et de contrée aussi souvent que votre fantaisie vous l'ordonnera; vous vous soûlerez de voluptés, sans lassitude, dans des pays charmants où il fait toujours chaud et où les femmes sentent aussi bon que les fleurs, – et cætera, et cætera...», ajouta-t-il en se levant et en me congédiant avec un bon sourire.

Si ce n'eût été la crainte de m'humilier devant une aussi grande assemblée, je serais volontiers tombé aux pieds de ce joueur généreux, pour le remercier de son inouïe munificence. Mais peu à peu, après que je l'eus quitté, l'incurable défiance rentra dans mon sein; je n'osais plus croire à un si prodigieux bonheur, et, en me couchant, faisant encore ma prière par un reste d'habitude imbécile, je répétais dans un demi-sommeil: «Mon Dieu! Seigneur, mon Dieu! faites que le diable me tienne sa parole!»

illustrious personage, whom so many poets have sung and so many philosophers have served, unwittingly toiling for his glory, said to me: 'I should like you to have happy memories of me, and to prove that I, whom so many have slandered, can be a *good devil* on occasion, if I may borrow one of your popular expressions. In order to compensate for the irreparable loss of your soul, which you have incurred tonight, I shall let you have the stake which you would have won if Fate had been on your side: that is to say, the power to assuage and overcome the bizarre disease of boredom or *tedium vitae* which is the source of all your ills and all your miserable illusions of Progress. You will never voice a desire without my helping you to materialize it; you will dominate your vulgar fellow-men; you will bask in flatteries and adorations; gold, silver, diamonds and faery palaces will come your way and beg you to accept them, without your lifting a finger to obtain them; you will be able to change your place, your country, whenever your fancy dictates; you will make yourself drunk with voluptuous delights, yet never tire, in pleasant climes where it will always be warm, where the women smell as sweet as flowers – and so on . . .' he added, as he rose and bade me farewell with a kindly smile.

Had it not been for fear of humiliating myself in front of such a large gathering, I would gladly have knelt at the generous gamester's feet to thank him for his unheard-of generosity. But gradually, after I had left him, an incurable distrust returned to my breast. I no longer dared believe in such prodigious happiness, and, as I went to bed, saying my prayers as usual – the remains of a foolish old habit – I found myself repeating, as I dozed off, 'Oh God, my Lord please make the Devil keep his promise!'

[1864, 1866]

XXX
LA CORDE

À Édouard Manet.

«Les illusions, – me disait mon ami, – sont aussi innombrables peut-être que les rapports des hommes entre eux, ou des hommes avec les choses. Et quand l'illusion disparaît, c'est-à-dire quand nous voyons l'être ou le fait tel qu'il existe en dehors de nous, nous éprouvons un bizarre sentiment, compliqué moitié de regret pour le fantôme disparu, moitié de surprise agréable devant la nouveauté, devant le fait réel. S'il existe un phénomène évident, trivial, toujours semblable, et d'une nature à laquelle il soit impossible de se tromper, c'est l'amour maternel. Il est aussi difficile de supposer une mère sans amour maternel qu'une lumière sans chaleur; n'est-il donc pas parfaitement légitime d'attribuer à l'amour maternel toutes les actions et les paroles d'une mère, relatives à son enfant? Et cependant écoutez cette petite histoire, où j'ai été singulièrement mystifié par l'illusion la plus naturelle.

«Ma profession de peintre me pousse à regarder attentivement les visages, les physionomies, qui s'offrent dans ma route, et vous savez quelle jouissance nous tirons de cette faculté qui rend à nos yeux la vie plus vivante et plus significative que pour les autres hommes. Dans le quartier reculé que j'habite, et où de vastes espaces gazonnés séparent encore les bâtiments, j'observai souvent un enfant dont la physionomie ardente et espiègle, plus que toutes les autres, me séduisit tout d'abord. Il a posé plus d'une fois pour moi, et je l'ai transformé tantôt en petit bohémien, tantôt en ange, tantôt en Amour mythologique. Je lui ai fait porter le violon du vagabond, la Couronne d'Épines et les Clous de la Passion, et la Torche d'Éros. Je pris enfin à toute la drôlerie de ce gamin un plaisir si vif, que je priai un jour ses parents, de pauvres gens, de vouloir bien me le céder, promettant de bien l'habiller, de lui donner quelque argent et de ne pas lui imposer d'autre peine que de nettoyer mes pinceaux et de faire mes commissions. Cet enfant, débarbouillé, devint charmant, et la vie qu'il menait chez moi lui semblait un paradis, comparativement à celle qu'il aurait subie dans le taudis paternel. Seulement je dois dire que ce petit bonhomme m'étonna quelquefois par des crises singulières de tristesse précoce, et qu'il manifesta bientôt un goût immodéré pour le sucre

XXX
THE ROPE

for Edouard Manet

'Illusions,' one of my friends remarked to me, 'are perhaps as countless as the relationships between human beings, and between us and things. Once the illusion is over, that is to say when we see people or things as they really exist outside ourselves, we have a strange sensation – partly complicated by our regret for the vanished phantom, and partly by the agreeable shock of novelty – when faced with the hard fact. Now, if there is any such thing as a self-evident, ordinary and unchanging phenomenon about which we cannot possibly deceive ourselves, it is surely maternal love. It is just as hard to imagine a mother without maternal affection, as light without heat. Is it not perfectly reasonable, then, to attribute all a mother's acts and words concerning her child, to maternal love? And yet, just listen to this little story, of how I was hoodwinked by that most natural of illusions.

'My profession as a painter makes me tend to scrutinize people's faces and general appearance wherever I go – and you know what pleasure we obtain from the artistic faculty, which enhances life and makes it more meaningful in our eyes than it is in other men's. In the rather remote part of the city where I live, and where considerably grassy areas are still to be found between building sites, I often noticed a boy whose lively and alert appearance at once appealed to me more than any I had seen. He came and posed for me on several occasions, and I soon turned him into a little gipsy, or an angel, or a mythological Cupid. I painted him carrying a wandering minstrel's viol, the crown of thorns, the nails of the Passion, the torch of Eros. In the end I found so much pleasure in the urchin's antics that one day I asked his parents, who were very poor, to hand him over to me. I undertook to provide him with clothes and pocket-money, in return for no heavier task than cleaning my brushes and running my messages. Once the boy was cleaned up he became quite charming. The life he led in my studio seemed like a seventh heaven to him, compared with his miseries in the family hovel. Only I must add that the little fellow shocked me now and then with his mysterious fits of precocious depression. Moreover, he soon began to show an inordinate liking

et les liqueurs; si bien qu'un jour où je constatai que, malgré mes nombreux avertissements, il avait encore commis un nouveau larcin de ce genre, je le menaçai de le renvoyer à ses parents. Puis je sortis, et mes affaires me retinrent assez longtemps hors de chez moi.

«Quels ne furent pas mon horreur et mon étonnement quand, rentrant à la maison, le premier objet qui frappa mes regards fut mon petit bonhomme, l'espiègle compagnon de ma vie, pendu au panneau de cette armoire! Ses pieds touchaient presque le plancher; une chaise, qu'il avait sans doute repoussée du pied, était renversée à côté de lui; sa tête était penchée convulsivement sur une épaule; son visage, boursouflé, et ses yeux, tout grands ouverts avec une fixité effrayante, me causèrent d'abord l'illusion de la vie. Le dépendre n'était pas une besogne aussi facile que vous le pouvez croire. Il était déjà fort roide, et j'avais une répugnance inexplicable à le faire brusquement tomber sur le sol. Il fallait le soutenir tout entier avec un bras, et, avec la main de l'autre bras, couper la corde. Mais cela fait, tout n'était pas fini; le petit monstre s'était servi d'une ficelle fort mince qui était entrée profondément dans les chairs, et il fallait maintenant avec de minces ciseaux, chercher la corde entre les deux bourrelets de l'enflure, pour lui dégager le cou.

«J'ai négligé de vous dire que j'avais vivement appelé au secours; mais tous mes voisins avaient refusé de me venir en aide, fidèles en cela aux habitudes de l'homme civilisé, qui ne veut jamais, je ne sais pourquoi, se mêler des affaires d'un pendu. Enfin vint un médecin qui déclara que l'enfant était mort depuis plusieurs heures. Quand, plus tard, nous eûmes à le déshabiller pour l'ensevelissement, la rigidité cadavérique était telle, que, désespérant de fléchir les membres, nous dûmes lacérer et couper les vêtements pour les lui enlever.

«Le commissaire, à qui, naturellement, je dus déclarer l'accident, me regarda de travers, et me dit: "Voilà qui est louche!" mû sans doute par un désir invétéré et une habitude d'état de faire peur, à tout hasard, aux innocents comme aux coupables.

«Restait une tâche suprême à accomplir, dont la seule pensée me causait une angoisse terrible: il fallait avertir les parents. Mes pieds refusaient de m'y conduire. Enfin j'eus ce courage. Mais, à mon grand étonnement, la mère fut impassible, pas une larme ne suinta du coin de son œil. J'attribuai cette étrangeté à l'horreur même qu'elle devait éprouver, et je me souvins de la sentence connue: "Les douleurs les plus terribles sont les douleurs muettes." Quant au père, il se contenta

for sweets and liquors, and at last, when I noticed that he had been pilfering in spite of my warnings, I threatened to send him back to his parents. Then I left the house, and my business kept me away for some time.

'You may well imagine my horror and astonishment when, on returning home, the first sight that greeted me was this young fellow, the lively companion who shared my life, hanged on the wardrobe door. His feet were almost touching the floor. A chair which he had no doubt kicked from under him lay overturned nearby. His head was twisted onto his shoulder, his face all swollen, his eyes wide open with a horrifying stare, giving me the illusion that he was still alive. Taking him down was not such an easy matter as you might think. The body was already stiffened and I had an inexplicable unwillingness to let it fall sharply on the floor. I had to hold the body up with one arm, and cut the rope with the other hand. That done, my task was not yet completed: the little devil had used a very thin rope, which cut deeply into his flesh, so now, taking a pair of fine scissors, I had to locate the cord between the swollen tissues of the wound, in order to free the neck from its noose.

'I forgot to mention that in the meantime I had called for help, but all my neighbours had refused to lend me a hand – in that respect being slaves to the habits of civilized humanity, who never, I have no idea why, want to involve themselves in hanged people's affairs. A doctor arrived at last and diagnosed that the child had been dead for some hours. Later on, when we had to undress the corpse to prepare it for burial, the rigor mortis was so advanced that, unable to straighten the limbs, we had to cut and tear the clothes away, to take them off.

'The police superintendant, to whom of course I had to notify the incident, eyed me suspiciously and said "This looks like a fishy business" – no doubt being moved by an inveterate professional habit of terrifying the innocent as well as the guilty, without discrimination.

'There remained the final task, the very thought of which filled me with painful anguish: the boy's parents had to be informed. My feet refused to take me there, but at last I summoned enough courage to go. To my great astonishment, the mother was quite unmoved. Not a single tear rose from the corner of her eye. I put that unexpected reaction down to the horror she must be feeling, and remembered the well-known saying that our worst sorrows are those for which we cannot find words. As for the father, he only commented, half

de dire d'un air moitié abruti, moitié rêveur: "Après tout, cela vaut peut-être mieux ainsi; il aurait toujours mal fini!"

«Cependant le corps était étendu sur mon divan, et, assisté d'une servante, je m'occupais des derniers préparatifs, quand la mère entra dans mon atelier. Elle voulait, disait-elle, voir le cadavre de son fils. Je ne pouvais pas, en vérité, l'empêcher de s'enivrer de son malheur et lui refuser cette suprême et sombre consolation. Ensuite elle me pria de lui montrer l'endroit où son petit s'était pendu. "Oh! non! madame, – lui répondis-je, – cela vous ferait mal." Et comme involontairement mes yeux se tournaient vers la funèbre armoire, je m'aperçus, avec un dégoût mêlé d'horreur et de colère, que le clou était resté fiché dans la paroi, avec un long bout de corde qui traînait encore. Je m'élançai vivement pour arracher ces derniers vestiges du malheur, et comme j'allais les lancer au-dehors par la fenêtre ouverte, la pauvre femme saisit mon bras et me dit d'une voix irrésistible: "Oh! monsieur! laissez-moi cela! je vous en prie! je vous en supplie!" Son désespoir l'avait, sans doute, me parut-il, tellement affolée, qu'elle s'éprenait de tendresse maintenant pour ce qui avait servi d'instrument à la mort de son fils, et le voulait garder comme une horrible et chère relique. – Et elle s'empara du clou et de la ficelle.

«Enfin! enfin! tout était accompli. Il ne me restait plus qu'à me remettre au travail, plus vivement encore que d'habitude, pour chasser peu à peu ce petit cadavre qui hantait les replis de mon cerveau, et dont le fantôme me fatiguait de ses grands yeux fixes. Mais le lendemain je reçus un paquet de lettres: les unes, des locataires de ma maison, quelques autres des maisons voisines; l'une, du premier étage; l'autre, du second; l'autre, du troisième, et ainsi de suite, les unes en style demi-plaisant, comme cherchant à déguiser sous un apparent badinage la sincérité de la demande; les autres, lourdement effrontées et sans orthographe, mais toutes tendant au même but, c'est-à-dire à obtenir de moi un morceau de la funeste et béatifique corde. Parmi les signataires il y avait, je dois le dire, plus de femmes que d'hommes; mais tous, croyez-le bien, n'appartenaient pas à la classe infime et vulgaire. J'ai gardé ces lettres.

«Et alors, soudainement, une lueur se fit dans mon cerveau, et je compris pourquoi la mère tenait tant à m'arracher la ficelle et par quel commerce elle entendait se consoler.»

sullen, half in a stupefied haze, "Perhaps it's better that way after all, as he'd have come to a bad end in any case."

'Meanwhile the corpse still lay stretched on my divan, and with the help of a servant I was busy with the final arrangements when the mother came to my studio. She now said that she wanted to see her son's body. To tell the truth I could not stop her from wallowing in her misfortune, and refuse her that last morbid consolation. Afterwards, she begged me to show her where her little son had hanged himself. "Oh no, Madame," I replied, "that would only upset you." As despite myself I turned my eyes towards the gruesome wardrobe I saw, with disgust and horror, that the nail was still embedded in the panel, with a length of cord still hanging from it. I leapt forward to remove the last traces of the distressing event, but as I was about to throw them out of the window the poor woman clutched my arm and said, in an irresistible tone of voice, "Oh, sir, please let me keep that, I implore you." It seemed to me that her grief had no doubt driven her so much out of her mind that she was now overcome by a sort of tenderness for the instrument of her son's death, and she wanted to treasure it as a horrible but cherished memento. So she took possession of the nail and rope.

'At last it was all over. It only remained now for me to start painting again, though more energetically than usual, in order to rid myself of the memory of that little corpse which haunted my mind, and whose phantom image nagged at me with its great staring eyes. But the very next day I received a bundle of letters, some from other tenants in the house and others from neighbours. There was one from the first floor, others from the second and third, and so on. Some were in a facetious style, as if to conceal the sincerity of their request under their banter; others were grossly impertinent and badly spelt – but all pointed to the same end, which was to obtain a snippet of that fatal, blissful cord. Among the applicants there were, I must admit, more women than men, but I assure you that not all belonged to a despicable vulgar class. I still have all those letters somewhere.

'Then something suddenly flashed into my mind, and I understood at last why the mother had been so eager to snatch the rope from me, and the sort of commercial deal with which she intended to console herself.'

[1864, 1864, 1866]

XXXI
LES VOCATIONS

Dans un beau jardin où les rayons d'un soleil automnal semblaient s'attarder à plaisir, sous un ciel déjà verdâtre où des nuages d'or flottaient comme des continents en voyage, quatre beaux enfants, quatre garçons, las de jouer sans doute, causaient entre eux.

L'un disait: «Hier on m'a mené au théâtre. Dans des palais grands et tristes, au fond desquels on voit la mer et le ciel, des hommes et des femmes, sérieux et tristes aussi, mais bien plus beaux et bien mieux habillés que ceux que nous voyons partout, parlent avec une voix chantante. Ils se menacent, ils supplient, ils se désolent, et ils appuient souvent leur main sur un poignard enfoncé dans leur ceinture. Ah! c'est bien beau! Les femmes sont bien plus belles et bien plus grandes que celles qui viennent nous voir à la maison, et, quoique avec leurs grands yeux creux et leurs joues enflammées elles aient l'air terrible, on ne peut pas s'empêcher de les aimer. On a peur, on a envie de pleurer, et cependant l'on est content... Et puis, ce qui est plus singulier, cela donne envie d'être habillé de même, de dire et de faire les mêmes choses, et de parler avec la même voix...»

L'un des quatre enfants, qui depuis quelques secondes n'écoutait plus le discours de son camarade et observait avec une fixité étonnante je ne sais quel point du ciel, dit tout à coup: «Regardez, regardez là-bas...! *Le* voyez-vous? Il est assis sur ce petit nuage isolé, ce petit nuage couleur de feu, qui marche doucement. *Lui* aussi, on dirait qu'*il* nous regarde.»

«Mais qui donc?» demandèrent les autres.

«Dieu!» répondit-il avec un accent parfait de conviction. «Ah! il est déjà bien loin; tout à l'heure vous ne pourrez plus le voir. Sans doute il voyage, pour visiter tous les pays. Tenez, il va passer derrière cette rangée d'arbres qui est presque à l'horizon... et maintenant il descend derrière le clocher... Ah! on ne le voit plus!» Et l'enfant resta longtemps tourné du même côté, fixant sur la ligne qui sépare la terre du ciel des yeux où brillait une inexprimable expression d'extase et de regret.

«Est-il bête, celui-là, avec son bon Dieu, que lui seul peut apercevoir!» dit alors le troisième, dont toute la petite personne était marquée d'une vivacité et d'une vitalité singulières. «Moi, je vais vous raconter comment il m'est arrivé quelque chose qui ne vous est jamais

XXXI
VOCATIONS

In a fine garden where the rays of the autumn sun seemed to enjoy lingering on, under an already greenish sky in which golden clouds hovered like drifting continents, four good-looking boys, no doubt tired of playing, were busy talking among themselves.

One of them said, 'Last night they took me to the theatre. There, in enormous gloomy palaces beyond which you can glimpse the sea and sky, a lot of men and women, equally serious and sad but far more beautiful and better dressed than those we see around us everywhere, keep on talking with sing-song voices. They threaten each other and complain and feel desperate, often laying their hands on a dagger thrust into their belt. It's a marvellous sight! The ladies on the stage are all prettier and taller than those who call at our house, and although they look terrifying with their great sunken eyes and flaming cheeks, you can't help loving them. You feel afraid, or like weeping, and yet you are happy at the same time. And the oddest thing of all is that it makes you want to dress up like them, and say and do the same things, and talk with the same sing-song sort of voice.'

One of the four children had stopped listening to his friend's story for a few moments, and was gazing with astonishing intensity at some point in the sky, then he suddenly exclaimed 'Just look up there – can you see Him? – He's sitting on that little lonely cloud, the little one the colour of a flame that's gliding very slowly along – He also – you would say that He is watching us!'

'Who on earth are you talking about?' the others asked.

'God!' he replied, in tones full of conviction. 'Ah, he's already far away – very soon you won't be able to see him at all! He must be going on his rounds, on the way to visit all the countries in the world. Look – now he's about to pass behind that bunch of trees on the horizon – and now he's coming down behind the church spire. And now you can't see him any more!' And the boy remained turned in that direction for a long time, staring at the line between the earth and sky, his eyes alight with an indescribable expression of ecstasy and regret.

'What a silly chap, with his Our Father that nobody except Him ever set eyes on!' the third boy said, the one whose entire frame was

arrivé, et qui est un peu plus intéressant que votre théâtre et vos nuages. – Il y a quelques jours, mes parents m'ont emmené en voyage avec eux, et, comme dans l'auberge où nous nous sommes arrêtés, il n'y avait pas assez de lits pour nous tous, il a été décidé que je dormirais dans le même lit que ma bonne.» – Il attira ses camarades plus près de lui, et parla d'une voix plus basse. – «Ça fait un singulier effet, allez, de n'être pas couché seul et d'être dans un lit avec sa bonne, dans les ténèbres. Comme je ne dormais pas, je me suis amusé, pendant qu'elle dormait, à passer ma main sur ses bras, sur son cou et sur ses épaules. Elle a les bras et le cou bien plus gros que toutes les autres femmes, et la peau en est si douce, si douce, qu'on dirait du papier à lettre ou du papier de soie. J'y avais tant de plaisir que j'aurais longtemps continué, si je n'avais pas eu peur, peur de la réveiller d'abord, et puis encore peur de je ne sais quoi. Ensuite j'ai fourré ma tête dans ses cheveux qui pendaient dans son dos, épais comme une crinière, et ils sentaient aussi bon, je vous assure, que les fleurs du jardin, à cette heure-ci. Essayez, quand vous pourrez, d'en faire autant que moi, et vous verrez!»

Le jeune auteur de cette prodigieuse révélation avait, en faisant son récit, les yeux écarquillés par une sorte de stupéfaction de ce qu'il éprouvait encore, et les rayons du soleil couchant, en glissant à travers les boucles rousses de sa chevelure ébouriffée, y allumaient comme une auréole sulfureuse de passion. Il était facile de deviner que celui-là ne perdrait pas sa vie à chercher la Divinité dans les nuées, et qu'il la trouverait fréquemment ailleurs.

Enfin le quatrième dit: «Vous savez que je ne m'amuse guère à la maison; on ne me mène jamais au spectacle; mon tuteur est trop avare; Dieu ne s'occupe pas de moi et de mon ennui, et je n'ai pas une belle bonne pour me dorloter. Il m'a souvent semblé que mon plaisir serait d'aller toujours droit devant moi, sans savoir où, sans que personne s'en inquiète, et de voir toujours des pays nouveaux. Je ne suis jamais bien nulle part, et je crois toujours que je serais mieux ailleurs que là où je suis. Eh bien! j'ai vu, à la dernière foire du village voisin, trois hommes qui vivent comme je voudrais vivre. Vous n'y avez pas fait attention, vous autres. Ils étaient grands, presque noirs et très fiers, quoique en guenilles, avec l'air de n'avoir besoin de personne. Leurs grands yeux sombres sont devenus tout à fait brillants pendant qu'ils faisaient de la musique; une musique si surprenante qu'elle donne envie tantôt de danser, tantôt de pleurer, ou de faire les deux à la fois,

stamped with an uncommon liveliness and vitality. 'Now I'll tell you about what happened to me and which will never happen to any of you, something far more exciting than your theatres and clouds. A few days ago my parents took me with them on a journey, and as there weren't enough beds in the inn where we spent the night, they decided that I'd have to sleep in the same bed as our maid.' He gathered his schoolmates closer round him, and lowered his voice. 'You know, it gave me a funny feeling, being no longer in bed all by myself, but in the same bed as the maid, in the dark. As I couldn't get to sleep I had some fun while she was sleeping, by stroking my hand over her arms and neck and shoulders. Her arms and neck were plumper than other women's. Her skin is so smooth and soft, it's like writing-paper or silk paper. I got such a thrill that I'd have gone on much longer if I hadn't been afraid – afraid of waking her up and I don't know what else. After that I buried my head in her hair which flowed down her back as thick as a mane, and it had such a nice smell. I'm telling you, it smelt like the flowers here in the garden. When you get the chance, just try and do the same as I did, then you'll find out for yourself!'

While he was telling this story, the youthful author of this revelation had his eyes open as wide as they would go, in a sort of stupefaction, as if he were still in the grip of his experience, while the rays of the dying sun, gliding between the russet curls of his tousled mop of hair, seemed to kindle a sulphurous halo of passion round it. It was easy to guess that he would never spend his life looking for the deity in the clouds, and that he would more often find it somewhere else.

At length the fourth boy said, 'All of you know that I don't find very much fun in being at home. They never take me to a show, my tutor is far too mean for that sort of thing. Nor does God bother about me and my boredom, and I have no pretty maid to coddle me. I've often felt that my greatest pleasure would be to go straight on, just following my nose without knowing where to, without anybody worrying about me, and to keep on seeing different countries. I never feel at my ease anywhere, and I always think I would feel better anywhere except where I actually am. Well, during the Fair that came to the next village recently, I saw three men who live the way I would like to. You others took no notice of them at all. They were very tall and swarthy, almost black, and had a high opinion of themselves although they were in rags, and they looked as if they had no need of other people. Their big dark eyes became absolutely fiery while they were playing their tunes, such an astonishing sort of music that it made you want to dance or weep, or both at once, and you felt you

et qu'on deviendrait comme fou si on les écoutait trop longtemps. L'un, en traînant son archet sur son violon, semblait raconter un chagrin, et l'autre, en faisant sautiller son petit marteau sur les cordes d'un petit piano suspendu à son cou par une courroie, avait l'air de se moquer de la plainte de son voisin, tandis que le troisième choquait, de temps à autre, ses cymbales avec une violence extraordinaire. Ils étaient si contents d'eux-mêmes, qu'ils ont continué à jouer leur musique de sauvages, même après que la foule s'est dispersée. Enfin ils ont ramassé leurs sous, ont chargé leur bagage sur leur dos, et sont partis. Moi, voulant savoir où ils demeuraient, je les ai suivis de loin, jusqu'au bord de la forêt, où j'ai compris seulement alors, qu'ils ne demeuraient nulle part.

«Alors l'un a dit: "Faut-il déployer la tente?

«– Ma foi! non! a répondu l'autre, il fait une si belle nuit!"

«Le troisième disait en comptant la recette: "Ces gens-là ne sentent pas la musique, et leurs femmes dansent commes des ours. Heureusement, avant un mois nous serons en Autriche, où nous trouverons un peuple plus aimable.

«– Nous ferions peut-être mieux d'aller vers l'Espagne, car voici la saison qui s'avance; fuyons avant les pluies et ne mouillons que notre gosier", a dit un des deux autres.

«J'ai tout retenu, comme vous voyez. Ensuite ils ont bu chacun une tasse d'eau-de-vie et se sont endormis, le front tourné vers les étoiles. J'avais eu d'abord envie de les prier de m'emmener avec eux et de m'apprendre à jouer de leurs instruments; mais je n'ai pas osé, sans doute parce qu'il est toujours très difficile de se décider à n'importe quoi, et aussi parce que j'avais peur d'être rattrapé avant d'être hors de France.»

L'air peu intéressé des trois autres camarades me donna à penser que ce petit était déjà un *incompris*. Je le regardais attentivement; il y avait dans son œil et dans son front ce je ne sais quoi de précocement fatal qui éloigne généralement la sympathie, et qui, je ne sais pourquoi, excitait la mienne, au point que j'eus un instant l'idée bizarre que je pouvais avoir un frère à moi-même inconnu.

Le soleil s'était couché. La nuit solennelle avait pris place. Les enfants se séparèrent, chacun allant, à son insu, selon les circonstances et les hasards, mûrir sa destinée, scandaliser ses proches et graviter vers la gloire ou vers le déshonneur.

would go out of your mind if you listened to them too long. One of them, as he scraped his bow across the fiddle, seemed to be telling all about his sorrows; while the other, jumping his little hammer along the strings of a miniature piano slung on a strap round his neck, seemed as if he was making fun of the other man's dirge. The third one kept clashing his cymbals as hard as he could go. They were so pleased with their show that they went on playing their primitive music long after the crowd had gone away. Then at last they picked up the takings, hoisted their kit on their backs, and made off. I wanted to know where they lived, so I followed them at a distance to the edge of the forest, and then I suddenly understood that they didn't live anywhere.

Then one of them said, "What about pitching the tent here?"

"Oh no," the other replied, "it's such a marvellous night!"

The third man said, as he counted the takings, "The folk round here have no feeling for music, and their women hop like a lot of bears. Fortunately we'll be in Austria before the month's out, and there we'll find a more agreeable lot."

"Perhaps we'd do better to make for Spain, as the season's well on now – let's go there before the rains, so the only thing we get wet is our whistles!" said one of the other two.

I've remembered every bit of it, as you can see. After that they all swigged a cup of brandy and went to sleep with their faces turned up to the stars. I'd wanted to ask them to take me along with them and teach me to play their instruments, but didn't dare – no doubt because it's so hard to make your mind up about anything, but also because I was afraid of being caught before I got out of France.'

The lack of interest shown by his three friends made me think that this boy was already one of the misunderstood. I observed him closely and saw there was something about his eyes and brow that seemed precociously doomed, a characteristic which usually alienates people's sympathy, but which, I don't know why, stirred my own, so that for a moment I had the odd sensation of having a brother without knowing it.

The sun had already gone down, and the solemn night had closed in everywhere. The group of boys broke up, each one of them going, unknown to himself, according to circumstances and chance, to develop his own destiny, to scandalize his family, and gravitate towards glory or dishonour.

[1864, 1864]

XXXII
LE THYRSE

À Franz Liszt.

Qu'est-ce qu'un thyrse? Selon le sens moral et poétique, c'est un emblème sacerdotal dans la main des prêtres ou des prêtresses célébrant la divinité dont ils sont les interprètes et les serviteurs. Mais physiquement ce n'est qu'un bâton, un pur bâton, perche à houblon, tuteur de vigne, sec, dur et droit. Autour de ce bâton, dans des méandres capricieux, se jouent et folâtrent des tiges et des fleurs, celles-ci sinueuses et fuyardes, celles-là penchées comme des cloches ou des coupes renversées. Et une gloire étonnante jaillit de cette complexité de lignes et de couleurs, tendres ou éclatantes. Ne dirait-on pas que la ligne courbe et la spirale font leur cour à la ligne droite et dansent autour dans une muette adoration? Ne dirait-on pas que toutes ces corolles délicates, tous ces calices, explosions de senteurs et de couleurs, exécutent un mystique fandango autour du bâton hiératique? Et quel est, cependant, le mortel imprudent qui osera décider si les fleurs et les pampres ont été faits pour le bâton, ou si le bâton n'est que le prétexte pour montrer la beauté des pampres et des fleurs? Le thyrse est la représentation de votre étonnante dualité, maître puissant et vénéré, cher Bacchant de la Beauté mystérieuse et passionnée. Jamais nymphe exaspérée par l'invincible Bacchus ne secoua son thyrse sur les têtes de ses compagnes affolées avec autant d'énergie et de caprice que vous agitez votre génie sur les cœurs de vos frères. – Le bâton, c'est votre volonté, droite, ferme et inébranlable; les fleurs, c'est la promenade de votre fantaisie autour de votre volonté; c'est l'élément féminin exécutant autour de mâle ses prestigieuses pirouettes. Ligne droite et ligne arabesque, intention et expression, roideur de la volonté, sinuosité du verbe, unité du but, variété des moyens, amalgame tout-puissant et indivisible du génie, quel analyste aura le détestable courage de vous diviser et de vous séparer?

Cher Liszt, à travers les brumes, par-delà les fleuves, par-dessus les villes où les pianos chantent votre gloire, où l'imprimerie traduit votre sagesse, en quelque lieu que vous soyez, dans les splendeurs de la ville éternelle ou dans les brumes des pays rêveurs que console Cambrinus, improvisant des chants de délectation ou d'ineffable

XXXII
THE WAND

for Franz Liszt

What exactly is a *thyrsus*? In the moral and poetical sense it is a sacerdotal emblem in the hands of the priesthood, when celebrating the godhead whose intermediaries and servants they are. Physically it is no more than a stick, a baton, nothing but a stave, hop-stick, vine-prop, naked and tough and straight. But all round this stick, the thyrsus, stalks and flowers wreathe in capricious curves, tendrils sinuous and evasive, flowers hanging their heads like little bells, inverted goblets. An astonishing aura is created by that complex pattern of lines and colours, tender or bold. It is as though the curve and the spiral are wooing the straight line, around which they dance in silent adoration. As though all those delicate corollas and chalices, in bursts of scent and colour, dance a mystical fandango round the hieratic wand. But what imprudent mortal will ever presume to assert whether the flowers and tendrils of the vine were created for the staff, or whether the staff is only a pretext for displaying the beauty of the tendrils and flowers? The thyrsus is an epiphany of your astonishing duality, powerful and venerable Master of Music, beloved Bacchant and apostle of mysterious, passionate Beauty. No nymph, exasperated by invincible Bacchus, ever waved her wand over the heads of her stampeded sisters with such energy and caprice as you wave the baton of genius over the hearts of your brother-artists. The baton is your Will, straight and firm and steadfast; the flowers are the motions of your fancy round that will, the feminine principle executing its hypnotic pirouettes round the male. The straight line and the arabesque; intention and expression; unyielding will-power and oblique Word; the one and only end and the multiplicity of means; the all-powerful amalgam of genius – what analyst will make so bold as to divide and separate you?

Dear Liszt, through all the mists, across all the rivers, above all the cities where the piano celebrates your glory, where the printing-houses translate your wisdom; wherever you may be, whether in the splendours of the Eternal City or the mists of the dreamlands Gambrinus consoled; whether composing hymns of delight or of ineffable

douleur, ou confiant au papier vos méditations abstruses, chantre de la Volupté et de l'Angoisse éternelles, philosophe, poète et artiste, je vous salue en l'immortalité!

sorrow, or confiding your abstruse meditations to the page – singer of immortal voluptuousness and anguish, philosopher and poet and artist – I salute you among the Immortals.

[1863]

XXXIII
ENIVREZ-VOUS

Il faut être toujours ivre. Tout est là: c'est l'unique question. Pour ne pas sentir l'horrible fardeau du Temps qui brise vos épaules et vous penche vers la terre, il faut vous enivrer sans trêve.

Mais de quoi? De vin, de poésie ou de vertu, à votre guise. Mais enivrez-vous.

Et si quelquefois, sur les marches d'un palais, sur l'herbe verte d'un fossé, dans la solitude morne de votre chambre, vous vous réveillez, l'ivresse déjà diminuée ou disparue, demandez au vent, à la vague, à l'étoile, à l'oiseau, à l'horloge, à tout ce qui fuit, à tout ce qui gémit, à tout ce qui roule, à tout ce qui chante, à tout ce qui parle, demandez quelle heure il est; et le vent, la vague, l'étoile, l'oiseau, l'horloge, vous répondront: «Il est l'heure de s'enivrer! Pour n'être pas les esclaves martyrisés du Temps, enivrez-vous; enivrez-vous sans cesse! De vin, de poésie ou de vertu, à votre guise.»

XXXIII
TRINCK!

We should always be drunk. That is the be-all and end-all, the only choice there is. To no longer feel the horrible burden of Time, which racks your shoulders and bows you downwards to the earth, you must make yourself ceaselessly drunk.

But drunk on what? Wine, poetry, virtue – whichever you prefer; only, get drunk.

And if from time to time, whether on a palace stair or in the green grass of a ditch, or in the gloomy loneliness of your room, you waken with your drunkenness wearing off or already gone, then ask the wind and the waves, the stars or the birds or the clock, whatever is fleeting, whatever moans or spins or sings or speaks, ask them what time of day it is; then wind and wave and star and bird and clock will answer you: 'It is time to get drunk! So as never to be the martyred slaves of Time, get drunk without respite, with wine or poetry or virtue, whichever you prefer.'

[1864]

XXXIV
DÉJÀ!

Cent fois déjà le soleil avait jailli, radieux ou attristé, de cette cuve immense de la mer dont les bords ne se laissent qu'à peine apercevoir; cent fois il s'était replongé, étincelant ou morose, dans son immense bain du soir. Depuis nombre de jours, nous pouvions contempler l'autre côté du firmament et déchiffrer l'alphabet céleste des antipodes. Et chacun des passagers gémissait et grognait. On eût dit que l'approche de la terre exaspérait leur souffrance. «Quand donc», disaient-ils, «cesserons-nous de dormir un sommeil secoué par la lame, troublé par un vent qui ronfle plus haut que nous? Quand pourrons-nous manger de la viande qui ne soit pas salée comme l'élément infâme qui nous porte? Quand pourrons-nous digérer dans un fauteuil immobile?»

Il y en avait qui pensaient à leur foyer, qui regrettaient leurs femmes infidèles et maussades, et leur progéniture criarde. Tous étaient si affolés par l'image de la terre absente, qu'ils auraient, je crois, mangé de l'herbe avec plus d'enthousiasme que les bêtes.

Enfin un rivage fut signalé; et nous vîmes, en approchant, que c'était une terre magnifique, éblouissante. Il semblait que les musiques de la vie s'en détachaient en un vague murmure, et que de ces côtes, riches en verdures de toute sorte, s'exhalait, jusqu'à plusieurs lieues, une délicieuse odeur de fleurs et de fruits.

Aussitôt chacun fut joyeux, chacun abdiqua sa mauvaise humeur. Toutes les querelles furent oubliées, tous les torts réciproques pardonnés; les duels convenus furent rayés de la mémoire, et les rancunes s'envolèrent comme des fumées.

Moi seul j'étais triste, inconcevablement triste. Semblable à un prêtre à qui on arracherait sa divinité, je ne pouvais, sans une navrante amertume, me détacher de cette mer si monstrueusement séduisante, de cette mer si infiniment variée dans son effrayante simplicité, et qui semble contenir en elle et représenter par ses jeux, ses allures, ses colères et ses sourires, les humeurs, les agonies et les extases de toutes les âmes qui ont vécu, qui vivent et qui vivront!

XXXIV
SO SOON?

Already a hundred times the Sun had sprung, radiant or cheerless, from the vast cauldron of the ocean whose bounds were almost lost to sight; a hundred times it had sunk, glittering or morose, into its great darkling bath of evening. For many a day now we had been able to survey the other hemisphere of the firmament and decode the celestial alphabet of the southern stars. Meanwhile the passengers groaned and grumbled, one and all. It was as though the approach of land intensified their sufferings. 'But when,' they kept asking each other, 'when will we stop sleeping a sleep forever tossed by the swell, tormented by gales which snore louder than ourselves? When will we be able to taste meat less salted than the disgusting element that carries us along? When will we be allowed to digest our meals in peace, in armchairs that stand still?'

There were some who thought of nothing but the homes they had left behind, who grieved for their sullen faithless wives and their howling children. All were so maddened by the mirage of far-off land that I believe they would have eaten grass with more relish than the beasts of the field.

At last landfall was sighted, and as we drew closer we saw what a magnificent scene it was. It seemed as if all the musics of existence were rising from it in a murmurous babel, as if those shores, rich in green life of every kind, breathed out for miles around a delicious aroma of fruits and flowers.

In a flash they were all brimming over with joy and threw off their ill-humour. Every tiff was forgotten, every wrong towards each other forgiven, duels that had been prearranged were now postponed for ever, and grievances vanished like smoke.

I alone was sad and incredibly depressed. Like a priest stripped of his holy powers I was unable, without heart-rending bitterness, to detach my being from that monstrously seductive ocean, that sea so infinitely varied in its terrifying simplicity, which seemed to contain and embody in its interplay, its wiles and furies and its smiles, all the moods and agonies and ecstasies of all the souls that ever lived, or live, or are yet to live.

En disant adieu à cette incomparable beauté, je me sentais abattu jusqu'à la mort; et c'est pourquoi, quand chacun de mes compagnons dit: «Enfin!» je ne pus crier que: «*Déjà!*»

Cependant c'était la terre, la terre avec ses bruits, ses passions, ses commodités, ses fêtes; c'était une terre riche et magnifique, pleine de promesses, qui nous envoyait un mystérieux parfum de rose et de musc, et d'où les musiques de la vie nous arrivaient en un amoureux murmure.

As I took my leave of that incomparable beauty I felt abysmally abject, and that is why, when all my companions cried 'At last!' all I could say was, 'So soon?'

Yet it was the mother earth, the earth with all her upheavals and passions and comforts and festivities, a rich magnificent land abounding in promises, exhaling an odour of rose and musk, and from which all the musics of existence reached towards us in one vast murmuring of love.

[1863]

XXXV
LES FENÊTRES

Celui qui regarde du dehors à travers une fenêtre ouverte, ne voit jamais autant de choses que celui qui regarde une fenêtre fermée. Il n'est pas d'object plus profond, plus mystérieux, plus fécond, plus ténébreux, plus éblouissant qu'une fenêtre éclairée d'une chandelle. Ce qu'on peut voir au soleil est toujours moins intéressant que ce qui se passe derrière une vitre. Dans ce trou noir ou lumineux vit la vie, rêve la vie, souffre la vie.

Par-delà des vagues de toits, j'aperçois une femme mûre, ridée déjà, pauvre, toujours penchée sur quelque chose, et qui ne sort jamais. Avec son visage, avec son vêtement, avec son geste, avec presque rien, j'ai refait l'histoire de cette femme, ou plutôt sa légende, et quelquefois je me la raconte à moi-même en pleurant.

Si c'eût été un pauvre vieux homme, j'aurais refait la sienne tout aussi aisément.

Et je me couche, fier d'avoir vécu et souffert dans d'autres que moi-même.

Peut-être me direz-vous: «Es-tu sûr que cette légende soit la vraie?» Qu'importe ce que peut être la réalité placée hors de moi, si elle m'a aidé à vivre, à sentir que je suis et ce que je suis?

XXXV
WINDOWS

Whoever looks from outside through an open window will never see as many things as when you look at a closed one. There is no sight with greater depth and mystery and variety, more obscurely suggestive, more brightly revealing, than a window lit up by a candle. What we see plainly in the sunlight is always far less interesting than what is going on behind a window-pane. Inside that black or luminous void, life is being lived, life is being dreamed, life is being suffered.

Across the heaving waves of roof-tops I can see a woman who looks middle-aged: her face is already wrinkled and furrowed; she is poor; she is always bending over something; she never leaves her home. With her face and dress and movements, with almost no clues at all I have reconstituted that woman's history, or rather her legend, and sometimes I tell it over to myself in tears.

Had it been a poor old man I could just as easily have worked out the story of his life.

Then I go to bed, feeling proud of having lived and suffered in others, not myself.

Perhaps you will ask me, 'Are you sure that legend is the true one?' But does it matter what the reality outside myself is, so long as it can help me to live, to feel that I am, and what I am?

[1863]

XXXVI
LE DÉSIR DE PEINDRE

Malheureux peut-être l'homme, mais heureux l'artiste que le désir déchire!

Je brûle de peindre celle qui m'est apparue si rarement et qui a fui si vite, comme une belle chose regrettable derrière le voyageur emporté dans la nuit. Comme il y a longtemps déjà qu'elle a disparu!

Elle est belle, et plus que belle; elle est surprenante. En elle le noir abonde: et tout ce qu'elle inspire est nocturne et profond. Ses yeux sont deux antres où scintille vaguement le mystère, et son regard illumine comme l'éclair: c'est une explosion dans les ténèbres.

Je la comparerais à un soleil noir, si l'on pouvait concevoir un astre noir versant la lumière et le bonheur. Mais elle fait plus volontiers penser à la lune, qui sans doute l'a marquée de sa redoutable influence; non pas la lune blanche des idylles, qui ressemble à une froide mariée, mais la lune sinistre et enivrante, suspendue au fond d'une nuit orageuse et bousculée par les nuées qui courent; non pas la lune paisible et discrète visitant le sommeil des hommes purs, mais la lune arrachée du ciel, vaincue et révoltée, que les Sorcières thessaliennes contraignent durement à danser sur l'herbe terrifiée!

Dans son petit front habitent la volonté tenace et l'amour de la proie. Cependant, au bas de ce visage inquiétant, où des narines mobiles aspirent l'inconnu et l'impossible, éclate, avec une grâce inexprimable, le rire d'une grande bouche, rouge et blanche, et délicieuse, qui fait rêver au miracle d'une superbe fleur éclose dans un terrain volcanique.

Il y a des femmes qui inspirent l'envie de les vaincre et de jouir d'elles; mais celle-ci donne le désir de mourir lentement sous son regard.

XXXVI
THE URGE TO PAINT

Unhappy is the man, perhaps, but happy the artist, who is torn by desire.

I burn with desire to paint the being I saw so rarely and who so quickly went away, like some beautiful sight which a traveller leaves behind with regret as he is borne into the dark. How long ago it seems, since she disappeared!

She is beautiful and, more than beautiful, she is full of surprises. She is full of darkness, all she inspires is nocturnal and profound. Her eyes are two caverns in which mystery vaguely gleams, her gaze can brighten like a flash of lightning, an explosion in the gloom.

I would compare her with a black sun, could one imagine a black star that pours out light and happiness. But she reminds me far more of the Moon, which no doubt has marked her with its baneful influence – not the pale moon of ancient idylls, like a frigid bride, but a sinister, intoxicating moon hung in the depths of tempestuous night and harried by fleeting clouds; not the calm, discreet Diana of a pure man's sleep; but a moon torn from the sky, vanquished and revolted, that the witch-women of Thessaly set dancing on the terror of the sward.

In her narrow brow a stubborn will-power lurks, and a lust for prey. But in the lower part of her disquieting face, in which the quivering nostrils breathe the unknown and the impossible, there rejoices with ineffable grace the laughter of wide lips, all red and white and delicious, which sets me dreaming of a marvellous flower which opens where volcanoes lie beneath.

There are women who rouse a desire to conquer and enjoy them; but she inspires the urge to slowly die beneath her gaze.

[1863]

XXXVII
LES BIENFAITS DE LA LUNE

La Lune, qui est le caprice même, regarda par la fenêtre pendant que tu dormais dans ton berceau, et se dit: «Cette enfant me plaît.»

Et elle descendit moelleusement son escalier de nuages et passa sans bruit à travers les vitres. Puis elle s'étendit sur toi avec la tendresse souple d'une mère, et elle déposa ses couleurs sur ta face. Tes prunelles en sont restées vertes, et tes joues extraordinairement pâles. C'est en contemplant cette visiteuse que tes yeux se sont si bizarrement agrandis; et elle t'a si tendrement serrée à la gorge que tu en as gardé pour toujours l'envie de pleurer.

Cependant, dans l'expansion de sa joie, la Lune remplissait toute la chambre comme une atmosphère phosphorique, comme un poison lumineux; et toute cette lumière vivante pensait et disait: «Tu subiras éternellement l'influence de mon baiser. Tu seras belle à ma manière. Tu aimeras ce que j'aime et ce qui m'aime: l'eau, les nuages, le silence et la nuit; la mer immense et verte; l'eau informe et multiforme; le lieu où tu ne seras pas; l'amant que tu ne connaîtras pas; les fleurs monstrueuses; les parfums qui font délirer; les chats qui se pâment sur les pianos et qui gémissent comme les femmes, d'une voix rauque et douce!

«Et tu seras aimée de mes amants, courtisée par mes courtisans. Tu seras la reine des hommes aux yeux verts dont j'ai serré aussi la gorge dans mes caresses nocturnes; de ceux-là qui aiment la mer, la mer immense, tumultueuse et verte, l'eau informe et multiforme, le lieu où ils ne sont pas, la femme qu'ils ne connaissent pas, les fleurs sinistres qui ressemblent aux encensoirs d'une religion inconnue, les parfums qui troublent la volonté, et les animaux sauvages et voluptueux qui sont les emblèmes de leur folie.»

Et c'est pour cela, maudite chère enfant gâtée, que je suis maintenant couché à tes pieds, cherchant dans toute ta personne le reflet de la redoutable Divinité, de la fatidique marraine, de la nourrice empoisonneuse de tous les *lunatiques*.

XXXVII
THE FAVOURS OF THE MOON

The Moon, who is caprice itself, peeped through the window when you were asleep in your cot and said, 'I like the look of that child.'

So she glided down her stair of clouds and passed through the window-panes, with never a sound. Then she bent over you with graceful tenderness, like a mother's, and gave her own hues to your face, so that your eyes have stayed green and your cheeks uncommonly pale. It was through gazing at your visitor that your eyes remained abnormally wide open, and she pressed on your throat so lovingly that all your life you have felt the urge to weep.

Meanwhile the Moon's joy waxed until it filled all your room with a phosphorescent atmosphere, like a luminous drug, all her living light saying, 'All your life you will feel the influence of my kiss. You will be beautiful after my fashion. You will love whatever I love and whatever loves me – waters and clouds and silence, and the night and the immense viridian sea, water in all its formlessness and multiformity, any place except where you actually are, the lover whom you will never know, unnatural flowers, perfumes that cause delirium, cats which languish on pianos and moan like women with hoarse gentle voices.

'You will be loved by all my lovers, and courted by my wooers. You will be queen over those emerald-eyed men on whose throats I have also pressed my caresses in the night; queen of all those who love the sea, the boundless sea tumultuous and green, the waters formless and multiform, and who love any place but where they are, the woman they have never met, and sinister flowers like censers of some arcane religion, perfumes which sap the will, and tameless voluptuous beasts which are emblems of their own madness.'

And it is because of all that, accursed spoiled child, that I lie prostrate at your feet, seeking in all your being some reflection of the terrible goddess, the baneful stepmother, the venomous guardian-angel of all moon-struck minds.

[1863, 1867]

XXXVIII ·
LAQUELLE EST LA VRAIE?

J'ai connu une certaine Bénédicta, qui remplissait l'atmosphère d'idéal, et dont les yeux répandaient le désir de la grandeur, de la beauté, de la gloire et de tout ce qui fait croire à l'immortalité.

Mais cette fille miraculeuse était trop belle pour vivre longtemps; aussi est-elle morte quelques jours après que j'eus fait sa connaissance, et c'est moi-même qui l'ai enterrée, un jour que le printemps agitait son encensoir jusque dans les cimetières. C'est moi qui l'ai enterrée, bien close dans une bière d'un bois parfumé et incorruptible comme les coffres de l'Inde.

Et comme mes yeux restaient fichés sur le lieu où était enfoui mon trésor, je vis subitement une petite personne qui ressemblait singulièrement à la défunte, et qui, piétinant sur la terre fraîche avec une violence hystérique et bizarre, disait en éclatant de rire: «C'est moi, la vraie Bénédicta! C'est moi, une fameuse canaille! Et pour la punition de ta folie et de ton aveuglement, tu m'aimeras telle que je suis!»

Mais moi, furieux, j'ai répondu: «Non! non! non!» Et pour mieux accentuer mon refus, j'ai frappé si violemment la terre du pied que ma jambe s'est enfoncée jusqu'au genou dans la sépulture récente, et que, comme un loup pris au piège, je reste attaché, pour toujours peut-être, à la fosse de l'idéal.

XXXVIII
WHICH IS THE REAL ONE?

I once knew a certain Benedicta, who radiated the Ideal all round her, and whose eyes shone with the desire for greatness and beauty and glory and all that inspires belief in immortality.

But that living miracle was too beautiful to live long. She died only a few days after I met her, and it was I who buried her, one day when Spring waved her sweet censer even over the cemeteries. It was I who buried her, sealed in a bier of scented sandalwood as imperishable as an Indian casket.

But while I was still gazing at the spot where I had interred my treasure, I suddenly noticed a smallish person who bore a striking resemblance to the deceased young woman. As she stamped on the freshly-turned soil with a demonic, hysterical energy, she kept screaming and laughing, and shouted 'I am the *real* Benedicta, the notorious slut; and to punish you for your folly and blindness, from now on you will have to love me as I really am!'

I was furious and replied 'No! No! Never!' – but to emphasize my refusal I stamped on the ground so violently that my leg sank knee-deep into the fresh grave, and like a trapped wolf I found myself caught, perhaps for ever, in the burial-place of the Ideal.

[1863, 1867]

XXXIX
UN CHEVAL DE RACE

Elle est bien laide. Elle est délicieuse pourtant!

Le Temps et l'Amour l'ont marquée de leurs griffes et lui ont cruellement enseigné ce que chaque minute et chaque baiser emportent de jeunesse et de fraîcheur.

Elle est vraiment laide; elle est fourmi, araignée, si vous voulez, squelette même; mais aussi elle est breuvage, magistère, sorcellerie! en somme, elle est exquise.

Le Temps n'a pu rompre l'harmonie pétillante de sa démarche ni l'élégance indestructible de son armature. L'Amour n'a pas altéré la suavité de son haleine d'enfant; et le Temps n'a rien arraché de son abondante crinière d'où s'exhale en fauves parfums toute la vitalité endiablée du Midi français: Nîmes, Aix, Arles, Avignon, Narbonne, Toulouse, villes bénies du soleil, amoureuses et charmantes!

Le Temps et l'Amour l'ont vainement mordue à belles dents; ils n'ont rien diminué du charme vague, mais éternel, de sa poitrine garçonnière.

Usée peut-être, mais non fatiguée, et toujours héroïque, elle fait penser à ces chevaux de grande race que l'œil du véritable amateur reconnaît, même attelés à un carrosse de louage ou à un lourd chariot.

Et puis elle est si douce et si fervente! Elle aime comme on aime en automne; on dirait que les approches de l'hiver allument dans son cœur un feu nouveau, et la servilité de sa tendresse n'a jamais rien de fatigant.

XXXIX
A THOROUGHBRED

She is downright ugly, and yet she is delicious.

Time and Love have scored her with their claws, and taught her the cruel lesson that every minute and every kiss bears something of our youth and freshness away.

She is thoroughly ugly, an ant or a spider, according to your fancy, or even a walking skeleton; but she is also a draught of wine, an elixir, a magic spell: in a word, she is exquisite.

Time has not slowed the allegro of her gait, or impaired the enduring elegance of her frame. Love has in no way staled the sweetness of her breath, and Time has not thinned her massive mane of hair with its primitive odours of the gallic South, the headlong vitality of Nîmes, Aix and Arles, Avignon, Narbonne, Toulouse, those sunblest cities alive with amorousness and charm.

Time and Love have tried their teeth on her in vain, and have not lessened the vague, eternal grace of her youthful, barren breasts.

A little worn, perhaps, but still unwearied and heroic, she reminds me of those thoroughbred mares which the expert eye distinguishes at once, even when harnessed to a cab or cart.

And then her ways are so gentle and full of warmth: she loves with the love of Autumn, as if approaching Winter kindles new fires in her heart; yet there is nothing wearying in her tenderness, the tenderness of a slave.

[1864]

XL
LE MIROIR

Un homme épouvantable entre et se regarde dans la glace.

«– Pourquoi vous regardez-vous au miroir, puisque vous ne pouvez vous y voir qu'avec déplaisir?»

L'homme épouvantable me répond: «– Monsieur, d'après les immortels principes de 89, tous les hommes sont égaux en droits; donc je possède le droit de me mirer; avec plaisir ou déplaisir, cela ne regarde que ma conscience.»

Au nom du bon sens, j'avais sans doute raison; mais, au point de vue de la loi, il n'avait pas tort.

XL
THE LOOKING-GLASS

A hideous fellow came in and considered himself in the glass.

'Why look at yourself in the glass, when you can only see your image with disgust?'

The hideous fellow replied, 'Sir, according to the immortal principles of 1789 all men have equal rights; therefore I have the right to observe my own reflection; and whether it is with pleasure or displeasure is a matter for my own conscience.'

According to common sense I was no doubt right; but from a legal standpoint he was not wrong.

[1864]

XLI
LE PORT

Un port est un séjour charmant pour une âme fatiguée des luttes de la vie. L'ampleur du ciel, l'architecture mobile des nuages, les colorations changeantes de la mer, le scintillement des phares, sont un prisme merveilleusement propre à amuser les yeux sans jamais les lasser. Les formes élancées des navires, au gréement compliqué, auxquels la houle imprime des oscillations harmonieuses, servent à entretenir dans l'âme le goût du rythme et de la beauté. Et puis, surtout, il y a une sorte de plaisir mystérieux et aristocratique pour celui qui n'a plus ni curiosité ni ambition, à contempler, couché dans le belvédère ou accoudé sur le môle, tous ces mouvements de ceux qui partent et de ceux qui reviennent, de ceux qui ont encore la force de vouloir, le désir de voyager ou de s'enrichir.

XLI
THE PORT

A port may be a pleasant retreat for any mind grown weary of the struggle for existence. The vast expanse of sky, the mobile architecture of the clouds, the chameleon coloration of the sea, the beacons flashing on the shore, together make a prism which is marvellously calculated to entertain but not fatigue the eye. The lofty ships with their complex webs of rigging, swayed to and fro by the swell in harmonious dance, all help to maintain a taste for rhythm and beauty in the mind. And above all there is a mysterious, aristocratic kind of pleasure to be had, for those who have lost all curiosity or ambition, as they stretch on the belvedere or lean over the mole to watch the arrivals and departures of other men, those who still have sufficient strength of purpose in them, the urge to travel or enrich themselves.

[1864]

XLII
PORTRAITS DE MAÎTRESSES

Dans un boudoir d'hommes, c'est-à-dire dans un fumoir attenant à un élégant tripot, quatre hommes fumaient et buvaient. Ils n'étaient précisément ni jeunes ni vieux, ni beaux ni laids; mais vieux ou jeunes, ils portaient cette distinction non méconnaissable des vétérans de la joie, cet indescriptible je ne sais quoi, cette tristesse froide et railleuse qui dit clairement: «Nous avons fortement vécu, et nous cherchons ce que nous pourrions aimer et estimer.»

L'un d'eux jeta la causerie sur le sujet des femmes. Il eût été plus philosophique de n'en pas parler du tout; mais il y a des gens d'esprit qui, après boire, ne méprisent pas les conversations banales. On écoute alors celui qui parle, comme on écouterait de la musique de danse.

«Tous les hommes, disait celui-ci, ont eu l'âge de Chérubin: c'est l'époque où, faute de dryades, on embrasse, sans dégoût, le tronc des chênes. C'est le premier degré de l'amour. Au second degré, on commence à choisir. Pouvoir délibérer, c'est déjà une décadence. C'est alors qu'on recherche décidément la beauté. Pour moi, messieurs, je me fais gloire d'être arrivé, depuis longtemps, à l'époque climatérique du troisième degré où la beauté elle-même ne suffit plus, si elle n'est assaisonnée par le parfum, la parure, et cætera. J'avouerai même que j'aspire quelquefois, comme à un bonheur inconnu, à un certain quatrième degré qui doit marquer le calme absolu. Mais, durant toute ma vie, excepté à l'âge de Chérubin, j'ai été plus sensible que tout autre à l'énervante sottise, à l'irritante médiocrité des femmes. Ce que j'aime surtout dans les animaux, c'est leur candeur. Jugez donc combien j'ai dû souffrir par ma dernière maîtresse.

«C'était la bâtarde d'un prince. Belle, cela va sans dire; sans cela, pourquoi l'aurais-je prise? Mais elle gâtait cette grande qualité par une ambition malséante et difforme. C'était une femme qui voulait toujours faire l'homme. "Vous n'êtes pas un homme! Ah! si j'étais un homme! De nous deux, c'est moi qui suis l'homme!" Tels étaient les insupportables refrains qui sortaient de cette bouche d'où je n'aurais

XLII
A GALLERY OF MISTRESSES

In the masculine equivalent of a boudoir, that is to say a smoking-room next to a high-class brothel, a small group of men sat smoking and drinking. They were neither quite young nor quite old, nor quite handsome nor quite ugly; but whatever their age they all showed signs of that unmistakable, distinguishing feature of old hands at pleasure, the cold sneering sadness which openly announces 'We've led a fast enough life, and now we're on the look out for something to love and respect.'

One of the gentlemen brought the chat round to the subject of women. Perhaps it would have been more philosophical to avoid talking about them at all, but there are some clever enough people who have no objection to idle talk after a few drinks. Then they'll listen to whoever is speaking in much the same way as one listens to background dance-music.

'All men,' this fellow was saying, 'all men were once as callow as Cherubino, at the age when for lack of wood-nymphs one can hug an oak tree without disgust. That is the first stage of love. In the second stage one begins to pick and choose. Calculation is the first sign of decadence. It is then that a young man undertakes the pursuit of Beauty. For my own part, gentlemen, I flatter myself that I long ago reached the climacteric of the third stage, in which beauty itself is no longer enough unless it is spiced with perfumes, fancy dress and all that. I'll even admit that I occasionally aspire, as to some happiness yet unknown, to a certain fourth stage, that in which absolute calm is achieved. But all my life – except at Cherubino's age – I was more sensitive than others to the exasperating foolishness, the irritating mediocrity of the fairer sex. What I like about animals is their total candour. Now you may judge what I had to put up with from the last mistress I had.

'She was the natural daughter of a prince. It goes without saying that she was beautiful; otherwise, why should I have taken her up? But that advantage was marred by her repulsive, unnatural preten-tions; she was a woman who was forever wanting to be a man. "You are not a man! Now if only I were a man! Of the two of us it is I who am the man!" Such was the intolerable refrain hissed from those lips from which I would never have wanted anything but a song to

voulu voir s'envoler que des chansons. À propos d'un livre, d'un poème, d'un opéra pour lequel je laissais échapper mon admiration: "Vous croyez peut-être que cela est très fort? disait-elle aussitôt; est-ce que vous vous connaissez en force?" et elle argumentait.

«Un beau jour elle s'est mise à la chimie; de sorte qu'entre ma bouche et la sienne je trouvai désormais un masque de verre. Avec tout cela, fort bégueule. Si parfois je la bousculais par un geste un peu trop amoureux, elle se convulsait comme une sensitive violée...

– Comment cela a-t-il fini? dit l'un des trois autres. Je ne vous savais pas si patient.

– Dieu, reprit-il, mit le remède dans le mal. Un jour je trouvai cette Minerve, affamée de force idéale, en tête à tête avec mon domestique, et dans une situation qui m'obligea à me retirer discrètement pour ne pas les faire rougir. Le soir je les congédiai tous les deux, en leur payant les arrérages de leurs gages.

– Pour moi, reprit l'interrupteur, je n'ai à me plaindre que de moi-même. Le bonheur est venu habiter chez moi, et je ne l'ai pas reconnu. La destinée m'avait, en ces derniers temps, octroyé la jouissance d'une femme qui était bien la plus douce, la plus soumise et la plus dévouée des créatures, et toujours prête! et sans enthousiasme! "Je le veux bien, puisque cela vous est agréable." C'était sa réponse ordinaire. Vous donneriez la bastonnade à ce mur ou à ce canapé, que vous en tireriez plus de soupirs que n'en tiraient du sein de ma maîtresse les élans de l'amour le plus forcené. Après un an de vie commune, elle m'avoua qu'elle n'avait jamais connu le plaisir. Je me dégoûtai de ce duel inégal, et cette fille incomparable se maria. J'eus plus tard la fantaisie de la revoir, et elle me dit, en me montrant six beaux enfants: "Eh bien! mon cher ami, l'épouse est encore aussi *vierge* que l'était votre maîtresse." Rien n'était changé dans cette personne. Quelquefois je la regrette: j'aurais dû l'épouser.»

Les autres se mirent à rire, et un troisième dit à son tour:

«Messieurs, j'ai connu des jouissances que vous avez peut-être négligées. Je veux parler du comique dans l'amour, et d'un comique qui n'exclut pas l'admiration. J'ai plus admiré ma dernière maîtresse que vous n'avez pu, je crois, haïr ou aimer les vôtres. Et tout le monde l'admirait autant que moi. Quand nous entrions dans un restaurant, au bout de quelques minutes, chacun oubliait de manger pour la contempler. Les garçons eux-mêmes et la dame du comptoir ressentaient cette extase contagieuse jusqu'à oublier leurs devoirs. Bref, j'ai vécu

take wing. If I happened to mention some book or poem or opera that struck my fancy, she would snap back "Do you really think it's as strong as all that – have you any idea what strength is?" And then she would give me a piece of her mind.

'Then one day she took it into her head to dabble in chemistry, and from then on there was a barrage of bottles and retorts between her lips and mine. A bit of a prude into the bargain – if ever I upset her with some erotic gesture, she reacted hysterically like some super-sensitive novice being raped.'

'Then how did it all end?' one of the others asked. 'I had no idea that you were such a patient fellow.'

'Well, the Almighty took a hand in it. One day I found this Minerva, in spite of all her talk about thirsting for the Ideal, locked in a clinch with my valet, in a posture which obliged me to retire discreetly in order to spare their blushes. I paid them both off that night, with their arrears.'

'In my own case,' the interrupter said, 'I have only myself to blame. Happiness itself came to live with me, but I failed to recognize it. Fate had recently favoured me with the enjoyable company of a lady who was the gentlest, most docile and devoted of creatures, always ready, who never *enthused* about anything. "I don't mind, so long as that's what you like" – such was her regular response to everything. If you hammered on the walls or on this sofa, you would thrash more sighs out of them than the most extravagant erotic ploys drew from this woman. But after a year of living together she admitted that she had never found any pleasure in sex. I was put off by such an unequal duel, and the incomparable young lady married another man. After a while I took it into my head to meet her again and she showed me her six fine children, saying "Well, my dear friend, the wife and mother of six is still as much a virgin as your mistress was." She hadn't changed in the least. Sometimes I regret having lost her: I ought to have made her my wife.'

The others laughed, then the third man went on: 'Gentlemen, I have experienced some pleasures which perhaps you have never even thought of. I am thinking of the comic element in love, a comic element which does not exclude admiration. I admired my last mistress more than I expect you loved or hated yours. And everyone admired her just as much as I did. When we went into a restaurant, after a few minutes everyone forgot their own dinner as they watched her eat. Even the waiters and the cashier were filled with infectious delight, to the point of neglecting their job. To be brief, I lived for a

quelque temps en tête à tête avec un *phénomène* vivant. Elle mangeait, mâchait, broyait, dévorait, engloutissait, mais avec l'air le plus léger et le plus insouciant du monde. Elle m'a tenu ainsi longtemps en extase. Elle avait une manière douce, rêveuse, anglaise et romanesque de dire: "J'ai faim!" Et elle répétait ces mots jour et nuit en montrant les plus jolies dents du monde, qui vous eussent attendris et égayés à la fois. – J'aurais pu faire ma fortune en la montrant dans les foires comme *monstre polyphage*. Je la nourrissais bien; et cependant elle m'a quitté... – Pour un fournisseur aux vivres, sans doute? – Quelque chose d'approchant, une espèce d'employé dans l'intendance qui, par quelque tour de bâton à lui connu, fournit peut-être à cette pauvre enfant la ration de plusieurs soldats. C'est du moins ce que j'ai supposé.

– Moi, dit le quatrième, j'ai enduré des souffrances atroces par le contraire de ce qu'on reproche en général à l'égoïste femelle. Je vous trouve mal venus, trop fortunés mortels, à vous plaindre des imperfections de vos maîtresses!»

Cela fut dit d'un ton fort sérieux, par un homme d'un aspect doux et posé, d'une physionomie presque cléricale, malheureusement illuminée par des yeux d'un gris clair, de ces yeux dont le regard dit: «Je veux!» ou: «Il faut!» ou bien: «Je ne pardonne jamais!»

«Si, nerveux comme je vous connais, vous, G..., lâches et légers comme vous êtes, vous deux, K... et J..., vous aviez été accouplés à une certaine femme de ma connaissance, ou vous vous seriez enfuis, ou vous seriez morts. Moi, j'ai survécu, comme vous voyez. Figurez-vous une personne incapable de commettre une erreur de sentiment ou de calcul; figurez-vous une sérénité désolante de caractère; un dévouement sans comédie et sans emphase; une douceur sans faiblesse; une énergie sans violence. L'histoire de mon amour ressemble à un interminable voyage sur une surface pure et polie comme un miroir, vertigineusement monotone, qui aurait réfléchi tous mes sentiments et mes gestes avec l'exactitude ironique de ma propre conscience, de sorte que je ne pouvais pas me permettre un geste ou un sentiment déraisonnable sans apercevoir immédiatement le reproche muet de mon inséparable spectre. L'amour m'apparaissait comme une tutelle. Que de sottises elle m'a empêché de faire, que je regrette de n'avoir pas commises! Que de dettes payées malgré moi! Elle me privait de tous les bénéfices que j'aurais pu tirer de ma folie personnelle. Avec une froide et infranchissable règle, elle barrait tous mes caprices. Pour comble d'horreur, elle n'exigeait pas de reconnaissance, le danger

time with a living *phenomenon*. She ate and masticated and devoured and swallowed everything in sight, with the utmost ease and lack of concern. She kept me in a state of delight for quite a long period. She had such a winning way, so wistful and English and romantic, of declaring "I'm ever so hungry!" and kept on repeating it night and day, showing the finest set of teeth in the world, in a way which would have both touched and amused you. I could have made a fortune by exhibiting her as a sideshow in a fair, as a polyphagous freak. I kept her well fed, but in the end she left me.' – 'For a caterer, no doubt?' – 'Something not very different – some sort of employee in the army service corps, who knew the ropes and could give her half a dozen troopers' rations every day – or at least that's what I supposed.'

'As for me,' the fourth clubman said, 'I endured some awful sufferings from the very opposite of what people usually accuse female egotists of. I find you over-indulged fellows wide of the mark when you complain about your mistresses' shortcomings.'

This was said in a very serious tone of voice, by a man of gentle and grave appearance whose almost priestly face was lit rather incongruously by a pair of bright grey eyes, the kind of eyes which always seem to be saying 'I want!' or 'You must!' or 'I'll never forgive you!'

'If, being so highly strung as I know you are, G..., or cowardly and frivolous as you are, K..., and J..., if you had been tied to a certain female of my acquaintance, either you would have taken to your heels or you would have died of it. But I survived, as you can see. Just imagine a person who is entirely incapable of the slightest error in her feelings or calculations, with a tiresome equanimity of character, whose devotion is utterly sincere and unaffected, and who is gentle without trace of weakness, and energetic without violence. The history of my love is like some endless voyage over a surface as smooth as a mirror, trance-like in its monotony, reflecting my every sentiment and gesture with the ironical precision of my own conscience, so that I could never allow myself the slightest unreasonable gesture or feeling without at once sensing my inseparable spectre's unspoken reproach. Love now appeared to me as a sort of tutorship, or nannyship. What errors she prevented me from straying into, and which I regret not having committed! What debts I unwillingly paid off! She denied me all the advantages that I might have obtained from my private follies. With her cold and unbreakable code of behaviour she barred the way to every possible aberration. The worst of all was the way she expected no gratitude, once the danger was averted.

passé. Combien de fois ne me suis-je pas retenu de lui sauter à la gorge, en lui criant: "Sois donc imparfaite, misérable! afin que je puisse t'aimer sans malaise et sans colère!" Pendant plusieurs années, je l'ai admirée, le cœur plein de haine. Enfin, ce n'est pas moi qui en suis mort!

– Ah! firent les autres, elle est donc morte?

– Oui! cela ne pouvait continuer ainsi. L'amour était devenu pour moi un cauchemar accablant. Vaincre ou mourir, comme dit la Politique, telle était l'alternative que m'imposait la destinée! Un soir, dans un bois... au bord d'une mare..., après une mélancolique promenade où ses yeux, à elle, réfléchissaient la douceur du ciel, et où mon cœur, à moi, était crispé comme l'enfer...

– Quoi!

– Comment!

– Que voulez-vous dire?

– C'était inévitable. J'ai trop le sentiment de l'équité pour battre, outrager ou congédier un serviteur irréprochable. Mais il fallait accorder ce sentiment avec l'horreur que cet être m'inspirait; me débarrasser de cet être sans lui manquer de respect. Que vouliez-vous que je fisse d'elle, *puisqu'elle était parfaite?* »

Les trois autres compagnons regardèrent celui-ci avec un regard vague et légèrement hébété, comme feignant de ne pas comprendre et comme avouant implicitement qu'ils ne se sentaient pas, quant à eux, capables d'une action aussi rigoureuse, quoique suffisamment expliquée d'ailleurs.

Ensuite on fit apporter de nouvelles bouteilles, pour tuer le Temps qui a la vie si dure, et accélérer la Vie qui coule si lentement.

How often I had to restrain myself from gripping her by the throat and shouting "For God's sake, be a bit *imperfect*, you miserable creature, so that I might love you without any uneasiness and anger!" I admired her for several years, but with a heart full of hatred. In the end I was not the one who died of it."

'Ah,' the others said 'so she is dead now?'

'Yes. Things couldn't go on like that. Love had become an intolerable nightmare for me. To conquer or else die (as politics decrees) was the choice imposed on me by fate. One evening in the woods – beside a lake – after a dismal walk together during which her eyes reflected all the gentleness of the sky above us, but while my heart was clenched as tight as hell itself...'

'What?'

'You mean?'

'What are you getting at?'

'It was inevitable. I have too great a sense of justice to beat or scold or dismiss a servant who has done no wrong. But I had to reconcile that sense of equity with the horror which that person inspired in me. I had to rid myself of her without being guilty of any lack of respect. What do you think I could do with her, since she was so *perfect*?'

The three others gazed at their companion with glazed and somewhat dismayed eyes, as if pretending not to understand, as if implicitly admitting that they did not feel themselves capable of such a resolute act, although its motivation had been adequately explained.

Now they called for more bottles in order to kill Time, which is so hard to kill, and to quicken Life, which is so slow in passing.

[1867]

XLIII
LE GALANT TIREUR

Comme la voiture traversait le bois, il la fit arrêter dans le voisinage d'un tir, disant qu'il lui serait agréable de tirer quelques balles pour *tuer* le Temps. Tuer ce monstre-là, n'est-ce pas l'occupation la plus ordinaire et la plus légitime de chacun? – Et il offrit galamment la main à sa chère, délicieuse et exécrable femme, à cette mystérieuse femme à laquelle il doit tant de plaisirs, tant de douleurs, et peut-être aussi une grande partie de son génie.

Plusieurs balles frappèrent loin du but proposé; l'une d'elles s'enfonça même dans le plafond; et comme la charmante créature riait follement, se moquant de la maladresse de son époux, celui-ci se tourna brusquement vers elle, et lui dit: «Observez cette poupée, là-bas, à droite, qui porte le nez en l'air et qui a la mine si hautaine. Eh bien! cher ange, *je me figure que c'est vous.*» Et il ferma les yeux et il lâcha la détente. La poupée fut nettement décapitée.

Alors s'inclinant vers sa chère, sa délicieuse, son exécrable femme, son inévitable et impitoyable Muse, et lui baisant respectueusement la main, il ajouta: «Ah! mon cher ange, combien je vous remercie de mon adresse!»

XLIII
THE GALLANT MARKSMAN

As the carriage was going through the wood, he had it stopped beside a shooting-gallery, saying that he would like to fire a few shots 'in order to kill Time'. Isn't killing that monster everybody's most regular and rightful occupation? So he held his hand out courteously for his dear, delicious and execrable wife to descend, that mysterious woman to whom he owed so many pleasures and tribulations, and perhaps a major part of his genius.

A number of his bullets landed wide of the target. One even hit the ceiling. As his charming partner was laughing fit to kill, and sneering at her husband's erratic aim, he turned towards her sharply and said, 'You see that doll over there, on the right, with her nose in the air and a stuck-up sneer on her face? Now I'll just imagine that it's you, my dear.' Then he shut his eyes and pressed the trigger. The doll's head was blown off.

Then with a bow towards his darling better-half, his delicious, execrable wife, his inescapable, pitiless Muse, he added as he kissed her hand, 'Ah, my dear angel, you have no idea how grateful I am to you, for giving me such a good aim!'

XLIV
LA SOUPE ET LES NUAGES

Ma petite folle bien-aimée me donnait à dîner, et par la fenêtre ouverte de la salle à manger je contemplais les mouvantes architectures que Dieu fait avec les vapeurs, les merveilleuses constructions de l'impalpable. Et je me disais, à travers ma contemplation: «– Toutes ces fantasmagories sont presque aussi belles que les yeux de ma belle bien-aimée, la petite folle monstrueuse aux yeux verts.»

Et tout à coup je reçus un violent coup de poing dans le dos, et j'entendis une voix rauque et charmante, une voix hystérique et comme enrouée par l'eau-de-vie, la voix de ma chère petite bien-aimée, qui disait: «– Allez-vous bientôt manger votre soupe, s... b... de marchand de nuages?»

XLIV
SOUP AND CLOUDS

While my dear little spitfire was serving me dinner, through the open dining-room window I was busy admiring the mobile architecture which the Almighty builds out of nothing but clouds, those miraculous, intangible structures of his. Deep in contemplation, I was saying to myself: 'Those illusory creations are almost as wonderful as my beautiful darling's eyes, those of my fantastic little green-eyed freak of nature.'

Then suddenly I felt a heavy thump on my back, and heard a hoarse, endearing voice, that hysterical voice thickened with brandy, the voice of my dear little poppet saying, 'Will you never drink your soup, you blasted cloud-mongering fool?'

XLV
LE TIR ET LE CIMETIÈRE

– *À la vue du cimetière, Estaminet.* – «Singulière enseigne, – se dit notre promeneur, – mais bien faite pour donner soif! À coup sûr, le maître de ce cabaret sait apprécier Horace et les poètes élèves d'Épicure. Peut-être même connaît-il le raffinement profond des anciens Égyptiens, pour qui il n'y avait pas de bon festin sans squelette, ou sans un emblème quelconque de la brièveté de la vie.»

Et il entra, but un verre de bière en face des tombes, et fuma lentement un cigare. Puis, la fantaisie le prit de descendre dans ce cimetière, dont l'herbe était si haute et si invitante, et où régnait un si riche soleil.

En effet, la lumière et la chaleur y faisaient rage, et l'on eût dit que le soleil ivre se vautrait tout de son long sur un tapis de fleurs magnifiques engraissées par la destruction. Un immense bruissement de vie remplissait l'air, – la vie des infiniment petits, – coupé à intervalles réguliers par la crépitation des coups de feu d'un tir voisin, qui éclataient comme l'explosion des bouchons de champagne dans le bourdonnement d'une symphonie en sourdine.

Alors, sous le soleil qui lui chauffait le cerveau et dans l'atmosphère des ardents parfums de la Mort, il entendit une voix chuchoter sous la tombe où il s'était assis. Et cette voix disait: «Maudites soient vos cibles et vos carabines, turbulents vivants, qui vous souciez si peu des défunts et de leur divin repos! Maudites soient vos ambitions, maudits soient vos calculs, mortels impatients, qui venez étudier l'art de tuer auprès du sanctuaire de la Mort! Si vous saviez comme le prix est facile à gagner, comme le but est facile à toucher, et combien tout est néant, excepté la Mort, vous ne vous fatigueriez pas tant, laborieux vivants, et vous troubleriez moins souvent le sommeil de ceux qui depuis longtemps ont mis dans le But, dans le seul vrai but de la détestable vie!»

XLV
THE RIFLE-RANGE AND THE GRAVEYARD

Cemetery-View Inn – 'What a funny signboard', the traveller thought, 'but guaranteed to make a chap die of thirst! I'm sure the landlord of this place must be a fan of Horace and the Epicurean poets. Perhaps he even knows all about the refinements of the ancient Egyptians, who thought there was no good feast without its skeleton or some such reminder of the brevity of existence.'

So he stepped inside and sipped a glass of ale in full view of the graves, slowly relishing his cigar. Then some whim or other prompted him to step down to the cemetery, where the grass grew lush and inviting and the sun shone richly down.

Indeed the light and heat now felt unbearable, as if a drunken sun was sprawling on the carpet of luxurious flowers that were fattening on death. The air was filled with an immense hum of life, the life of infinitely small creatures, which was interrupted at regular intervals by spurts of gunshot from the nearby rifle-range, exploding like champagne-corks into the murmur of a low-keyed symphony.

Then, with the sunshine beating his brain, in that atmosphere full of the sultry odours of mortality, he heard a voice whispering from the grave he was sitting on. And the voice was saying, 'My curse on your targets and rifles, you noisy living fellows who show so little concern for the dead and their consecrated rest! My curse on your ambitions and calculations, you impatient mortals who come to learn the art of murder next door to Death's sanctuary! If you only knew how easy it is to win the first prize, and how easy it is to hit the target, and just how worthless everything is except Death, you would not exert yourselves as you do, you living slaves, you would not be so keen on disturbing the sleep of those who hit the bull's-eye long ago, the one and only still centre of odious existence!'

[1867]

XLVI
PERTE D'AURÉOLE

«Eh! quoi! vous ici, mon cher? Vous, dans un mauvais lieu! vous, le buveur de quintessences! vous, le mangeur d'ambroisie! En vérité, il y a là de quoi me surprendre.

— Mon cher, vous connaissez ma terreur des chevaux et des voitures. Tout à l'heure, comme je traversais le boulevard, en grande hâte, et que je sautillais dans la boue, à travers ce chaos mouvant où la mort arrive au galop de tous les côtés à la fois, mon auréole, dans un mouvement brusque, a glissé de ma tête dans la fange du macadam. Je n'ai pas eu le courage de la ramasser. J'ai jugé moins désagréable de perdre mes insignes que de me faire rompre les os. Et puis, me suis-je dit, à quelque chose malheur est bon. Je puis maintenant me promener incognito, faire des actions basses, et me livrer à la crapule, comme les simples mortels. Et me voici, tout semblable à vous, comme vous voyez!

— Vous devriez au moins faire afficher cette auréole, ou la faire réclamer par le commissaire.

— Ma foi! non. Je me trouve bien ici. Vous seul, vous m'avez reconnu. D'ailleurs la dignité m'ennuie. Ensuite je pense avec joie que quelque mauvais poète la ramassera et s'en coiffera impudemment. Faire un heureux, quelle jouissance! et surtout un heureux qui me fera rire! Pensez à X, ou à Z! Hein! comme ce sera drôle!»

XLVI
A LOST HALO

'Well, fancy seeing you here, old man, in a shady joint like this! You who drink nothing but quintessences and eat nothing but ambrosia! Really, you know, I have every right to be astonished.'

'Dear fellow, you know how much I dread horses and carriages. As I was crossing the road just now as fast as my legs would carry me, hopping through the mud and the chaos of traffic with death hurtling at me from every direction at once, some sharp movement of mine made my halo fall off my head and roll in the dirt on the road. I hadn't the courage to bend down and pick it up, thinking it would be less painful to lose my laurels than to have a few bones broken. I told myself that it's an ill wind and so on – now I can go around incognito, do all sorts of disgraceful things and mix with the scum of society, the way ordinary people do. So here I am, exactly the same as yourself, as you can see.'

'But at least you should advertise for your lost halo, or get the police to make an inquiry?'

'No, anything but. I feel quite at home in this place. You are the only one who has recognized me. In any case, being on one's dignity is such a bore. Then it delights me to think that some dim little versifier will pick my halo up and have the cheek to crown himself with it. I rather enjoy the idea of making some fellow happy, and above all a happified fellow that I can laugh at. Now just imagine X or Z with a halo on his head – that'll be a laugh!'

XLVII
MADEMOISELLE BISTOURI

Comme j'arrivais à l'extrémité du faubourg, sous les éclairs du gaz, je sentis un bras qui se coulait doucement sous le mien, et j'entendis une voix qui me disait à l'oreille: «Vous êtes médecin, monsieur?»

Je regardai; c'était une grande fille, robuste, aux yeux très ouverts, légèrement fardée, les cheveux flottant au vent avec les brides de son bonnet.

«– Non; je ne suis pas médecin. Laissez-moi passer. – Oh! si! vous êtes médecin. Je le vois bien. Venez chez moi. Vous serez bien content de moi, allez! – Sans doute, j'irai vous voir, mais plus tard, *après le médecin*, que diable!... – Ah! ah! – fit-elle, toujours suspendue à mon bras, et en éclatant de rire, – vous êtes un médecin farceur, j'en ai connu plusieurs dans ce genre-là. Venez.»

J'aime passionnément le mystère, parce que j'ai toujours l'espoir de le débrouiller. Je me laissai donc entraîner par cette compagne, ou plutôt par cette énigme inespérée.

J'omets la description du taudis; on peut la trouver dans plusieurs vieux poètes français bien connus. Seulement, détail non aperçu par Régnier, deux ou trois portraits de docteurs célèbres étaient suspendus aux murs.

Comme je fus dorloté! Grand feu, vin chaud, cigares; et en m'offrant ces bonnes choses et en allumant elle-même un cigare, la bouffonne créature me disait: «Faites comme chez vous, mon ami, mettez-vous à l'aise. Ça vous rappellera l'hôpital et le bon temps de la jeunesse. – Ah ça! où donc avez-vous gagné ces cheveux blancs? Vous n'étiez pas ainsi, il n'y a pas encore bien longtemps, quand vous étiez interne de L... Je me souviens que c'était vous qui l'assistiez dans les opérations graves. En voilà un homme qui aime couper, tailler et rogner! C'était vous qui lui tendiez les instruments, les fils et les éponges. – Et comme, l'opération faite, il disait fièrement, en regardant sa montre: "Cinq minutes, messieurs!" – Oh! moi, je vais partout. Je connais bien ces Messieurs.»

XLVII
MISS LANCET

I was just reaching the fringe of the suburb, under the gaslamps, when I felt an arm slip gently into mine and a voice murmuring in my ear, 'You must be a doctor, Sir?'

I looked round at her, a tall well-built woman with wide-open eyes, her face a bit made-up, her hair blown in the wind with the ribbons on her bonnet.

'Oh no, I'm no medical man. Please let me go.'

'Oh yes, you are a doctor! That's quite obvious to me. Come round to my place – you'll be quite satisfied with me, I'm sure.'

'No doubt I'll drop in on you, but only *after* you've seen the doctor, hang it all.'

'Ah,' she said, still clinging to my arm and laughing outright, 'you must be one of those joking doctors – I know quite a few of that sort. Now do come along.'

I am passionately fond of mystery, because I never despair of demystifying it. So I let myself be hauled off by that female companion or, should I say, that unhoped-for enigma.

I'll not try to describe her drab apartment, of a kind which has been portrayed by many a famous old French poet. However – a feature not to be found in Mathurin Régnier – there were a few portraits of famous physicians on the walls.

What a fuss she made of me – a good fire, mulled wine, cigars and as she offered me all these good things and lit a cigar herself, the crazy creature said 'Now make yourself at home, my dear, and just relax a bit. That will help you to remember all about the hospital and all the good times you had long ago. – But where did all these white hairs come from? You didn't have them a short time ago, when you were a young house-doctor working under L... I remember it was you who acted as his dresser for plenty of operations – how he enjoyed all that cutting and carving and sewing! It was you who passed him the instruments and threads and swabs. Then, when the operation was over he used to exclaim, as he looked at his watch, "That job took only five minutes, gentleman!" Oh yes, I get around, I do. I know all those medical gentlemen.'

Quelques instants plus tard, me tutoyant, elle reprenait son antienne, et me disait: «Tu es médecin, n'est-ce pas, mon chat?»

Cet inintelligible refrain me fit sauter sur mes jambes. «Non! criai-je furieux.

– Chirurgien, alors?

– Non! non! à moins que ce ne soit pour te couper la tête! S... s... c... de s... m...!

– Attends, reprit-elle, tu vas voir.»

Et elle tira d'une armoire une liasse de papiers, qui n'était autre chose que la collection des portraits des médecins illustres de ce temps, lithographiés par Maurin, qu'on a pu voir étalée pendant plusieurs années sur le quai Voltaire.

«Tiens! le reconnais-tu celui-ci?

– Oui! c'est X. Le nom est au bas d'ailleurs; mais je le connais personnellement.

– Je savais bien! Tiens! voilà Z., celui qui disait à son cours, en parlant de X.: "Ce monstre qui porte sur son visage la noirceur de son âme!" Tout cela, parce que l'autre n'était pas de son avis dans la même affaire! Comme on riait de ça à l'École, dans le temps! Tu t'en souviens? – Tiens, voilà K., celui qui dénonçait au gouvernement les insurgés qu'il soignait à son hôpital. C'était le temps des émeutes. Comment est-ce possible qu'un si bel homme ait si peu de cœur? – Voici maintenant W., un fameux médecin anglais; je l'ai attrapé à son voyage à Paris. Il a l'air d'une demoiselle, n'est-ce pas?»

Et comme je touchais à un paquet ficelé, posé aussi sur le guéridon: «Attends un peu, dit-elle; – ça, c'est les internes, et ce paquet-ci, c'est les externes.»

Et elle déploya en éventail une masse d'images photographiques, représentant des physionomies beaucoup plus jeunes.

«Quand nous nous reverrons, tu me donneras ton portrait, n'est-ce pas, chéri?

– Mais, lui dis-je, suivant à mon tour, moi aussi, mon idée fixe, – pourquoi me crois-tu médecin?

– C'est que tu es si gentil et si bon pour les femmes!

– Singulière logique! me dis-je à moi-même.

– Oh! je ne m'y trompe guère; j'en ai connu un bon nombre. J'aime tant ces messieurs, que, bien que je ne sois pas malade, je vais quelquefois les voir, rien que pour les voir. Il y en a qui me disent froidement: "Vous n'êtes pas malade du tout!" Mais il y en a d'autres qui me comprennent, parce que je leur fais des mines.

A few minutes later on, but in a more familiar way, she started her litany all over again, with 'You really are a doctor, aren't you, my kitten?'

This senseless refrain brought me to my feet – 'Certainly not!' I shouted angrily.

'Then you must be a surgeon?'

'No, I tell you, nothing of the sort – unless it's to cut your head off, damn your eyes, you bloody little nuisance!'

'Just hold on a minute,' she said, 'then you can see for yourself.' She went and took a sheaf of papers from the wardrobe. They were nothing but the series of portraits of famous physicians, lithographed by Maurin, which had been displayed on the riverside bookstalls for donkeys' years.

'Have a look – do you know this one?'

'Certainly – it's X – the name is written down below in any case – but I happen to know him personally.'

'There! I knew you would! And here's Z who used to say to his class, when referring to X, "that monster whose black soul can be seen in his face!" – and all because they had disagreed over a diagnosis! The students used to roar at that in the Medical School in the old days, you remember. And look, this is K – the one who split about the rebels to the authorities when he was treating them in hospital – that was when the riots were on. How could such a handsome man have so little heart? And this one is W, that famous English doctor – I caught him when he was on a visit to Paris – looks a bit nancy, don't you think?'

As I happened to touch another packet, which was tied up with ribbon, on a side-table, she said, 'Hold on a minute – that lot was the interns; this one contains the out-patient doctors.' And she showed me a collection of photographs of much younger faces.

'Next time we meet you'll let me have your photograph, won't you, darling?'

'But,' I said, it being my turn to indulge my own obsession, 'why on earth do you take me for a doctor?'

'Because you are so sweet, and so gentle with women.'

An odd sort of logic, I thought.

'Oh, I'm hardly ever wrong – I've known quite a few. I'm so fond of the medical gentlemen that although I'm not at all sick, I call on them sometimes, just for the pleasure of looking at them. Some of them say, icily, "There's nothing wrong with you!" but some are understanding because I make eyes at them.'

– Et quand ils ne te comprennent pas...?

– Dame! comme je les ai dérangés *inutilement*, je laisse dix francs sur la cheminée. – C'est si bon et si doux, ces hommes-là! – J'ai découvert à la Pitié un petit interne, qui est joli comme un ange, et qui est poli! et qui travaille, le pauvre garçon! Ses camarades m'ont dit qu'il n'avait pas le sou, parce que ses parents sont des pauvres qui ne peuvent rien lui envoyer. Cela m'a donné confiance. Après tout, je suis assez belle femme, quoique pas trop jeune. Je lui ai dit: "Viens me voir, viens me voir souvent. Et avec moi, ne te gêne pas; je n'ai pas besoin d'argent." Mais tu comprends que je lui ai fait entendre ça par une foule de façons; je ne le lui ai pas dit tout crûment; j'avais si peur de l'humilier, ce cher enfant! – Eh bien! croirais-tu que j'ai une drôle d'envie que je n'ose pas lui dire? – Je voudrais qu'il vînt me voir avec sa trousse et son tablier, même avec un peu de sang dessus!»

Elle dit cela d'un air fort candide, comme un homme sensible dirait à une comédienne qu'il aimerait: «Je veux vous voir vêtue du costume que vous portiez dans ce fameux rôle que vous avez créé.»

Moi, m'obstinant, je repris: «Peux-tu te souvenir de l'époque et de l'occasion où est née en toi cette passion si particulière?»

Difficilement je me fis comprendre; enfin j'y parvins. Mais alors elle me répondit d'un air très triste, et même, autant que je peux me souvenir, en détournant les yeux: «Je ne sais pas... je ne me souviens pas.»

Quelles bizarreries ne trouve-t-on pas dans une grande ville, quand on sait se promener et regarder? La vie fourmille de monstres innocents. – Seigneur, mon Dieu! vous, le Créateur, vous, le Maître; vous qui avez fait la Loi et la Liberté; vous, le souverain qui laissez faire, vous, le juge qui pardonnez; vous qui êtes plein de motifs et de causes, et qui avez peut-être mis dans mon esprit le goût de l'horreur pour convertir mon cœur, comme la guérison au bout d'une lame; Seigneur, ayez pitié, ayez pitié des fous et des folles! Ô Créateur! peut-il exister des monstres aux yeux de Celui-là seul qui sait pourquoi ils existent, comment ils *se sont faits* et comment ils auraient pu *ne pas se faire?*

'And what if they don't "understand" you?'

'Dash it, when it's a useless consultation I just leave a guinea on the mantelpiece. But they are so nice and kind, those gentlemen. At the Pitié hospital I found a young intern as pretty as an angel and ever so polite, but the poor lamb is overworked. His colleagues told me that he hasn't a penny to his name, his parents are poor and can't send him a thing. That bucked me up a bit. After all, my looks aren't all that bad, though I'm not too young any more. I told him, "Just come and see me whenever you feel like it. And you don't need to be shy with me, as I'm not short of the necessary" – but of course, as you'll understand, I just made it dawn on him in various ways, I didn't come out with it point blank. I was so afraid of humiliating the poor lad. And would you believe it – I have a funny sort of hankering that I can't bring myself to tell him about – I'd like him to come and visit me with his doctor's bag and his overall, perhaps even with a splash of blood on it.'

She came out with that so frankly, just as a sensitive man might well say to some actress he is fond of, 'I want to see you in the same costume as you wore in that famous role which you created.'

I went on, insisting, 'Can you remember exactly when it was, how long ago, and how you first felt that peculiar urge?'

It wasn't easy to make myself understood, but at last I had managed it. Now she replied, rather sadly, and even, so far as I can remember, turning her eyes away – 'I don't know – I just can't remember!'

What strange happenings we find in a great city, if one roams about with one's eyes open. Life teems with innocent monsters. Oh Lord, Creator, you, the Almighty, who let us do whatever we will, you, the Judge who forgives us, you who are so full of motives and full of causes, and who have perhaps filled my mind with a taste for horror in order to convert my heart, like a healing lancet; O Lord, have pity on the insane, the madmen and madwomen! O Creator, can there be such a thing as monsters in the eyes of Him who alone knows why they exist, who knows both how they have made themselves into what they are, and how they could *not* have made themselves what they are?

XLVIII
ANY WHERE OUT OF THE WORLD
N'IMPORTE OÙ HORS DU MONDE

Cette vie est un hôpital où chaque malade est possédé du désir de changer de lit. Celui-ci voudrait souffrir en face du poêle, et celui-là croit qu'il guérirait à côté de la fenêtre.

Il me semble que je serais toujours bien là où je ne suis pas, et cette question de déménagement en est une que je discute sans cesse avec mon âme.

«Dis-moi, mon âme, pauvre âme refroidie, que penserais-tu d'habiter Lisbonne? Il doit y faire chaud, et tu t'y ragaillardirais comme un lézard. Cette ville est au bord de l'eau; on dit qu'elle est bâtie en marbre, et que le peuple y a une telle haine du végétal, qu'il arrache tous les arbres. Voilà un paysage selon ton goût; un paysage fait avec la lumière et le minéral, et le liquide pour les réfléchir!»

Mon âme ne répond pas.

«Puisque tu aimes tant le repos, avec le spectacle du mouvement, veux-tu venir habiter la Hollande, cette terre béatifiante? Peut-être te divertiras-tu dans cette contrée dont tu as souvent admiré l'image dans les musées. Que penserais-tu de Rotterdam, toi qui aimes les forêts de mâts, et les navires amarrés au pied des maisons?»

Mon âme reste muette.

«Batavia te sourirait peut-être davantage? Nous y trouverions d'ailleurs l'esprit de l'Europe marié à la beauté tropicale.»

Pas un mot. – Mon âme serait-elle morte?

«En es-tu donc venue à ce point d'engourdissement que tu ne te plaises que dans ton mal? S'il en est ainsi, fuyons vers les pays qui sont les analogies de la Mort. – Je tiens notre affaire, pauvre âme! Nous ferons nos malles pour Tornéo. Allons plus loin encore, à l'extrême bout de la Baltique; encore plus loin de la vie, si c'est possible; installons-nous au pôle. Là le soleil ne frise qu'obliquement la terre, et les lentes alternatives de la lumière et de la nuit suppriment la variété et augmentent la monotonie, cette moitié du néant. Là, nous pourrons prendre de longs bains de ténèbres, cependant que, pour

XLVIII
ANYWHERE OUT OF THE WORLD

This life of ours is a hospital, in which all the patients are obsessed with a desire to change beds. One would prefer to suffer near the stove, and another thinks he would soon recover near the window.

I always have the feeling that I would be better anywhere except where I actually am, and the idea of a removal is one which I am constantly discussing with my Soul.

'I say, Soul, poor shivering Soul, how would you like to go and live in Lisbon? It must be pretty warm there, and you would soon be as spry as a lizard. The city's at the seaside, and I've heard that it's built of marble, and that people there have such a horror of vegetation that they pull the trees down. Now that's the kind of landscape to suit your taste, built of sunshine and mineral, with a liquid mirror to reflect them in.'

Not a word from my Soul.

'As you are so fond of stillness and repose, but not without some movement to please the eye, then how would you like living in Holland, the home of bliss? Perhaps you would forget your troubles there, as you have so often admired its image in museums and galleries. Now what would you say to Rotterdam, you who simply adore forests of masts and rigging, and the way ships sleep at anchor alongside the houses?'

My Soul is still speechless.

'Perhaps Batavia would appeal to you more? There we would find the essence of Europe, coupled with the beauty of the tropics.'

Not a word. Has my Soul died?

'Have you become so lost to feeling that you enjoy nothing but your own wretched state? If so, then let us escape to those regions which are facsimiles of death. I have just the thing for you, dear Soul – we'll pack our trunks for Lapland. Or we could go still farther away, to the farthest end of the Baltic – or even farther away from life, if that is possible, and settle at the Pole. There the sun only obliquely kisses the earth, and the slow alternations of light and dark eliminate all variety, increasing the monotony which is the twin of Nothingness. There we can enjoy long baths of nightness, while for

nous divertir, les aurores boréales nous enverront de temps en temps leurs gerbes roses, comme des reflets d'un feu d'artifice de l'Enfer!»

Enfin, mon âme fait explosion, et sagement elle me crie: «N'importe où! n'importe où! pourvu que ce soit hors de ce monde!»

our amusement the Aurora Borealis will now and then emit great rosy sheaves of light, like reflections of the fireworks of Hades.'

At last my Soul erupted and cried out her words of wisdom, 'Anywhere! – Anywhere, so long as it's outside this world!'

[1867]

XLIX
ASSOMMONS LES PAUVRES!

Pendant quinze jours je m'étais confiné dans ma chambre, et je m'étais entouré des livres à la mode dans ce temps-là (il y a seize ou dix-sept ans); je veux parler des livres où il est traité de l'art de rendre les peuples heureux, sages et riches, en vingt-quatre heures. J'avais donc digéré, – avalé, veux-je dire, – toutes les élucubrations de tous ces entrepreneurs de bonheur public, – de ceux qui conseillent à tous les pauvres de se faire esclaves, et de ceux qui leur persuadent qu'ils sont tous des rois détrônés. – On ne trouvera pas surprenant que je fusse alors dans un état d'esprit avoisinant le vertige ou la stupidité.

Il m'avait semblé seulement que je sentais, confiné au fond de mon intellect, le germe obscur d'une idée supérieure à toutes les formules de bonne femme dont j'avais récemment parcouru le dictionnaire. Mais ce n'était que l'idée d'une idée, quelque chose d'infiniment vague.

Et je sortis avec une grande soif. Car le goût passionné des mauvaises lectures engendre un besoin proportionnel du grand air et des rafraîchissants.

Comme j'allais entrer dans un cabaret, un mendiant me tendit son chapeau, avec un de ces regards inoubliables qui culbuteraient les trônes, si l'esprit remuait la matière, et si l'œil d'un magnétiseur faisait mûrir les raisins.

En même temps, j'entendis une voix qui chuchotait à mon oreille, une voix que je reconnus bien; c'était celle d'un bon Ange, ou d'un bon Démon, qui m'accompagne partout. Puisque Socrate avait son bon Démon, pourquoi n'aurais-je pas mon bon Ange, et pourquoi n'aurais-je pas l'honneur, comme Socrate, d'obtenir mon brevet de folie, signé du subtil Lélut et du bien avisé Baillarger?

Il existe cette différence entre le Démon de Socrate et le mien, que celui de Socrate ne se manifestait à lui que pour défendre, avertir, empêcher, et que le mien daigne conseiller, suggérer, persuader. Ce pauvre Socrate n'avait qu'un Démon prohibiteur; le mien est un grand affirmateur, le mien est un Démon d'action, un Démon de combat.

Or, sa voix me chuchotait ceci: «Celui-là seul est l'égal d'un autre, qui le prouve, et celui-là seul est digne de la liberté, qui sait la conquérir.»

XLIX
BASH THE POOR!

I had kept to my den for a fortnight, surrounded by the best-sellers of the day (sixteen or seventeen years ago) – I mean books dealing with the art of making nations happy and wise and rich in twenty-four hours. So I had digested or rather gulped down all the drivel of those saviours of public welfare who exhort the poor to become slaves, or convince them that every pauper is an uncrowned king. You won't be surprised that in the end I was in a state bordering on an epileptic fit or imbecility.

However I had an inkling that somewhere in the dim depths of my mind the seed of an idea was busy germinating, an idea far superior to the compendium of old-wives' cure-alls I had recently been pondering over. But it was no more than the idea of an idea, something as yet completely undefinable.

At last I ventured out, with an enormous thirst, as the feverish appetite for devouring bad books had given me a proportionate need for outside air, and refreshments.

I was just about to enter a bar when a beggar held his cap out towards me, with the sort of look in his eyes which would topple thrones, if mind could move matter, or if a hypnotist's eye could make grapes grow, as the Magnetists maintain.

At the same moment I heard a voice whispering in my ear, a voice which I recognized at once as that of my good angel, or good demon, who accompanies me wherever I go. As Socrates had his good demon, why shouldn't I have my good angel, and why shouldn't I have the honour, like Socrates, of being awarded a Certificate of Lunacy signed by such eminent alienists as the subtle Dr Lélut and that great authority Dr Baillarger, in person?

But there's a difference between Socrates' demon and my own, which is, that his only visited him in order to forbid, warn, and obstruct; whereas mine is so good as to advise, suggest, and persuade. Poor Socrates had only a negative demon, whereas mine is positive, a spirit of action and combat.

Well, its voice was now whispering into my ear, 'A man is only equal to another man if he can prove it, and only he deserves liberty who can win it for himself.'

Immédiatement, je sautai sur mon mendiant. D'un seul coup de poing, je lui bouchai un œil, qui devint, en une seconde, gros comme une balle. Je cassai un de mes ongles à lui briser deux dents, et comme je ne me sentais pas assez fort, étant né délicat et m'étant peu exercé à la boxe, pour assommer rapidement ce vieillard, je le saisis d'une main par le collet de son habit, de l'autre, je l'empoignai à la gorge, et je me mis à lui secouer vigoureusement la tête contre un mur. Je dois avouer que j'avais préalablement inspecté les environs d'un coup d'œil, et que j'avais vérifié que dans cette banlieue déserte je me trouvais, pour un assez long temps, hors de la portée de tout agent de police.

Ayant ensuite, par un coup de pied lancé dans le dos, assez énergique pour briser les omoplates, terrassé ce sexagénaire affaibli, je me saisis d'une grosse branche d'arbre qui traînait à terre, et je le battis avec l'énergie obstinée des cuisiniers qui veulent attendrir un beef-teack.

Tout à coup, – ô miracle! ô jouissance du philosophe qui vérifie l'excellence de sa théorie! – je vis cette antique carcasse se retourner, se redresser avec une énergie que je n'aurais jamais soupçonnée dans une machine si singulièrement détraquée, et, avec un regard de haine qui me parut de *bon augure*, le malandrin décrépit se jeta sur moi, me pocha les deux yeux, me cassa quatre dents, et avec la même branche d'arbre me battit dru comme plâtre. – Par mon énergique médication, je lui avais donc rendu l'orgueil et la vie.

Alors, je lui fis force signes pour lui faire comprendre que je considérais la discussion comme finie, et me relevant avec la satisfaction d'un sophiste du Portique, je lui dis: «Monsieur, *vous êtes mon égal*! veuillez me faire l'honneur de partager avec moi ma bourse; et souvenez-vous, si vous êtes réellement philanthrope, qu'il faut appliquer à tous vos confrères, quand ils vous demanderont l'aumône, la théorie que j'ai eu la *douleur* d'essayer sur votre dos.»

Il m'a bien juré qu'il avait compris ma théorie, et qu'il obéirait à mes conseils.

So I hurled myself on my beggar without further ado. With a single punch I blacked one of his eyes, which swelled like a balloon in a trice. I broke one of my fingernails in knocking a couple of his teeth out, and as I didn't feel strong enough (being of a rather delicate constitution and not a very experienced boxer) to flatten the old fellow as fast as I would like, I seized him by the collar with one hand and caught him by the throat with the other, then started banging his head vigorously against the wall. I must confess that I'd looked round and made sure that I'd be safely out of reach of a policeman for some time.

After flattening the weakening sexagenarian with a kick in his back, I picked up a branch which was lying on the ground and belaboured him with the relentless enthusiasm of a cook tendering a steak.

Then suddenly – what a miracle! – with all the delight of a philosopher who has just proved his theory to be valid, I saw the senile old carcase turn round, straighten himself up, then with an energy which I would never have suspected in such a remarkably inefficient mechanism, and with a glare of hatred which I took for a good omen, the decrepit scrounger hurled himself at me, gave me two black eyes, broke four of my teeth, and thrashed me soundly with the same branch that I had applied to his anatomy. – Thus, by means of the vigorous treatment I subjected him to, I had restored in him his self-esteem and zest for life.

After that I made him understand by various signs that I considered our encounter to be at an end, and, picking myself up with all the satisfaction of a Greek sophist, I said 'Sir, you are now my equal. Please do me the honour of sharing my purse, and remember that if you are a philanthropist you must apply to all your associates, whenever they beg for alms, the theory which I have been at such pains to demonstrate on your back.'

The good fellow swore that he quite understood my theory, and that in future he would follow my advice.

L
LES BONS CHIENS

À M. Joseph Stevens.

Je n'ai jamais rougi, même devant les jeunes écrivains de mon siècle, de mon admiration pour Buffon; mais aujourd'hui ce n'est pas l'âme de ce peintre de la nature pompeuse que j'appellerai à mon aide. Non.

Bien plus volontiers je m'adresserais à Sterne, et je lui dirais: «Descends du ciel, ou monte vers moi des champs Élyséens, pour m'inspirer en faveur des bons chiens, des pauvres chiens, un chant digne de toi, sentimental farceur, farceur incomparable! Reviens à califourchon sur ce fameux âne qui t'accompagne toujours dans la mémoire de la postérité; et surtout que cet âne n'oublie pas de porter, délicatement suspendu entre ses lèvres, son immortel macaron!»

Arrière la muse académique! Je n'ai que faire de cette vieille bégueule. J'invoque la muse familière, la citadine, la vivante, pour qu'elle m'aide à chanter les bons chiens, les pauvres chiens, les chiens crottés, ceux-là que chacun écarte, comme pestiférés et pouilleux, excepté le pauvre dont ils sont les associés, et le poète qui les regarde d'un œil fraternel.

Fi du chien bellâtre, de ce fat quadrupède, danois, king-charles, carlin ou gredin, si enchanté de lui-même qu'il s'élance indiscrètement dans les jambes ou sur les genoux du visiteur, comme s'il était sûr de plaire, turbulent comme un enfant, sot comme une lorette, quelquefois hargneux et insolent comme un domestique! Fi surtout de ces serpents à quatre pattes, frissonnants et désœuvrés, qu'on nomme levrettes, et qui ne logent même pas dans leur museau pointu assez de flair pour suivre la piste d'un ami, ni dans leur tête aplatie assez d'intelligence pour jouer au domino!

À la niche, tous ces fatigants parasites!

Qu'ils retournent à leur niche soyeuse et capitonnée! Je chante le chien crotté, le chien pauvre, le chien sans domicile, le chien flâneur, le chien saltimbanque, le chien dont l'instinct, comme celui du pauvre, du bohémien et de l'histrion, est merveilleusement aiguillonné par la nécessité, cette si bonne mère, cette vraie patronne des intelligences!

Je chante les chiens calamiteux, soit ceux qui errent, solitaires, dans les ravines sinueuses des immenses villes, soit ceux qui ont dit

L
GOOD DOGS

for Joseph Stevens

I have never been ashamed of admiring Buffon, not even in the presence of the younger generation of contemporary writers; but today it is not the soul of that painter of 'Nature's Glories' that I intend to call to my aid – far from it.

I would rather address myself to Laurence Sterne, and say: 'Descend from heaven, or ascend towards me from the Elysian Fields, to inspire me on behalf of Good Dogs with a hymn worthy of your own pen, our Sentimental Jester beyond compare! Return astride your immortal donkey, Jack, who is ever your companion in the memory of posterity; and above all, let him not forget to bring with him, delicately dangling from his lips, his immortal *macaroon*.'

Down with the Academic Muse! I'll have no truck with that antiquated prude. But now I invoke the popular muse, the townsman's muse, the alive and kicking muse, to help me sing the good dogs, the poor dogs, the scruffy dogs, those which everybody fights shy of as if they had rabies or fleas – all except the down-and-outs whose bosom friends and partners they are, and the poet who looks on them with a fraternal eye.

Down with your foppish dog, your dandified quadruped, whether Dane or King Charles, pug or cocker, so pleased with himself that he tangles with visitors' legs or leaps on their lap as if sure of a welcome, as boisterous as a child and as stupid as a tart, and often as surly and insolent as any domestic. And away with those vipers on four feet, those aimless wrigglers called greyhounds which haven't enough sense of smell in their tapering snouts to follow a friend home, or enough grey-matter in their flat skulls to play a game of dominoes!

The kennel is the place for all such tiresome parasites.

Yes, let them skulk in their silk-padded kennels. I celebrate the scruffy dog, the pauper dog, the homeless dog, the roaming dog, the performing dog, the dog whose instinct, like any pauper's or gipsy's or actor's is wonderfully stimulated by Necessity, the kindest of mothers, truly the patron saint of intellects.

I sing in praise of destitute dogs, under–dogs, whether those who wander all alone through the tortuous ravines and gullies of the vast

à l'homme abandonné, avec des yeux clignotants et spirituels:
«Prends-moi avec toi, et de nos deux misères nous ferons peut-être
une espèce de bonheur!»

«*Où vont les chiens?*» disait autrefois Nestor Roqueplan dans un
immortel feuilleton qu'il a sans doute oublié, et dont moi seul, et
Sainte-Beuve peut-être, nous nous souvenons encore aujourd'hui.

Où vont les chiens, dites-vous, hommes peu attentifs? Ils vont à
leurs affaires.

Rendez-vous d'affaires, rendez-vous d'amour. À travers la brume,
à travers la neige, à travers la crotte, sous la canicule mordante, sous
la pluie ruisselante, ils vont, ils viennent, ils trottent, ils passent sous
les voitures, excités par les puces, la passion, le besoin ou le devoir.
Comme nous, ils se sont levés de bon matin, et ils cherchent leur vie
ou courent à leurs plaisirs.

Il y en a qui couchent dans une ruine de la banlieue et qui viennent,
chaque jour, à heure fixe, réclamer la sportule à la porte d'une cuisine
du Palais-Royal; d'autres qui accourent, par troupes, de plus de cinq
lieues, pour partager le repas que leur a préparé la charité de certaines
pucelles sexagénaires, dont le cœur inoccupé s'est donné aux bêtes,
parce que les hommes imbéciles n'en veulent plus.

D'autres qui, comme des nègres marrons, affolés d'amour, quit-
tent, à de certains jours, leur département pour venir à la ville, gam-
bader pendant une heure autour d'une belle chienne, un peu négligée
dans sa toilette, mais fière et reconnaissante.

Et ils sont tous très exacts, sans carnets, sans notes et sans por-
tefeuilles.

Connaissez-vous la paresseuse Belgique, et avez-vous admiré
comme moi tous ces chiens vigoureux attelés à la charrette du boucher,
de la laitière ou du boulanger, et qui témoignent, par leurs aboiements
triomphants, du plaisir orgueilleux qu'ils éprouvent à rivaliser avec
les chevaux?

En voici deux qui appartiennent à un ordre encore plus civilisé!
Permettez-moi de vous introduire dans la chambre du saltimbanque
absent. Un lit, en bois peint, sans rideaux, des couvertures traînantes
et souillées de punaises, deux chaises de paille, un poêle de fonte, un
ou deux instruments de musique détraqués. Oh! le triste mobilier!
Mais regardez, je vous prie, ces deux personnages intelligents, habillés
de vêtements à la fois éraillés et somptueux, coiffés comme des
troubadours ou des militaires, qui surveillent, avec une attention de
sorciers, *l'œuvre sans nom* qui mitonne sur le poêle allumé, et au centre

metropolis, or those who have said to some old outcast, with a wink of their witty, spiritual eyes, 'Take me along with you, then perhaps we can make some sort of happiness out of our two poverties!'

'Where are dogs going?' Nestor Roqueplan asked in an immortal essay, which he has no doubt forgotten and which only myself and perhaps Sainte-Beuve remember.

'Where do dogs go?' you unobservant fellows ask. They go about their business.

Business appointments, amorous appointments. Through fog and snow and mud, in the cruel heatwave of the dog-days or through the drenching rain they come and go, trotting along, slipping under carriages and carts, goaded by fleas, passion, hunger, or duty. They were up betimes, just like us, to set out in search of their livelihood or entertainment.

There are some who doss in tumbledown houses in suburbia, and who commute at fixed times every day to demand their bite of lunch at some snob restaurant; others who come galloping in packs from a few miles out to share a dinner which certain sixty-year-old maiden ladies have charitably prepared for them, devoting their unemployed hearts to dumb animals because we cretinous menfolk no longer have any use for them.

There are other dogs who, like runaway slaves, frantic with love, leave their own shire and come loping up to town, to caper for an hour or two round a beautiful female, perhaps a bit careless of her toilet but proud and full of gratitude for their attentions.

And they are all extremely punctual, though they have no diary, no agenda, or wallet.

Do you know work-shy Belgium, and have you ever admired, as I have, all those brawny dogs harnessed to butchers' and bakers' and milkmens' carts, and whose barks of triumph express all the pride and delight they feel in being the rivals of horses?

And here are two more, who belong to an even more civilized class of canine society. Allow me to show you into an acrobat's room: a wooden painted bed, no curtains, bedclothes littered about and stained with bedbugs, a couple of straw-bottomed chairs, a cast-iron stove, a few battered musical instruments. Such pitiful furnishings. But just look at those two sagacious canine personalities, togged in sumptuous if threadbare outfits, sporting the headgear of troubadours or musketeers, who with all the attentiveness of wizards keep a sharp eye on the nameless Work simmering on the lighted stove, with its

de laquelle une longue cuiller se dresse, plantée comme un de ces mâts aériens qui annoncent que la maçonnerie est achevée.

N'est-il pas juste que de si zélés comédiens ne se mettent pas en route sans avoir lesté leur estomac d'une soupe puissante et solide? Et ne pardonnerez-vous pas un peu de sensualité à ces pauvres diables qui ont à affronter tout le jour l'indifférence du public et les injustices d'un directeur qui se fait la grosse part et mange à lui seul plus de soupe que quatre comédiens?

Que de fois j'ai contemplé, souriant et attendri, tous ces philosophes à quatre pattes, esclaves complaisants, soumis ou dévoués, que le dictionnaire républicain pourrait aussi bien qualifier d'*officieux*, si la république, trop occupée du *bonheur* des hommes, avait le temps de ménager l'*honneur* des chiens!

Et que de fois j'ai pensé qu'il y avait peut-être quelque part (qui sait, après tout?), pour récompenser tant de courage, tant de patience et de labeur, un paradis spécial pour les bons chiens, les pauvres chiens, les chiens crottés et désolés. Swedenborg affirme bien qu'il y en a un pour les Turcs et un pour les Hollandais!

Les bergers de Virgile et de Théocrite attendaient, pour prix de leurs chants alternés, un bon fromage, une flûte du meilleur faiseur, ou une chèvre aux mamelles gonflées. Le poète qui a chanté les pauvres chiens a reçu pour récompense un beau gilet, d'une couleur, à la fois riche et fanée, qui fait penser aux soleils d'automne, à la beauté des femmes mûres et aux étés de la Saint-Martin.

Aucun de ceux qui étaient présents dans la taverne de la rue Villa-Hermosa n'oubliera avec quelle pétulance le peintre s'est dépouillé de son gilet en faveur du poète, tant il a bien compris qu'il était bon et honnête de chanter les pauvres chiens.

Tel un magnifique tyran italien, du bon temps, offrait au divin Arétin soit une dague enrichie de pierreries, soit un manteau de cour, en échange d'un précieux sonnet ou d'un curieux poème satirique.

Et toutes les fois que le poète endosse le gilet du peintre, il est contraint de penser aux bons chiens, aux chiens philosophes, aux étés de la Saint-Martin et à la beauté des femmes très mûres.

long spoon stuck in the middle of the saucepan, planted there like one of those rooftop poles which announce the completion of a building.

Is it not fit and proper that such devoted performers never set out for work without ballasting their stomachs with a potent, solid soup? And will you not forgive a modicum of sensuality on the part of those poor devils who, day after day, have to brave the indifference of the public and the slights of a maestro, who takes the lion's share and imbibulates more soup than four comedians?

How often I have watched, with a smile tinged with tenderness, all those quadruped philosophers, those tolerant slaves so docile and devoted, whom the republican dictionary could quite well recognize as unofficial civil-servants, if only the Republic, so over-anxious for the welfare of mankind, could find time to show some concern for the honour of dog-kind.

And how often it has struck me that perhaps there is some place – who knows? – where so much courage and patience and toil will have their reward, a paradise reserved for the good dogs, under-privileged dogs, scruffy and disconsolate dogs. After all, according to Swedenborg there is such an Elysium reserved for Turks, and another for the Dutch!

The shepherds of Virgil and Theocritus were accustomed to expect, in reward for their sad or happy madrigals, a good cheese, or a flute carved by an expert craftsman, or a goat in milk. The poet who has just sung the praises of poor dogs has received, by way of reward, a sublime waistcoat, of a rich faded hue which reminds me of autumn, or the beauty of a woman in her ripe maturity, or an Indian summer.

None who were present in that studio in the rue Villa Hermosa will ever forget the insistent gesture with which the painter stripped himself of his sublime waistcoat, as the poet's tribute, having so thoroughly understood that it was a kind and honest action to sing the praises of poor dogs.

Just as a magnanimous Roman tyrant, in the good old days, offered the divine Aretino a dagger set with precious stones, or a court mantle, in exchange for a sugared sonnet or curious *erotica*.

And whenever the poet dons the painter's sublime waistcoat, he must perforce remember the good dogs, the canine philosophers, the Indian summers, and the beauty of ripe, mature women.

[1865, 1866, 1866, 1867]

Drafts and Notes
for the *Petits Poèmes en prose*

[A] POÈMES EN PROSE

Jean Hus [*sic*]. (analyse de ses dernières paroles.)
La grande Veuve mélancolique devant le jardin de Musard.
Les pauvres devant un Café neuf.
Mes rêves.
 La Comédie en province.
 Le collège.
 La mort.
 Le vide. (Sentiment du vide infini)
 Condamnation à mort pour une faute oubliée. (Sentiment d'effroi.
 Je ne discute pas l'accusation. Grande faute non expliquée dans le
 rêve.)
 Appartements inconnus, pauvres mais nobles et poétiques.
Le Vieux Saltimbanque.
L'élégie des chapeaux. Fleurs dans le désert. Les vers de Thomas Gray.

[B]
POÈMES EN PROSE

 (Pour la guerre Civile)

Le canon tonne... les membres volent,... des gémissements de vic-
times et des hurlements de sacrificateurs se font entendre... C'est
l'Humanité qui cherche le bonheur.

[C]
POÈMES NOCTURNES

 LA LETTRE D'UN FAT.

Mélange d'emphase sincère et d'emphase ironique. Il y a des jours où
 je me sens si puissant que.......

La Mappemonde.

[D]

 Symptômes de ruine. Bâtiments immenses. Plusieurs, l'un sur
l'autre, des appartements, des chambres, *des temples*, des galeries, des
escaliers, des cœcums, des belvédères, des lanternes, des fontaines,
des statues. – *Fissures, lézardes. Humidité provenant d'un réservoir situé
près du ciel.* – Comment avertir les gens, les nations – ? avertissons à
l'oreille les plus intelligents.

[A] POEMS IN PROSE

Jan Hus (analysis of his dying words.)
The imposing, melancholy widow, standing outside the garden of
the Musard concert-hall.
The poor people standing outside the newly opened café.
My dreams.
 A comedy in the provinces.
 The school.
 Death.
 The void. (Sensation of infinite emptiness)
 Condemnation to death for a forgotten misdemeanour. (Sensation
 of terror. I don't defend myself against the accusation. Some
 important fault, not explained in the dream.)
 Unknown rooms, poor but dignified and poetic.
The Old Acrobat.
The elegy for hats. Flowers in the desert. Thomas Gray's lines.

[B] POEMS IN PROSE

 (For the Civil War)

The cannon fires... the flying limbs... victims' groans... the sacrifi-
cers' howls now fill the air.
This is Humanity in its pursuit of happiness.

[C] NOCTURNAL POEMS

 A LETTER FROM A FOOL
A mixture of sincere bombast and ironical guff. There are days when
I feel so full of strength that.......

World map – Atlas.

[D]

 Symptoms of Ruin. Colossal buildings. Many of them one on top
of the other – flats and bedrooms, temples, galleries, stairways,
cesspools, gazebos, lanterns, fountains, statues – cracks and splits,
damp oozing from a cistern up in the sky. – How to warn everybody,
warn the nations – alert the most intelligent people, whisper in their
ears.

Tout en haut, une colonne craque et ses deux extrémités se déplacent. Rien n'a encore croulé. Je ne peux plus retrouver l'issue. Je descends, puis je remonte. *Une tour-labyrinthe. Je n'ai jamais pu sortir. J'habite pour toujours un bâtiment qui va crouler, un bâtiment travaillé par une maladie secrète.* – Je calcule, en moi-même, pour m'amuser, si une si prodigieuse masse de pierres, de marbres, de statues, de murs, qui vont se choquer réciproquement seront très souillés par cette multitude de cervelles, de chairs humaines et d'ossements concassés. – Je vois de si terribles choses en rêve, que je voudrais quelquefois ne plus dormir, si j'étais sûr de n'avoir trop de fatigue.

[E] Notes pour l'*Élégie des Chapeaux*

Un chapeau. Surface lisse.

Une capote. Surface plissée ou bouillonnée.

La passe (à partir de l'endroit qui ne pose plus sur la tête).

La partie postérieure s'appelle fond ou calotte, *coiffe*, quand elle est tuyautée.

Brides. Attaches ou petites brides.

Plumes, marabouts, aigrettes.

Tours de tête, en plumes ou en fleurs.

Une *maintenon*, espèce de fanchon en dentelle, adaptée au chapeau, nouée par-dessus les brides.

Une *Marie Stuart*, forme avec pointe surbaissée, forme sarrasine, forme ogivale.

Chapeau *Lavallière* (passé de mode) avec deux plumes se réunissant par derrière.

Chapeau russe. Une aigrette.

Le *Toquet* porte un pompon ou une aile.

Une fleur (rose) posée en *Marie-Louise*.

Chapeau *à la Marinière*, avec bouquet.

Chapeau *Longueville*, est un chapeau Lavallière à une seule plume traînante et battant l'espace.

Bonnet écossais, en popeline à carreaux, avec cocarde, agrafe d'argent et plume d'aigle ou de corbeau.

Ornements: bouillons, ruches, biais, lisérés.

Mobilier d'un magasin de modes:

Rideaux de mousseline ou de soie blanche unie. Divans. Psyché, surface polie mobile. Miroirs ovales et inclinés. Grande table ovale, avec champignon à longs pieds. Laboratoire des fées. Besogne propre.

At the very top, a column rending apart, shifting at both ends. Nothing has crumbled so far. I can no longer find the way out. I run down the stairs, then up again. A labyrinthine tower – I've never been able to get out – I have to live forever in a building on the verge of collapse, a building attacked by some hidden disease. – Mentally I try calculating, to keep myself amused, whether such a mighty mass of stonework, marble, statues, walls, all to be clashed together, will be spattered all over with countless brains, rags of human flesh and pulverized bones. – I see such terrible visions in my dreams that I often wish I would never sleep again – if only I could be sure of not being too exhausted.

[E] Notes for the *Elegy on Hats*

A Hat. Flat surface.

A Hood. Surface pleated, puckered or ruffed.

The brim (from the point where it does not rest on or touch the head).

The rear part called the crown or tip, *coif* or cover when goffered.

The strings. Fasteners, short strings.

Plumes and feathers, marabou, osprey.

Hatbands, feathered or flowered.

The *maintenon*, a sort of lace kerchief or veil, fitted to the hat in a bow above the strings.

The *Mary Stuart*, designed with flattened point, saracen or ogival style.

The *Lavallière* (now out of fashion) with two feathers meeting behind.

The *Russian beaver*. Only one feather.

The *toque* has pompom or tassel.

A flower (rose) is worn *à la Marie-Louise*.

The *Marinière* – sailor-style bonnet, garnished with posy.

The *Longueville* hat – a Lavallière type, a single plume hanging loose.

The *Highland bonnet* – checked poplin, with cockade, silver brooch, eagle's or crow's feather.

Trimmings: puffs, gauging, ruching, tucks, edging and piping.

A milliner's shop furnishings:

Curtains: muslins or plain white silks. Divans. Cheval-glass, adjustable polished surface. Mirrors, oval and tilted down. Broad oval table with hatstand, high legs. A Fairies' laboratory. A clean job.

Aspect général: fraîcheur, clarté, blancheur, vivacité de couleur d'un parterre.

Rubans, fanfreluches, tulle, gazes, mousseline, plumes, etc...

Les chapeaux font penser aux têtes, et ont l'air d'une galerie de têtes. Car chaque chapeau, par son caractère, appelle une tête et la fait voir aux yeux de l'esprit. Têtes coupées.

Quelle tristesse dans la frivolité solitaire! Sentiment navrant de la ruine folâtre. Un monument de gaîté dans le désert. La frivolité dans l'abandon.

La modiste du faubourg, pâle, chlorotique, café au lait, comme une vieille buraliste.

Sentiment navrant.

[F] *La Cour des messageries*

Au milieu d'un groupe de différentes personnes descendant d'une diligence, une femme entourée de ses enfants, se jette au cou d'un voyageur, en bonnet de coton. Jour froid de Paris. Un petit se hausse sur les pieds, pour être embrassé.

Plus loin, un autre voyageur charge ses paquets sur les crochets d'un commissionnaire.

Au premier plan à gauche, un mendiant tend son chapeau à un militaire à plumet jaune, un officier de fortune, maigre comme Bonaparte, et un garde national cherche à embrasser une succulente bouquetière qui porte un éventaire; elle se défend mollement.

À droite, un monsieur, le chapeau à la main, parle à une femme tenant un enfant; près de ce groupe, deux chiens qui se battent. Boilly. 1803.

[G]

Der Tod als Erwürger.
Erster Auftritt der Cholera auf einem Maskenball in Paris, 1831.
Der Tod als Freund.
La mort comme bourreau.
Première apparition du Choléra à un bal masqué à Paris, 1831.
La mort comme ami.

General appearance: coolness and plenty of light; whiteness, striking colours – like a flower-bed.

Ribbons, frills, tulles, gauzes, muslins, feathers etc.

The hats make you think of *heads* and look like a collection of heads, a gallery. Every hat according to its style is waiting for its particular head, makes it visible to the mind's eye. Severed heads.

What a sadness there is in all this solitary frivolity! A depressing sensation of mindless ruin. A monument of gaiety in a desert. A wanton frivolity.

The suburban milliner, pale-faced and consumptive, a milk-coffee colour, like some old female clerk.

A feeling of utter depression.

[F] *The Courtyard of the Mail-Coach Company*

In the centre of a group of people alighting from a stage-coach, a woman surrounded by her children throws her arms round a traveller wearing a cotton bonnet. A chilly Parisian day. A child is standing on tiptoe to be kissed.

In the background another passenger is loading his luggage on to a porter's hook.

Left foreground: a beggar is holding his cap out to a soldier sporting a yellow feather, a mercenary officer as lean as Bonaparte, while a National Guard is trying to embrace a luscious shopwife who is holding a fan in her hand and half-heartedly resists.

On the right, a gentleman, hat in hand, is talking to a woman with a child in her arms; two dogs quarrelling near this group. Boilly, 1803.

[G]

Death as an Executioner.
First outbreak of cholera in a fancy-dress ball, Paris 1831.
Death as a friend.

La Fanfarlo

LA FANFARLO

SAMUEL CRAMER, qui signa autrefois du nom de Manuela de Monte-
verde quelques folies romantiques, – dans le bon temps du roman-
tisme, – est le produit contradictoire d'un blême Allemand et d'une
brune Chilienne. Ajoutez à cette double origine une éducation fran-
çaise et une civilisation littéraire, vous serez moins surpris, – sinon
satisfait et édifié, – des complications bizarres de ce caractère. – Samuel
a le front pur et noble, les yeux brillants comme des gouttes de café,
le nez taquin et railleur, les lèvres impudentes et sensuelles, le menton
carré et despote, la chevelure prétentieusement raphaélesque. – C'est
à la fois un grand fainéant, un ambitieux triste, et un illustre
malheureux; car il n'a guère eu dans sa vie que des moitiés d'idées.
Le soleil de la paresse qui resplendit sans cesse au-dedans de lui, lui
vaporise et lui mange cette moitié de génie dont le ciel l'a doué. Parmi
tous ces demi-grands hommes que j'ai connus dans cette terrible vie
parisienne, Samuel fut, plus que tout autre, l'homme des belles œuvres
ratées; – créature maladive et fantastique, dont la poésie brille bien
plus dans sa personne que dans ses œuvres, et qui, vers une heure du
matin, entre l'éblouissement d'un feu de charbon de terre et le tic-tac
d'une horloge, m'est toujours apparu comme le dieu de l'impuissance,
– dieu moderne et hermaphrodite, – impuissance si colossale et si
énorme qu'elle en est épique!

Comment vous mettre au fait, et vous faire voir bien clair dans
cette nature ténébreuse, bariolée de vifs éclairs, – paresseuse et entre-
prenante à la fois, – féconde en desseins difficiles et en risibles avorte-
ments; – esprit chez qui le paradoxe prenait souvent les proportions
de la naïveté, et dont l'imagination était aussi vaste que la solitude et
la paresse absolues? – Un des travers les plus naturels de Samuel était
de se considérer comme l'égal de ceux qu'il avait su admirer; après
une lecture passionnée d'un beau livre, sa conclusion involontaire
était: voilà qui est assez beau pour être de moi! – et de là à penser:
c'est donc de moi, – il n'y a que l'espace d'un tiret.

Dans le monde actuel, ce genre de caractère est plus fréquent
qu'on ne le pense; les rues, les promenades publiques, les estaminets,
et tous les asiles de la flânerie fourmillent d'êtres de cette espèce. Ils

LA FANFARLO

SAMUEL CRAMER, who perpetrated a few romantic absurdities under the pseudonym Manuela de Monteverde some years ago, during the heyday of Romanticism, is the self-contradictory product of a union between a bloodless Teuton and a Chilean brunette. Add to that a French education and some literary culture, and you will be less surprised, if not satisfied and edified, by the weird complexities of his character.

Samuel has a pure and noble forehead, eyes as bright as two drops of coffee, a teasing, mocking proboscis, insolent sensual lips, a square domineering chin, and an ostentatiously raphaelesque mop of hair. He is also a confirmed loafer, a sadly ambitious fellow notorious for his misfortunes, who has gone through life with little but semi-ideas in his head. The sun of idleness which blazes inside him all day long evaporates and devours the semi-genius with which Providence endowed him. Of all the semi-great men I have come across in our merciless Parisian society, Samuel, more than any other was an author of admirable flops, a flawed, fantastic individual, whose poetry shines more effectively in his person than in his works – a man who, as he held forth an hour or two after midnight, between the glowing peat fire and the ticking clock, always struck me as a sort of god of impotence, an up-dated hermaphrodite deity, gifted with an outsize impotence of epical proportions.

How can I give you enough evidence to see clearly into the dark recesses of a personality whose dimness was lit by sharp flashes of illumination, so slothful yet so enterprising, so fertile in challenging projects and farcical failures, a mind in which the ingenious paradox so often bordered on the naïve, whose imagination was as boundless as absolute solitude and absolute laziness? One of Samuel's most characteristic aberrations was to consider himself the equal of those whom he managed to admire: fired with enthusiasm for a fine book he would declare quite spontaneously, 'It's beautiful enough to be a work of my own!' – and there was hardly more than the space of a dash between that and thinking 'Therefore it is my own!'

Nowadays in our society this sort of character is more common than we generally think; the streets, public promenades, cafés, all the haunts of the stroller are full of such people. They identify so closely

s'identifient si bien avec le nouveau modèle, qu'ils ne sont pas éloignés de croire qu'ils l'ont inventé. – Les voilà aujourd'hui déchiffrant péniblement les pages mystiques de Plotin ou de Porphyre; demain ils admireront comme Crébillon le fils a bien exprimé le côté volage et français de leur caractère. Hier ils s'entretenaient familièrement avec Jérôme Cardan; les voici maintenant jouant avec Sterne, ou se vautrant avec Rabelais dans toutes les goinfreries de l'hyperbole. Ils sont d'ailleurs si heureux dans chacune de leurs métamorphoses, qu'ils n'en veulent pas le moins du monde à tous ces beaux génies de les avoir devancés dans l'estime de la postérité. – Naïve et respectable impudence! Tel était le pauvre Samuel.

Fort honnête homme de naissance et quelque peu gredin par passe-temps, – comédien par tempérament, – il jouait pour lui-même et à huis clos d'incomparables tragédies, ou, pour mieux dire, tragi-comédies. Se sentait-il effleuré et chatouillé par la gaîté, il fallait se le bien constater, et notre homme s'exerçait à rire aux éclats. Une larme lui germait-elle dans le coin de l'œil à quelque souvenir, il allait à sa glace se regarder pleurer. Si quelque fille, dans un accès de jalousie brutale et puérile, lui faisait une égratignure avec une aiguille ou un canif, Samuel se glorifiait en lui-même d'un coup de couteau, et quand il devait quelques misérables vingt mille francs, il s'écriait joyeusement: «Quel triste et lamentable sort que celui d'un génie harcelé par un million de dettes!»

D'ailleurs, gardez-vous de croire qu'il fût incapable de connaître les sentiments vrais, et que la passion ne fît qu'effleurer son épiderme. Il eût vendu ses chemises pour un homme qu'il connaissait à peine, et qu'à l'inspection du front et de la main il avait institué hier son ami intime. Il apportait dans les choses de l'esprit et de l'âme la contemplation oisive des natures germaniques, – dans les choses de la passion l'ardeur rapide et volage de sa mère, – et dans la pratique de la vie tous les travers de la vanité française. Il se fût battu en duel pour un auteur ou un artiste mort depuis deux siècles. Comme il avait été dévot avec fureur, il était athée avec passion. Il était à la fois tous les artistes qu'il avait étudiés et tous les livres qu'il avait lus, et cependant, en dépit de cette faculté comédienne, restait profondément original. Il était toujours le doux, le fantasque, le paresseux, le terrible, le savant, l'ignorant, le débraillé, le coquet Samuel Cramer, la romantique Manuela de Monteverde. Il raffolait d'un ami comme d'une femme, aimait une femme comme un camarade. Il possédait la logique de tous les bons sentiments et la science de toutes les roueries, et

with the latest object of their admiration that they are not far from believing they have actually invented it. Today you will find them laboriously decoding the mystical pages of Plotinus or Porphyry, and tomorrow marvelling at the way the younger Crébillon contrived to portray the frivolous and typically French facets of their own mentality. Yesterday they were on familiar terms with the polymath Girolamo Cardano; but today they are sporting with Sterne or revelling with Rabelais in the excesses of hyperbole. They are so pleased with themselves in each of their various roles that they bear no grudge against all those geniuses for forestalling them in posterity's esteem. Such is their brash impertinence – and such was our poor Samuel.

A perfect gentleman by birth and a bit of a cad by way of amusement – a born shake-scene – he enacted imcomparable tragedies or rather tragi-comedies for his own pleasure and in the strictest privacy. Whenever he felt in the least touched or tickled by gaiety, he had to make himself fully conscious of the fact and hear himself guffaw. Or if some memory shaped the hint of a tear in his eye, he would go over to the glass and watch himself weep. If some wench scratched him with a knitting-needle or a penknife in a fit of rough childish anger, Samuel glorified in his wound; or if he owed a mere twenty thousand francs he exclaimed with joy, 'What a sad and deplorable fate, for a genius to be harassed over a million-franc debt!'

However, don't let yourself believe him incapable of genuine feeling, or that passion merely glanced off his hide. He would gladly have sold his last shirt for a fellow he hardly knew, but the sight of whose hand or brow had made him an intimate friend only twenty-four hours ago. He brought all the passionate contemplation of a germanic nature to things of the mind and soul; but to affairs of passion he brought all his mother's quick and fickle ardour, and, in the daily practice of life, all the inconsistencies of French vanity. He would have fought a duel in defence of some writer or artist who died two hundred years ago. After being ferociously pious, he became a passionate atheist. He was all the artists whose works he had studied, and all the books he had ever read, and yet, in spite of having this actor's adaptability, he remained profoundly original. He always remained the same gentle and fantastical, lazy and aggressive, learned and ignorant, unkempt and dapper Samuel Cramer, the romantic Manuela de Monteverde. He could be as madly obsessed by a male friend as by a woman, and could love a woman as he loved a comrade. He had all the logic of highly respectable sentiments, and a repertoire of every caddish trick; and yet he never succeeded in anything he did,

néanmoins n'a jamais réussi à rien, parce qu'il croyait trop à l'impossible. – Quoi d'étonnant? il était toujours en train de le concevoir.

Samuel, un soir, eut l'idée de sortir; le temps était beau et parfumé. – Il avait, selon son goût naturel pour l'excessif, des habitudes de réclusion et de dissipation également violentes et prolongées, et depuis longtemps il était resté fidèle au logis. La paresse maternelle, la fainéantise créole qui coulait dans ses veines l'empêchait de souffrir du désordre de sa chambre, de son linge et de ses cheveux encrassés et emmêlés à l'excès. Il se peigna, se lava, sut en quelques minutes retrouver le costume et l'aplomb des gens chez qui l'élégance est chose journalière; puis il ouvrit la fenêtre. – Un jour chaud et doré se précipita dans le cabinet poudreux. Samuel admira comme le printemps était venu vite en quelques jours, et sans crier gare. Un air tiède et imprégné de bonnes odeurs lui ouvrit les narines, – dont une partie étant montée au cerveau, le remplit de rêverie et de désir, et l'autre lui remua libertinement le cœur, l'estomac et le foie. – Il souffla résolument ses deux bougies dont l'une palpitait encore sur un volume de Swedenborg, et l'autre s'éteignait sur un de ces livres honteux dont la lecture n'est profitable qu'aux esprits possédés d'un goût immodéré de la vérité.

Du haut de sa solitude, encombrée de paperasses, pavée de bouquins et peuplée de ses rêves, Samuel apercevait souvent, se promenant dans une allée du Luxembourg, une forme et une figure qu'il avait aimées en province, – à l'âge où l'on aime l'amour. – Ses traits, quoique mûris et engraissés par quelques années de pratique, avaient la grâce profonde et décente de l'honnête femme; au fond de ses yeux brillait encore par intervalles la rêverie humide de la jeune fille. Elle allait et venait, habituellement escortée par une bonne assez élégante, et dont le visage et la tournure accusaient plutôt la confidente et la demoiselle de compagnie que la domestique. Elle semblait rechercher les endroits abandonnés, et s'asseyait tristement avec des attitudes de veuve, tenant parfois dans sa main distraite un livre qu'elle ne lisait pas.

Samuel l'avait connue aux environs de Lyon, jeune, alerte, folâtre et plus maigre. À force de la regarder et pour ainsi dire de la reconnaître, il avait retrouvé un à un tous les menus souvenirs qui se rattachaient à elle dans son imagination; il s'était raconté à lui-même,

because he had too much faith in the impossible, which is hardly surprising as he was forever in the process of dreaming up impossibilities.

One evening Samuel took it into his head to go out, the weather being bright and fragrant. With his inborn hankering for excess, he had habits of both seclusion and dissipation, each equally emphatic and prolonged, and he had now been house-bound for some time. His mother's *far niente*, that creole nonchalance which flowed in his veins, spared him from being pained by the disorder of his rooms, his linen, his grubby unkempt hair. So he now attended to his hair, washed himself thoroughly, and in no time was able to reconstitute the stylish dress and poise of those for whom elegance is second nature. Then he flung the windows open. A sultry golden sunlight flooded into his dusty lodging. Samuel was surprised at how suddenly Spring had arrived, in only a few days and without warning. A whiff of balmy air, heavy with inviting smells, dilated his nostrils; some odours already invading his brain and filling him with dreamy visions and desires, others licentiously stirring his heart and digestive organs. Now he blew his two candles out energetically, one of them still flickering over a volume of Swedenborg, the other dwindling over one of those shady publications which make profitable reading only for such minds as succumb to an immoderate appetite for truth.

From the lofty heights of his solitude, all littered with papers and paved with books, colonized by his dreams, Samuel had often noticed, as he strolled down one of the alleys in the Luxembourg Gardens, a face and figure he had already been acquainted with in the provinces, at the age when one is in love with love. Her features, though now matured and softened by some years of practical experience, had the firm, discreet grace of a respectable woman, yet the misty dreaminess of a girl still gleamed occasionally from the depths of her eyes. She went pacing up and down, usually accompanied by a fairly well-dressed chaperone whose face and deportment suggested a lady's companion rather than a domestic. She seemed to prefer unfrequented paths and to favour the more isolated precincts of the park, where she sat looking forlorn in the poses of a widow, sometimes casually holding a book in her hand, without reading it.

Samuel had known her a few years past, near Lyons, when she was young and spry, tomboyish and much slimmer. By dint of watching her and so to speak reknowing her, he had reconstructed one by one all the minor memories he associated with her in his imagination. He had mentally re-experienced their entire youthful romance, which

détail par détail, tout ce jeune roman, qui, depuis, s'était perdu dans les préoccupations de sa vie et le dédale de ses passions.

Ce soir-là, il la salua, mais avec plus de soin et plus de regards. En passant devant elle, il entendit derrière lui ce lambeau de dialogue:

«Comment trouvez-vous ce jeune homme, Mariette? – mais cela dit avec un ton de voix si distrait, que l'observateur le plus malicieux n'y eût rien trouvé à redire contre la dame.

– Mais je le trouve fort bien, Madame. – Madame sait que c'est M. Samuel Cramer?»

Et sur un ton plus sévère: «Comment se fait-il que vous sachiez cela, Mariette?»

.

C'est pourquoi le lendemain Samuel eut grand soin de lui rapporter son mouchoir et son livre, qu'il trouva sur un banc, et qu'elle n'avait pas perdus, puisqu'elle était près de là, regardant les moineaux se disputer des miettes, ou ayant l'air de contempler le travail intérieur de la végétation. Comme il arrive souvent entre deux êtres dont les destinées complices ont élevé l'âme à un égal diapason, – engageant la conversation assez brusquement, – il eut néanmoins le bonheur bizarre de trouver une personne disposée à l'écouter et à lui répondre.

«Serais-je assez heureux, Madame, pour être encore logé dans un coin de votre souvenir? Suis-je tellement changé que vous ne puissiez reconnaître en moi un camarade d'enfance, avec qui vous avez daigné jouer à cache-cache et faire l'école buissonnière?

– Une femme, – répondit la dame avec un demi-sourire, – n'a pas le droit de reconnaître aussi facilement les gens; c'est pourquoi je vous remercie, Monsieur, de m'avoir, le premier, offert l'occasion de me reporter vers ces beaux et gais souvenirs. – Et puis... chaque année de la vie contient tant d'événements et de pensées... et il me semble vraiment qu'il y a bien des années...?

– Années, – répliqua Samuel, – qui pour moi ont été tantôt bien lentes, tantôt bien promptes à s'envoler, mais toutes diversement cruelles!

– Et la poésie?... – fit la dame avec un sourire dans les yeux.

– Toujours, Madame! – répondit Samuel en riant. – Mais que lisiez-vous donc là?

– Un roman de Walter Scott.

had subsequently been overlaid by life's contingencies and passionate involvements.

That evening he ventured to bow in her direction, but more affably and intently than usual. As he passed on he overheard this snatch of dialogue between the two ladies: 'How does that young man strike you, Mariette?' – but this was uttered in such indifferent tones that even the most spiteful eavesdropper could have found nothing improper in the lady's question.

'I think he looks very nice, Madame – but is Madame aware that he is Samuel Cramer?'

More severely came the reply, 'How can you possibly know that Mariette?'

.

That incident explains why, next day, Samuel Cramer was at pains to restore her book and handkerchief, which he had found on the bench and which she had not really lost, since, not far away, she was busy watching the sparrows scrabble for crumbs, or appearing to study the inner workings of the vegetation. As often happens between two predestined accomplices whose scheming lifts their mind to an equal diapason – for they embarked with equal abruptness on a conversation – Samuel none the less felt a certain elation at finding someone who was prepared to listen to him and disposed to reply.

'Might I be so fortunate, Madam, as to linger in some corner of your memory? Or am I so changed that you cannot recognize in me a childhood friend, with whom you used to play hide and seek, and play truant from school?'

'A woman,' the lady replied with a half-smile, 'a lady has not the privilege of acknowledging a person so forthrightly – and that is why I thank you, Sir, for having been first to give me this opportunity of recalling those beautiful and so happy memories. But of course – every year of one's life is so full of so many events, so many thoughts – and it does seem, really, so many years ago since –'

'Years,' Samuel replied, 'which for me sometimes passed very slowly, or were sometimes only too swift in passing – but every one of them cruel in their different ways.'

'And what about the poetry?' the lady asked, with a smile in her eyes.

'Still going on', Samuel replied with a laugh. 'But what were you reading?'

'A novel – by Walter Scott.'

– Je m'explique maintenant vos fréquentes interruptions. – Oh! l'ennuyeux écrivain! – Un poudreux déterreur de chroniques! un fastidieux amas de descriptions de bric-à-brac, – un tas de vieilles choses et de défroques de tout genre: – des armures, des vaisselles, des meubles, des auberges gothiques et des châteaux de mélodrame, où se promènent quelques mannequins à ressort, vêtus de justaucorps et de pourpoints bariolés; – types connus, dont nul plagiaire de dix-huit ans ne voudra plus dans dix ans; des châtelaines impossibles et des amoureux parfaitement dénués d'actualité, – nulle vérité de cœur, nulle philosophie de sentiments! Quelle différence chez nos bons romanciers français, où la passion et la morale l'emportent toujours sur la description matérielle des objets! – Qu'importe que la châtelaine porte fraise ou paniers, ou sous-jupe Oudinot, pourvu qu'elle sanglote ou trahisse convenablement? L'amoureux vous intéresse-t-il beaucoup plus pour porter dans son gilet un poignard au lieu d'une carte de visite, et un despote en habit noir vous cause-t-il une terreur moins poétique qu'un tyran bardé de buffle et de fer?»

Samuel, comme on le voit, rentrait dans la classe des gens *absorbants*, – des hommes insupportables et passionnés, chez qui le métier gâte la conversation, et à qui toute occasion est bonne, même une connaissance improvisée au coin d'un arbre ou d'une rue, – fût-ce d'un chiffonnier, – pour développer opiniâtrement leurs idées. – Il n'y a entre les commis voyageurs, les industriels errants, les allumeurs d'affaires en commandite et les poètes *absorbants* que la différence de la réclame à la prédication; le vice de ces derniers est tout à fait désintéressé.

Or la dame lui répliqua simplement: «Mon cher monsieur Samuel, je ne suis que public, c'est assez vous dire que mon âme est innocente. Aussi le plaisir est-il pour moi la chose du monde la plus facile à trouver. – Mais parlons de vous; – je m'estimerais heureuse si vous me jugiez digne de lire quelques-unes de vos productions.

– Mais, Madame, comment se fait-il...? – fit la grosse vanité du poète étonné.

– Le maître de mon cabinet de lecture dit qu'il ne vous connaît pas.»

Et elle sourit doucement comme pour amortir l'effet de cette taquinerie fugitive.

«Madame, dit sentencieusement Samuel, le vrai public du dix-neuvième siècle est les femmes; votre suffrage me constituera plus grand que vingt académies.

– Eh bien, Monsieur, je compte sur votre promesse. – Mariette, l'ombrelle et l'écharpe; *on* s'impatiente peut-être à la maison. Vous

'Now I understand why you broke off reading so often! What a bore of a writer! A dusty excavator of dead chronicles – a deadly pile of junk, a hoard of bygones of every description – coats of mail, pewter pots, antiquated furniture, gothic taverns and melodramatic castles haunted by a crowd of clockwork puppets dressed in gaudy jerkins and doublets, ready-made stereotypes that no teenage plagiarist will touch with a bargepole ten years hence – shrewish chatelaines and unreal lovesick loons, with neither truth in their hearts nor the slightest philosophy of feeling! – What a difference from our excellent French novelists, in whom passion and morality are always more significant than any materialistic description of inanimate objects! Who cares in the least whether the lady of the manor wears ruffs and panniers or the latest line in petticoats, so long as she sobs or betrays with genuine conviction? Is a lover any more interesting because he carries a dagger in his waistcoat instead of a visiting-card? Or does a cad in a frock-coat terrify you less poetically than a tyrant in leather and steel?'

As all this shows, Samuel belonged to the race of engrossing or absorbing people, ancient mariners, those insufferably earnest fellows who ruin conversation with their 'shop' and seize every opportunity, down to a casual acquaintanceship struck under a tree or at a street corner, even with a rag-and-bone-man, for relentlessly plugging their ideas. Between commercial travellers, itinerant industrialists, agents touting for sleeping partners, and *absorbant* poets there is little more than the slight difference between advertising and preaching; but the sponge-poet's vice is totally disinterested.

'Well,' the lady replied quite simply, 'Dear Mr Samuel, I am no more than a member of the public, but it suffices to say that my soul is entirely innocent. And, for me, pleasure is the easiest thing to come by. But let us, rather, talk about yourself. I'd feel happy to be thought worthy enough to read some of your own works.'

'But, Madam – is it possible that ...?' the inflated vanity of the astonished bard began –

'The librarian says he has never heard of you.' She was smiling sweetly, to soften the effect of her momentary fit of teasing.

'Madam,' Samuel replied solemnly, 'the real public these days is the womenfolk. Your approval will favour me with more honour than twenty academies could confer.'

'Well, Sir, I count on your promise. – Mariette, my shawl and sunshade, please – we'll be expected home by now – you know that Master is returning early.'

savez que Monsieur revient de bonne heure.»

Elle lui fit un salut gracieusement écourté, qui n'avait rien de compromettant, et dont la familiarité n'excluait pas la dignité.

Samuel ne s'étonna point de retrouver un ancien amour de jeunesse asservi au lien conjugal. Dans l'histoire universelle du sentiment, cela est de rigueur. – Elle s'appelait Mme de Cosmelly, et demeurait dans une des rues les plus aristocratiques du faubourg Saint-Germain.

Le lendemain il la trouva, la tête inclinée par une mélancolie gracieuse et presque étudiée, vers les fleurs de la plate-bande, et lui offrit son volume des *Orfraies*, recueil de sonnets, comme nous en avons tous fait et tous lu, dans le temps où nous avions le jugement si court et les cheveux si longs.

Samuel était fort curieux de savoir si ses *Orfraies* avaient charmé l'âme de cette belle mélancolique, et si les cris de ces vilains oiseaux lui avaient parlé en sa faveur; mais quelques jours après, elle lui dit avec une candeur et une honnêteté désespérantes:

«Monsieur, je ne suis qu'une femme, et par conséquent mon jugement est peu de chose; mais il me paraît que les tristesses et les amours de messieurs les auteurs ne ressemblent guère aux tristesses et aux amours des autres hommes. Vous adressez des galanteries fort élégantes sans doute et d'un choix fort exquis à des dames, que j'estime assez pour croire qu'elles doivent parfois s'en effaroucher. Vous chantez la beauté des mères dans un style qui doit vous priver du suffrage de leurs filles. Vous apprenez au monde que vous raffolez du pied et de la main de madame une telle, qui, supposons-le pour son honneur, dépense moins de temps à vous lire qu'à tricoter des bas et des mitaines pour les pieds ou les mains de ses enfants. Par un contraste des plus singuliers, et dont la cause mystérieuse m'est encore inconnue, vous réservez votre encens le plus mystique à des créatures bizarres qui lisent encore moins que les dames, et vous vous pâmez platoniquement devant les sultanes de bas lieu, qui doivent, ce me semble, à l'aspect de la délicate personne d'un poète, ouvrir des yeux aussi grands que des bestiaux qui se réveillent dans un incendie. De plus, j'ignore pourquoi vous chérissez tant les sujets funèbres et les descriptions d'anatomie. Quand on est jeune, qu'on a comme vous un beau talent et toutes les conditions présumées du bonheur, il me paraît bien plus naturel de célébrer la santé et les joies de l'honnête homme, que de s'exercer à l'anathème, et de causer avec des *Orfraies*.»

Voici ce qu'il lui répondit: «Madame, plaignez-moi, ou plutôt plaignez-nous, car j'ai beaucoup de frères de ma sorte; c'est la haine

She left with a gracious if abbreviated nod, quite uncompromising, in which dignity was not outweighed by familiarity.

Samuel was in no way surprised at discovering that this old flame of his youth was now subject to the bonds of wedlock. In the world-history of sensibility, such things are bound to happen. She was now named Madame de Cosmelly and lived in one of the most aristocratic streets in the Saint-Germain district.

Next day he found her with her head bent over a flower-bed, in a graceful and almost studied pose of melancholy. He offered her his volume of *Ospreys*, a collection of sonnets of the kind we all wrote and all read in the days when, as Schopenhauer put it, we had short ideas and long hair.

Samuel was very curious to learn whether his *Ospreys* had charmed the soul of this disconsolate beauty, and whether the croak of those obnoxious birds had spoken in his favour; but a few days later she told him, with a distressing candour and honesty:

'Sir, I am only a woman, and consequently my judgement is of little account; but it seems to me that the sorrows and loves of writers have little in common with those of other men. You address your, certainly, extremely elegant and exquisitely chosen compliments to ladies for whom I have sufficient regard to believe that they might sometimes feel alarmed. You celebrate the beauty of mothers, in a style which must inevitably deprive you of their daughters' approval. You let the world know that you are in raptures over Mrs So-and-So's foot or hand, when, as we must suppose for the sake of her honour, she must surely spend less of her time on perusing your lines than in knitting mittens and socks for her children's hands and feet. And in remarkable contrast to all that, for some mysterious reason still unknown to me, you reserve your most mystical incense for grotesque females who read you even less than those ladies do; you swoon platonically at the feet of disreputable back-street queens who, I sus-pect, at the sight of a poet's infinitely delicate person, must open their eyes as wide as cows awakening in a fire. Besides, I wonder why you are so fond of gruesome subjects, and descriptions of people's anatomies. When a man is still young and endowed with such a fine talent as yours and with all the normal reasons for happiness, it would seem to me more natural to be celebrating the health and joys of decent people, rather than damning everything in sight and con-fabulating with *ospreys*.'

Samuel's reply to this was, 'Madam, you should rather be sorry for me, or, rather, us, as I have plenty of brothers like myself, who

de tous et de nous-mêmes qui nous a conduits vers ces mensonges. C'est par désespoir de ne pouvoir être nobles et beaux suivant les moyens naturels que nous nous sommes si bizarrement fardé le visage. Nous nous sommes tellement appliqués à sophistiquer notre cœur, nous avons tant abusé du microscope pour étudier les hideuses excroissances et les honteuses verrues dont il est couvert, et que nous grossissons à plaisir, qu'il est impossible que nous parlions le langage des autres hommes. Ils vivent pour vivre, et nous, hélas! nous vivons pour savoir. Tout le mystère est là. L'âge ne change que la voix et n'abolit que les cheveux et les dents; nous avons altéré l'accent de la nature, nous avons extirpé une à une les pudeurs virginales dont était hérissé notre intérieur d'honnête homme. Nous avons psychologisé comme les fous, qui augmentent leur folie en s'efforçant de la comprendre. Les années n'infirment que les membres, et nous avons déformé les passions. Malheur, trois fois malheur aux pères infirmes qui nous ont faits rachitiques et mal venus, prédestinés que nous sommes à n'enfanter que des mort-nés!

«Encore des *Orfraies*! dit-elle; voyons, donnez-moi votre bras et admirons ces pauvres fleurs que le printemps rend si heureuses!»

Au lieu d'admirer les fleurs, Samuel Cramer, à qui la phrase et la période étaient venues, commença à mettre en prose et à déclamer quelques mauvaises stances composées dans sa première manière. La dame le laissait faire.

«Quelle différence, et combien il reste peu du même homme, excepté le souvenir! mais le souvenir n'est qu'une souffrance nouvelle. Le beau temps que celui où le matin ne réveilla jamais nos genoux engourdis ou rompus par la fatigue des songes, où nos yeux clairs riaient à toute la nature, où notre âme ne raisonnait pas, mais où elle vivait et jouissait; où nos soupirs s'écoulaient doucement sans bruit et sans orgueil! que de fois, dans les loisirs de l'imagination, j'ai revu l'une de ces belles soirées automnales où les jeunes âmes font des progrès comparables à ces arbres qui poussent de plusieurs coudées par un coup de foudre. Alors je vois, je sens, j'entends; la lune réveille les gros papillons; le vent chaud ouvre les belles de nuit; l'eau des grands bassins s'endort. – Écoutez en esprit les valses subites de ce piano mystérieux. Les parfums de l'orage entrent par les fenêtres; c'est l'heure où les jardins sont pleins de robes roses et blanches qui ne craignent pas de se mouiller. Les buissons complaisants accrochent

have been led into such falsehoods by a hatred of everybody including ourselves. It's because of our despair of ever being noble or worth a second look by any natural means, that we have painted such a strange mask on our face. We have been so intent on sophisticating our hearts, and have so abused the microscope in studying the hideous growths and shameful warts on our own faces, deliberately enlarging them, that we cannot possibly speak the same language as other men. Others live for living's sake; but to our misfortune we live only for the sake of knowledge. That's where the whole mystery lies. Age merely spoils the voice and steals teeth and hair away; but we have changed the tonality of nature itself, we have uprooted one by one all the untainted inhibitions that flourished inside our gentlemanly constitution. We have *psychologised* like those madmen who only aggravate their insanity through their efforts to understand it. The years only enfeeble our organs and limbs, but we have deformed the passions themselves. Woe to the sickly fathers who begot us twisted with rickets, unwanted, predestined as we are to create nothing but still-born works!'

'Still more of your *Ospreys!*' she said. 'Come on, now, give me your arm, let's go and admire the flowers which Primavera fills with joy!'

Instead of admiring the flowers, Samuel Cramer, in full flood of his phrases and periods, began to prosify and declaim a few mediocre stanzas, wrought in his earlier style. The lady let him talk himself out.

'What a world of difference between us and those blooms, and how little of the same man endures, except in memory! But memories bring only further suffering. Those were the good days, when morning did not yet dawn on us with our knees numbed and racked by exhausting dreams; when our eyes were still bright and laughed at Nature; when our minds never stopped to reason but enjoyed life and rejoiced; when our sighs rose soft and tranquil and without pride! How often, in imagination's leisured moods, I have relived those cloudless autumn evenings when youthful souls mature as quickly as those trees which grow a cubit with the speed of a thunder-clap! In such privileged moments I really feel, and see, and hear; the moon gives new life to the enormous butterflies of night; the balmy wind opens the exotic Peruvian blooms; the waters of the fountains fall asleep... But harken, in your mind, to the spritely waltzes of the eerie pianos of the gloam! Now the fragrances of the storm waft through the casements; it is the hour when gardens fill with white and roseate robes that fear no dew or rain. The unctuous briar clings

les jupes fuyantes, les cheveux bruns et les boucles blondes se mêlent en tourbillonnant! – Vous souvient-il encore, Madame, des énormes meules de foin, si rapides à descendre, de la vieille nourrice si lente à vous poursuivre, et de la cloche si prompte à vous rappeler sous l'œil de votre tante, dans la grande salle à manger?»

Mme de Cosmelly interrompit Samuel par un soupir, voulut ouvrir la bouche, sans doute pour le prier de s'arrêter, mais il avait déjà repris la parole.

«Ce qu'il y a de plus désolant, dit-il, c'est que tout amour fait toujours une mauvaise fin, d'autant plus mauvaise qu'il était plus divin, plus ailé à son commencement. Il n'est pas de rêve, quelque idéal qu'il soit, qu'on ne retrouve avec un poupard glouton suspendu au sein; il n'est pas de retraite, de maisonnette si délicieuse et si ignorée, que la pioche ne vienne abattre. Encore cette destruction est-elle toute matérielle; mais il en est une autre plus impitoyable et plus secrète, qui s'attaque aux choses invisibles. Figurez-vous qu'au moment où vous vous appuyez sur l'être de votre choix, et que vous lui dites: Envolons-nous ensemble et cherchons le fond du ciel! – une voix implacable et sérieuse penche à votre oreille pour vous dire que nos passions sont des menteuses, que c'est notre myopie qui fait les beaux visages, et notre ignorance les belles âmes, et qu'il vient nécessairement un jour où l'idole, pour le regard plus clairvoyant, n'est plus qu'un objet, non pas de haine, mais de mépris et d'étonnement!

– De grâce, Monsieur!» dit Mme de Cosmelly.

Elle était évidemment émue; Samuel s'était aperçu qu'il avait mis le fer sur une ancienne plaie, et il insistait avec cruauté.

«Madame, dit-il, les souffrances salutaires du souvenir ont leurs charmes, et, dans cet enivrement de la douleur, on trouve parfois un soulagement. – À ce funèbre avertissement, toutes les âmes loyales s'écrieraient: Seigneur, enlevez-moi d'ici avec mon rêve, intact et pur: je veux rendre à la nature ma passion avec toute sa virginité, et porter ailleurs ma couronne inflétrie. – D'ailleurs les résultats du désillusionnement sont terribles. – Les enfants maladifs qui sortent d'un amour mourant sont la triste débauche et la hideuse impuissance: la débauche de l'esprit, l'impuissance du cœur, qui font que l'un ne vit plus que par curiosité, et que l'autre se meurt chaque jour de lassitude. Nous ressemblons tous plus ou moins à un voyageur qui aurait parcouru un très grand pays, et regarderait chaque soir le soleil, qui jadis dorait superbement les agréments de la route, se coucher dans un horizon plat. Il s'assied avec résignation sur de sales collines couvertes de débris inconnus, et dit aux senteurs des bruyères qu'elles ont beau

to fleeting skirts, now raven ringlets mingle with flaxen curls in the swirling dance... But do you remember, Madam, those lofty haystacks so easy to slide down, the old nurse who was so slow in pursuing you, and the bell so promptly calling you back to your aunt's watchful eye in the great dining-hall?'

Madame de Cosmelly interrupted Samuel with a sigh, and was about to purse her lips, probably to beg him to make an end; but he had already resumed his discourse:

'The most distressing thing of all,' he said, 'is that every love comes to a bad end, and the more bad the more it was divine and winged in its first stages. There is no dream, however ideal it may be, which does not turn out to have a greedy brat clinging to its breast, no retreat or delightful love-nest that does not fall to the spade. Even then, such destruction is merely material; but there is another, more merciless and secret, which attacks invisible things. Imagine what it is like when, as you lean towards the being of your choice and say, "Let us fly away together into the depths of heaven!" a grave, stern voice whispers in your ear to remind you that our passions lie, that it is our own myopia that gives beauty to another's face, our ignorance that invents sublime souls and minds, and that a day is bound to come when, to our more perspicacious sight, our idol is no more than an object, not of hatred but of scorn and astonishment!'

'For pity's sake, Sir!' Madame de Cosmelly exclaimed.

She was obviously moved. Samuel saw that he had touched on some old wound, and cruelly went on:

'Madam, the healing pains of memory have their charms, and in the intoxication of sorrow we may sometimes find relief. After such a solemn warning any loyal soul would cry, "Lord, let me die here and now with my dream still intact and unspoiled, let me render my passion back to Nature in all its purity, and take my unsullied crown elsewhere." – But the consequences of disillusion are terrible to bear. The sickly offspring of a dying love are grim debauch and hideous impotence, debauch of the mind and impotence of the heart, which make the first live on out of curiosity, and the second daily die of weariness. We are all more or less like a traveller who has traversed a foreign continent and who, every day, sees the sun which once superbly gilded the beauties now left behind, setting on a banal horizon. He sits down, resigned, on miserable hills littered with nameless ruins, and tells the perfumes rising from the heath that they soar in

monter vers le ciel vide; aux graines rares et malheureuses, qu'elles ont beau germer dans un sol desséché; aux oiseaux qui croient leurs mariages bénis par quelqu'un, qu'ils ont tort de bâtir des nids dans une contrée balayée de vents froids et violents. Il reprend tristement sa route vers un désert qu'il sait semblable à celui qu'il vient de parcourir, escorté par un pâle fantôme qu'on nomme Raison, qui éclaire avec une pâle lanterne l'aridité de son chemin, et pour étancher la soif renaissante de passion qui le prend de temps en temps, lui verse le poison de l'ennui.»

Tout d'un coup, entendant un profond soupir et un sanglot mal comprimé, il se retourna vers Mme de Cosmelly; elle pleurait abondamment et n'avait même plus la force de cacher ses larmes.

Il la considéra quelque temps en silence, avec l'air le plus attendri et le plus onctueux qu'il put se donner; le brutal et hypocrite comédien était fier de ces belles larmes; il les considérait comme son œuvre et sa propriété littéraire. Il se méprenait sur le sens intime de cette douleur, comme Mme de Cosmelly, noyée dans cette candide désolation, se méprenait sur l'intention de son regard. Il y eut là un jeu singulier de malentendus, à la suite duquel Samuel Cramer lui tendit définitivement une double poignée de mains, qu'elle accepta avec une tendre confiance.

«Madame, reprit Samuel après quelques instants de silence, – le silence classique de l'émotion, – la vraie sagesse consiste moins à maudire qu'à espérer. Sans le don tout divin de l'espérance, comment pourrions-nous traverser ce hideux désert de l'ennui que je viens de vous décrire? Le fantôme qui nous accompagne est vraiment un fantôme de raison: on peut le chasser en l'aspergeant avec l'eau bénite de la première vertu théologale. Il y a une aimable philosophie qui sait trouver des consolations dans les objets les plus indignes en apparence. De même que la vertu vaut mieux que l'innocence, et qu'il y a plus de mérite à ensemencer un désert qu'à butiner avec insouciance dans un verger fructueux, de même il est vraiment digne d'une âme d'élite de se purifier et de purifier le prochain par son contact. Comme il n'est pas de trahison qu'on ne pardonne, il n'est pas de faute dont on ne puisse se faire absoudre, pas d'oubli qu'on ne puisse combler; il est une science d'aimer son prochain et de le trouver aimable, comme il est un savoir bien vivre. Plus un esprit est délicat, plus il découvre de beautés originales; plus une âme est tendre et ouverte à la divine espérance, plus elle trouve dans autrui, quelque souillé qu'il soit, de motifs d'amour; ceci est l'œuvre de la charité, et l'on a vu plus d'une voyageuse désolée et perdue dans les déserts arides du désillusionnement,

vain into an empty sky, and tells the sickly grain that it will never thrive in that barren soil, and tells the birds which believe their union somehow blessed, that it is useless to build their nest in a land swept by murderous winds. He sets out once more towards a wasteland which he knows to be the same as what he has been travelling through, escorted by a pale wraith called Reason, which lights the barren trail with its feeble lantern, and, to quench the renewed thirst for passion to which from time to time he falls prey, pours him a draught of the poison of *ennui*.'

Then, suddenly, hearing a deep sigh and a half-stifled sob, he turned towards Madame de Cosmelly, who was now weeping copiously and had no longer strength to hide her tears.

He gazed at her for a time in silence, with the most touched and unctuous look that he could muster; the brutal and hypocritical comedian was proud of drawing such beautiful tears, which he considered as being all his own work, his literary copyright. But he was mistaken as to the intimate meaning of that sorrow, just as Madame de Cosmelly, drowned in the candour of her desolation, quite misunderstood the meaning of that look on his face. There was a curious interplay of misunderstandings, at the end of which Samuel Cramer took both her hands in his, a gesture which she accepted with tender trust.

'Madam,' Samuel continued after a few moments of silence – the classic silence of emotion – 'true wisdom lies less in railing at our destiny, than in hoping. Without the divine gift of hope, how could we ever cross the hideous desert of boredom which I have just described? The phantom at our side is really the ghost of Reason; one can drive it away by showering it with a few drops of the holy water of the first theological virtue. There is an attractive philosophy which can find consolation in what appear to be the most unworthy objects. Just as virtue is preferable to ignorance, and as there is more merit in cultivating a desert than idly rifling a fruitful orchard, so it is meet for an élite soul to purify itself and its neighbour by its contact. As we may forgive every treachery, there is no fault from which we cannot be absolved, no omission that cannot be filled; there is a science of loving one's neighbour and finding him worthy of that love, just as there is a philosophy of how to live the good life. The greater a mind's refinement, the more it can discover original beauties; the more tender and open to divine hope a soul is, the more it finds motives for love in others, however tainted they might be. This is all a work of charity, and many a strayed woman, desolate and forlorn in the arid desert of disillusionment, has been known to regain her

reconquérir la foi et s'éprendre plus fortement de ce qu'elle avait perdu, avec d'autant plus de raison qu'elle possède alors la science de diriger sa passion et celle de la personne aimée.»

Le visage de Mme de Cosmelly s'était éclairé peu à peu; sa tristesse rayonnait d'espérance comme un soleil mouillé, et à peine Samuel eut-il fini son discours, qu'elle lui dit vivement et avec l'ardeur naïve d'un enfant:

«Est-il bien vrai, Monsieur, que cela soit possible, et y a-t-il pour les désespérés des branches aussi faciles à saisir?

– Mais certainement, Madame.

– Ah! que vous me rendriez bien la plus heureuse des femmes, si vous daigniez m'enseigner vos recettes!

– Rien de plus facile», répliqua-t-il brutalement.

Au milieu de ce marivaudage sentimental, la confiance était venue et avait en effet uni les mains des deux personnages; si bien qu'après quelques hésitations et quelques pruderies qui semblèrent de bon augure à Samuel, Mme de Cosmelly à son tour lui fit ses confidences et commença ainsi:

«Je comprends, Monsieur, tout ce qu'une âme poétique peut souffrir de cet isolement, et combien une ambition de cœur comme la vôtre doit se vite consumer dans sa solitude; mais vos douleurs, qui n'appartiennent qu'à vous, viennent, autant que j'ai pu le démêler sous la pompe de vos paroles, de besoins bizarres toujours insatisfaits et presque impossibles à satisfaire. Vous souffrez, il est vrai; mais il se peut que votre souffrance fasse votre grandeur et qu'elle vous soit aussi nécessaire qu'à d'autres le bonheur. – Maintenant, daignerez-vous écouter et sympathiser avec des chagrins plus faciles à comprendre, – une douleur de province? J'attends de vous, monsieur Cramer, de vous, le savant, l'homme d'esprit, les conseils et peut-être les secours d'un ami.

«Vous savez qu'au temps où vous m'avez connue, j'étais une bonne petite fille, un peu rêveuse déjà comme vous, mais timide et fort obéissante; que je me regardais moins souvent que vous dans la glace, et que j'hésitais toujours à manger ou à mettre dans mes poches les pêches et le raisin que vous alliez hardiment voler pour moi dans le verger de nos voisins. Je ne trouvais jamais un plaisir vraiment agréable et complet qu'autant qu'il fût permis, et j'aimais bien mieux embrasser un beau garçon comme vous devant ma vieille tante qu'au milieu des champs. La coquetterie et le soin que toute fille à marier doit avoir de sa personne ne me sont venus que tard. Quand j'ai su à peu près chanter une romance au piano, on m'a habillée avec plus

faith and devote herself even more strongly than before to what she had lost, and all the more so because she has learnt how to control and direct her passion and that of the person she loves.'

Madame de Cosmelly's face had brightened a little. Her sadness radiated hope like a sun through rain, and Samuel had hardly finished his tirade when she said, in lively tones and with childlike simplicity, 'Is it really true, Sir, that such a thing is possible, and that a branch may be held out for the desperate to grasp?'

'Of course there is, Madam.'

'Ah! you would make me the happiest of women if you would be so good as to tell me how.'

'Nothing could be easier,' he replied abruptly.

In the course of this sentimental verbal skirmish, a growing confidence had brought the pair's hands together; so that after some hesitation and coyness, which seemed to Samuel a good omen, Madame de Cosmelly in her turn began to confide in him, as follows:

'I understand, Sir, all that a poetic soul may suffer from such isolation, and how a heart's desiring of your kind must quickly consume itself in solitude; but your sorrows, so far as I have been able to make out from your florid speeches, arise from fanciful needs which are always unsatisfied and almost incapable of satisfaction. You do suffer, that's true enough; but perhaps your suffering is what constitutes your greatness, and is as necessary to you, as happiness to other people. Now, will you be so kind as to listen to and sympathize with something more easily understandable, a provincial heartache? I hope to obtain from you, Mr Cramer, as a man of learning and wit, the advice and perhaps the succour of a friend.

'You know that when we were last acquainted I was a well-behaved young girl, already a bit of a day-dreamer like you but both shy and obedient; that I eyed myself in the mirror less than you did, and that I always hesitated to eat or accept the peaches and grapes which you were so bold as to steal for me from our neighbour's orchard. I never found any pleasure agreeable or complete unless it was officially permitted, and I much preferred kissing a pretty boy like you under my old aunt's eyes, than out there in the fields. The coquetry and attention that any marriageable girl must give to her person only came to me later on. When I was accomplished enough to sing a romance at the

de recherche, on m'a forcée à me tenir droite; on m'a fait faire de la gymnastique, et l'on m'a défendu de gâter mes mains à planter des fleurs ou à élever des oiseaux. Il me fut permis de lire autre chose que Berquin, et je fus menée en grande toilette au théâtre de l'endroit voir de mauvais opéras. Quand M. de Cosmelly vint au château, je me pris tout d'abord pour lui d'une amitié vive; comparant sa jeunesse florissante avec la vieillesse un peu grondeuse de ma tante, je lui trouvai de plus l'air noble, honnête, et il usait avec moi de la galanterie la plus respectueuse. Puis on citait de lui les traits les plus beaux: un bras cassé en duel pour un ami un peu poltron qui lui avait confié l'honneur de sa sœur, des sommes énormes prêtées à d'anciens camarades sans fortune; que sais-je, moi? Il avait avec tout le monde un air de commandement à la fois affable et irrésistible, qui me dompta moi-même. Comment avait-il vécu avant de mener auprès de nous la vie de château; avait-il connu d'autres plaisirs que de chasser avec moi ou de chanter de vertueuses romances sur mon mauvais piano; avait-il eu des maîtresses? Je n'en savais rien, et je ne songeais pas à m'en informer. Je me mis à l'aimer avec toute la crédulité d'une jeune fille qui n'a pas eu le temps de comparer, et je l'épousai, – ce qui fit à ma tante le plus grand plaisir. Quand je fus sa femme devant la religion et devant la loi, je l'aimai encore plus. – Je l'aimai beaucoup trop, sans doute. – Avais-je tort, avais-je raison? qui peut le savoir? J'ai été heureuse de cet amour, j'ai eu tort d'ignorer qu'il pût être troublé. – Le connaissais-je bien avant de l'épouser? Non, sans doute; mais il semble qu'on ne peut pas plus accuser une honnête fille qui veut se marier de faire un choix imprudent, qu'une femme perdue de prendre un amant ignoble. L'une et l'autre, – malheureuses que nous sommes! – sont également ignorantes. Il manque à ces malheureuses victimes, qu'on nomme filles à marier, une honteuse éducation, je veux dire la connaissance des vices d'un homme. Je voudrais que chacune de ces pauvres petites, avant de subir le lien conjugal, pût entendre dans un lieu secret, et sans être vue, deux hommes causer entre eux des choses de la vie, et surtout des femmes. Après cette première et redoutable épreuve, elles pourraient se livrer avec moins de danger aux chances terribles du mariage, connaissant le fort et le faible de leurs futurs tyrans.»

Samuel ne savait pas au juste où cette charmante victime en voulait venir; mais il commençait à trouver qu'elle parlait beaucoup trop de son mari pour une femme désillusionnée.

piano, they began to dress me with more care, forced me to sit and stand straight, made me do physical exercises, and forbade me to ruin my hands by planting flowers or tending birds. I was never allowed to read anything but Berquin's improving tales, and was taken, dressed to kill, to third-rate operas in our local theatre. When Monsieur de Cosmelly came to the castle I struck up a warm friendship with him from the start, comparing his hearty youthfulness with my aunt's rather peevish old age. I liked his noble, honest bearing, and he paid me the most respectful attentions. Stories went round about his honourable behaviour; how he had an arm broken in a duel which he fought on behalf of a cowardly friend who had entrusted him with the defence of a sister's honour; how he had lent enormous sums to former friends who were in financial straits, and so on. He wore the same affable and irresistible air of authority towards one and all, which quite subdued me. But what sort of existence had he led before settling down in his castle not far from us – had he known other pleasures than hunting and riding with me or singing vapid romances on our badly tuned piano? Had he ever had mistresses? I was quite in the dark and it never occurred to me to inquire further. I began to love him with all the gullibility of a girl who has never had time to make comparisons, then I became his wife to my aunt's enormous satisfaction. When I was his wife in the eyes of the church and the law, I loved him even more. No doubt I loved him too much – was I right or wrong – who knows? I was happy in my love, but foolish to think that nothing could affect it. Did I know him well enough before our marriage? Probably not; but I suppose one can no more blame an honest young woman who wants to marry but makes an imprudent choice, than a fallen woman for choosing an ignoble lover. They are both – unfortunate creatures that we are – quite equally ignorant. What the unhappy marriageable victims lack is an education in depravity; I mean some knowledge of masculine vices. I should like every one of such poor young things, before they submit to the bonds of wedlock, to be able to hear, in some secret place and without being seen, two men exchanging views about the way they live, and, above all, about the female sex. After that first formidable initiation, such young women would abandon themselves with less danger to the awful hazards of matrimony, being fully aware of the strengths and weaknesses of their future tyrants.'

Samuel had little idea of what the charming victim was driving at, but he was beginning to think that she was talking too much about her husband, for a disillusioned wife.

Après avoir fait une pause de quelques minutes, comme si elle craignait d'aborder l'endroit funeste, elle reprit ainsi: «Un jour, M. de Cosmelly voulut revenir à Paris; il fallait que je brillasse dans mon jour et que je fusse encadrée selon mes mérites. Une femme belle et instruite, disait-il, se doit à Paris. Il faut qu'elle sache poser devant le monde et faire tomber quelques-uns de ses rayons sur son mari. – Une femme qui a l'esprit noble et du bon sens sait qu'elle n'a de gloire à attendre ici-bas qu'autant qu'elle fait une partie de la gloire de son compagnon de voyage, qu'elle sert les vertus de son mari, et surtout qu'elle n'obtient de respect qu'autant qu'elle le fait respecter. – Sans doute, c'était le moyen le plus simple et le plus sûr pour se faire obéir presque avec joie; savoir que mes efforts et mon obéissance m'embelliraient à ses yeux, à coup sûr, il n'en fallait pas tant pour me décider à aborder ce terrible Paris, dont j'avais instinctivement peur, et dont le noir et éblouissant fantôme dressé à l'horizon de mes rêves faisait se serrer mon pauvre cœur de fiancée. – C'était donc là, à l'entendre, le vrai motif de notre voyage. La vanité d'un mari fait la vertu d'une femme amoureuse. Peut-être se mentait-il à lui-même avec une sorte de bonne foi, et rusait-il avec sa conscience sans trop s'en apercevoir. – À Paris, nous eûmes des jours réservés pour des intimes dont M. de Cosmelly s'ennuya à la longue, comme il s'était ennuyé de sa femme. Peut-être s'était-il un peu dégoûté d'elle, parce qu'elle avait trop d'amour; elle mettait tout son cœur en avant. Il se dégoûta de ses amis par la raison contraire. Ils n'avaient rien à lui offrir que les plaisirs monotones des conversations où la passion n'a aucune part. Dès lors, son activité prit une autre direction. Après les amis vinrent les chevaux et les jeux. Le bourdonnement du monde, la vue de ceux qui étaient restés sans entraves et qui lui racontaient sans cesse les souvenirs d'une jeunesse folle et occupée, l'arrachèrent au coin du feu et aux longues causeries. Lui, qui n'avait jamais eu d'autre affaire que son cœur, il eut des affaires. Riche et sans profession, il sut se créer une foule d'occupations remuantes et frivoles qui remplissaient tout son temps; les questions conjugales: – Où vas-tu? – À quelle heure te reverra-t-on? Reviens vite, – il fallut les refouler au fond de ma poitrine; car la vie anglaise, – cette mort du cœur, – la vie des clubs et des cercles, l'absorba tout entier. – Le soin exclusif de sa personne et le dandysme qu'il affecta me choquèrent tout d'abord; il est évident que je n'en étais pas l'objet. Je voulus faire comme lui, être plus que

After pausing for a few moments as though afraid of approaching some fatal spot, she went on: 'One day Monsieur de Cosmelly said that he wanted to return to Paris; he wanted me to make my mark there and enjoy my proper place in society. A beautiful and well-educated woman, he said, owes her presence to Paris. She must know how to be a focus of admiration and allow some of her prestige to rebound upon her husband. – A woman gifted with a noble mind and a degree of common sense knows that she can expect no glory on earth except through sharing that of her life's companion; that she must be subservient to her husband's virtues; and that she can win no greater respect than that of making him respected. – No doubt this was the simplest and surest way of making himself obeyed with something approaching joy; to know that my efforts and compliance would make me more precious in his eyes was more than was necessary to make me decide to venture near that terrible Paris of which I was instinctively afraid, and whose dark yet dazzling phantom looming on the horizon of my dreams, seemed to tighten my newly-wed heart. – That, so it sounded, was the main motive for our removal there. A husband's vanity begets the virtue of a loving wife. Perhaps he was lying to himself with a sort of good faith; perhaps he was cheating his conscience without fully realizing it. – In Paris, we reserved some days of the week for a circle of intimate friends, with whom he soon became bored, just as he had become bored with his wife. Perhaps he had grown tired of her because she was too much in love with him and she made it only too obvious. He tired of his friends for the opposite reason; they had nothing to offer him but the routine pleasures of conversations in which passion played no part. From now on he directed his activities elsewhere. After the friends, it was horses and gambling. The hum of social life, the sight of acquaintances who had remained unmarried, constantly reminded him of a loose life of idleness, and drew him away from the fireside and our long, cosy talks. He who had never busied himself with anything but his heart, now began to have affairs. Being rich and having no profession, he knew how to invent dozens of hectic, frivolous occupations for himself, which took up all his time. Such conjugal questions as "Where are you going?" or "When will you be back?" or "Come home soon" had to remain unspoken; for the English way of life – that spiritual death – the life of clubs and cliques, now entirely absorbed him. His over-attention to his own person and his affectation of dandyism shocked me at first; none of all that was intended for me. I then felt that I wanted to do the same, to make myself more

belle, c'est-à-dire coquette, coquette pour lui, comme il l'était pour le monde; autrefois j'offrais tout, je donnais tout, je voulus désormais me faire prier. Je voulais ranimer les cendres de mon bonheur éteint, en les agitant et en les retournant; mais il paraît que je suis bien malhabile à la ruse et bien gauche au vice, il ne daigna pas s'en apercevoir. – Ma tante, cruelle comme toutes les femmes vieilles et envieuses, qui sont réduites à admirer un spectacle où jadis elles furent actrices, et à contempler les jouissances qu'on leur refuse, eut grand soin de me faire savoir, par l'entremise intéressée d'un cousin de M. de Cosmelly, qu'il s'était épris d'une fille de théâtre fort en vogue. Je me fis conduire dans tous les spectacles, et toute femme un peu belle que je voyais entrer en scène, je tremblais d'admirer en elle ma rivale. Enfin j'appris, par une charité du même cousin, que c'était la Fanfarlo, une danseuse aussi bête que belle. – Vous qui êtes auteur, vous la connaissez sans doute. – Je ne suis pas très vaniteuse ni très fière de ma figure; mais je vous jure, monsieur Cramer, que, maintes fois, la nuit, vers trois ou quatre heures du matin, fatiguée d'attendre mon mari, les yeux rouges de larmes et d'insomnies, après avoir fait de longues et suppliantes prières pour son retour à la fidélité et au devoir, j'ai demandé à Dieu, à ma conscience, à mon miroir, si j'étais aussi belle que cette misérable Fanfarlo. Mon miroir et ma conscience m'ont répondu: Oui. Dieu m'a défendu de m'en glorifier, mais non d'en tirer une légitime victoire. Pourquoi donc entre deux beautés égales, les hommes préfèrent-ils souvent la fleur que tout le monde a respirée, à celle qui s'est toujours gardée des passants dans les allées les plus obscures du jardin conjugal? Pourquoi donc les femmes prodigues de leur corps, trésor dont un seul sultan doit avoir la clef, possèdent-elles plus d'adorateurs que nous autres, malheureuses martyres d'un amour unique? De quel charme si magique le vice auréole-t-il certaines créatures? Quel aspect gauche et repoussant leur vertu donne-t-elle à certaines autres? Répondez donc, vous qui, par état, devez connaître tous les sentiments de la vie et leurs raisons diverses!»

Samuel n'eut pas le temps de répondre, car elle continua ardemment:

«M. de Cosmelly a des choses bien graves sur la conscience, si la perte d'une âme jeune et vierge intéresse le Dieu qui la créa pour le bonheur d'une autre. Si M. de Cosmelly mourait ce soir même, il

beautiful, by which I mean coquettish – coquettish for his benefit, as he was for other people's. I once used to offer him everything and give him everything; but from now on I had to be coaxed into yielding to him. I wanted to revive the embers of my extinguished happiness, stirring them and turning them over and over, but apparently I am not good at cunning nor clever in the ways of vice, as he turned a blind eye. – My aunt, who was as cruel as all envious old women are when reduced to admiring a show in which they were long ago the performers, and watching enjoyments which are now denied them – my aunt took good care to let me know, through the good offices of a cousin of Monsieur de Cosmelly's, who was by no means disinterested, that my husband had become infatuated with a very fashionable young wench of an actress.

'I had myself taken to all the shows in town, and any woman at all good-looking whom I saw step onto the stage made me tremble in case I was admiring my rival. At last I learnt, through the same cousin's generosity, that she was Fanfarlo, a dancer as stupid as she was beautiful. Being a writer, you no doubt know her already? I was not very vain or proud of my own looks; but I assure you, Mr Cramer, that many a time in the night, at two or three in the morning, weary of waiting for my husband, with my eyes reddened with tears and sleeplessness, and after making long earnest prayers for my husband's return to fidelity and duty, I asked God and my conscience, and my looking-glass, whether I was as beautiful as that wretched Fanfarlo. My glass and my conscience answered, Yes. God forbade me to take any pride in it, but did not forbid me to regard it as a legitimate triumph. Why, out of two equal beauties, do men so often prefer the flower that every Tom, Dick and Harry has already breathed on, to the one who has always secluded herself from casual passers-by, in the darkest alleys of the conjugal garden? Why do women who are so lavish with their bodies – a treasure of which only one sultan should possess the key – find more lovers at their feet than we others, the unfortunate martyrs to a single love? By what magic spell does vice set an aura round certain creatures? Why does their virtue make us others seem awkward and repulsive? Please inform me, you who, according to your profession, must know all about the nature and causes of human feelings!'

Samuel was not given time to reply, as she went on feverishly: 'Monsieur de Cosmelly has quite serious wrongs on his conscience, if the destruction of a pure young virgin soul concerns the God who created it for another's happiness. If Monsieur de Cosmelly were to

aurait bien des pardons à implorer; car il a, par sa faute, enseigné à sa femme d'affreux sentiments, la haine, la défiance de l'objet aimé et la soif de la vengeance. – Ah! Monsieur, je passe des nuits bien douloureuses, des insomnies bien inquiètes; je prie, je maudis, je blasphème. Le prêtre me dit qu'il faut porter sa croix avec résignation; mais l'amour en démence, mais la foi ébranlée ne savent pas se résigner. Mon confesseur n'est pas une femme, et j'aime mon mari, je l'aime, Monsieur, avec toute la passion et toute la douleur d'une maîtresse battue et foulée aux pieds. Il n'est rien que je n'aie tenté. Au lieu des toilettes sombres et simples auxquelles son regard se plaisait autrefois, j'ai porté des toilettes folles et somptueuses comme les femmes de théâtre. Moi, la chaste épouse qu'il était allé chercher au fond d'un pauvre château, j'ai paradé devant lui avec des robes de fille; je me suis faite spirituelle et enjouée quand j'avais la mort dans le cœur. J'ai pailleté mon désespoir avec des sourires étincelants. Hélas! il n'a rien vu. J'ai mis du rouge, Monsieur, j'ai mis du rouge! – Vous le voyez, c'est une histoire banale, l'histoire de toutes les malheureuses, – un roman de province!»

Pendant qu'elle sanglotait, Samuel faisait la figure de Tartufe empoigné par Orgon, l'époux inattendu, qui s'élance du fond de sa cachette, comme les vertueux sanglots de cette dame qui s'élançaient de son cœur, et venaient saisir au collet l'hypocrisie chancelante de notre poète.

L'abandon extrême, la liberté et la confiance de Mme de Cosmelly l'avaient prodigieusement enhardi, – sans l'étonner. Samuel Cramer, qui a souvent étonné le monde, ne s'étonnait guère. Il semblait dans sa vie vouloir mettre en pratique et démontrer la vérité de cette pensée de Diderot: «L'incrédulité est quelquefois le vice d'un sot, et la crédulité le défaut d'un homme d'esprit. L'homme d'esprit voit loin dans l'immensité des possibles. Le sot ne voit guère de possible que ce qui est. C'est là peut-être ce qui rend l'un pusillanime et l'autre téméraire.» Ceci répond à tout. Quelques lecteurs scrupuleux et amoureux de la vérité vraisemblable trouveront sans doute beaucoup à redire à cette histoire, où pourtant je n'ai eu d'autre besogne à faire que de changer les noms et d'accentuer les détails; comment, diront-ils, Samuel, un poète de mauvais ton et de mauvaises mœurs, peut-il aborder aussi prestement une femme comme Mme de Cosmelly? lui verser, à propos d'un roman de Scott, un torrent de poésie romantique et

die this night he would have many a pardon to pray for, as through his own aberrations he taught his wife such horrible feelings as hatred and distrust and a thirst for revenge. Ah, Sir, I pass many a painful night, full of anxiousness and insomnia while I pray and curse and blaspheme. The priest tells me that I must bear my cross with resignation; but demented love and shaken faith cannot know what resignation is. My confessor is not a woman, and I love my husband, I love him, Sir, with all the passion and grief of any mistress who has been thrashed and trampled underfoot. I have tried everything. Instead of the sober, simple dresses which at one time used to please his eye, I have tried wearing flashy, pretentious gowns like those theatrical women's. I, the chaste partner whom he came to seek out in a gloomy castle, I've paraded for him in the rig of a harlot, done my best to be witty and vivacious when I felt death in my heart. My despair was hidden beneath a mask of radiant smiles. But alas, it made no difference, he noticed nothing, not even when I rouged my face – yes, Sir, I even daubed rouge on my cheeks. As you see for yourself, it's just another of those banal stories, the story of all unfortunate wives, nothing but a provincial novelette!'

While Madame de Cosmelly sobbed, Samuel pulled a face rather like Tartuffe in the grip of Orgon, the unexpected husband leaping from his hiding-place (like the lady's virtuous sobs leaping from her heart and which now seized the poet's daunted hypocrisy by the collar).

Madame de Cosmelly's total lack of reserve, her frankness and confidence in him, had made Samuel feel bolder than ever, without surprising him in the least. He who had so often astonished other people was never astonished himself. All his life he seemed to practise and demonstrate the truth of a statement of Diderot's, that 'Incredulity is sometimes the vice of a foolish man, and credulity the vice of a man of sense. The man of sense has vision enough to see far into the immensity of possibilities. The fool sees hardly any possibility except what is already there. Perhaps that is what makes the one pusillanimous and the other foolhardy.' This explains everything. A few sticklers who like the truth, so long as it is not stranger than fiction, will no doubt find plenty of faults to pick in this story, in which all I had to do was to change the names and bring out the details; how on earth, they will say, can this Samuel, a man of such dubious taste and morals, have the nerve to try and flirt with a lady like Madame de Cosmelly, or on account of some Waverley novel swamp her with a flood of mindless romantic verbiage? And how

banale? Mme de Cosmelly, la discrète et vertueuse épouse, lui verser aussi promptement, sans pudeur et sans défiance, le secret de ses chagrins? À quoi je réponds que Mme de Cosmelly était simple comme une belle âme, et que Samuel était hardi comme les papillons, les hannetons et les poètes; il se jetait dans toutes les flammes et entrait par toutes les fenêtres. La pensée de Diderot explique pourquoi l'une fut si abandonnée, l'autre si brusque et si impudent. Elle explique aussi toutes les bévues que Samuel a commises dans sa vie, bévues qu'un sot n'eût pas commises. Cette portion du public qui est essentiellement pusillanime ne comprendra guère le personnage de Samuel, qui était essentiellement crédule et imaginatif, au point qu'il croyait, – comme poète, à son public, – comme homme, à ses propres passions.

Dès lors il s'aperçut que cette femme était plus forte, plus escarpée qu'elle n'en avait l'air, et qu'il ne fallait pas heurter de front cette piété candide. Il lui défila de nouveau son jargon romantique. Honteux d'avoir été bête, il voulut être roué; il lui parla quelque temps encore en patois séminariste de blessures à fermer ou à cautériser par l'ouverture de nouvelles plaies saignantes largement et sans douleur. Quiconque a voulu, sans avoir en lui la force absolutrice de Valmont ou de Lovelace, posséder une honnête femme qui ne s'en souciait guère, sait avec quelle risible et emphatique gaucherie chacun dit en montrant son cœur: prenez mon ours; – cela me dispensera donc de vous expliquer combien Samuel fut bête. – Mme de Cosmelly, cette aimable Elmire qui avait le coup d'œil clair et prudent de la vertu, vit promptement le parti qu'elle pouvait tirer de ce scélérat novice, pour son bonheur et pour l'honneur de son mari. Elle le paya donc de la même monnaie; elle se laissa presser les mains; on parla d'amitié et de choses platoniques. Elle murmura le mot de vengeance; elle dit que, dans ces douloureuses crises de la vie d'une femme, on donnerait volontiers à son vengeur le reste du cœur que le perfide a bien voulu vous laisser, – et autres niaiseries et marivaudages dramatiques. Bref, elle fit de la coquetterie pour le bon motif, et notre jeune roué, qui était plus nigaud qu'un savant, promit d'arracher la Fanfarlo à M. de Cosmelly, et de le débarrasser de la courtisane, – espérant trouver dans les bras de l'honnête femme la récompense de cette œuvre méritoire. – Il n'y a que les poètes qui soient assez candides pour inventer de pareilles monstruosités.

Un détail assez comique de cette histoire, et qui fut comme un

could Madame de Cosmelly, the discreet and virtuous countess, be so ready to unburden herself of such personal secrets and sufferings without a hint of modesty or prudence? – To which I reply that Madame de Cosmelly was a simple woman, in the way that fine souls are simple, and Samuel as headlong as butterflies and maybugs and poets are, flinging himself into every flame and ready to pass through any window. Diderot's remark explains why she was so abandoned, and why he was so brash and impudent. It also explains all the gaffes that Samuel ever committed, that no mere fool would ever have been capable of. The majority of the public, who are essentially pusillanimous, are not likely to understand a personality like Samuel's, essentially credulous and imaginative to such an extent that, as a poet, he actually believed in his public and, as a man, firmly believed in his own passions.

After that outburst Samuel saw that this lady was far stronger and more mettlesome than she appeared, and that her candid piety should not be met head-on. So he treated her to a further dose of his romantic jargon. Ashamed at having been so stupid, he now decided to play the rake, and jawed a bit longer in parsonical style about healing wounds by opening fresh ones, painless bloodletting, and all that. Whoever has tried, while lacking the absolving powers of a Valmont or a Lovelace, to win an honest woman who is disinclined, knows with what ludicrous and pompous awkwardness a man says, as he shows his heart, 'Please accept my teddy-bear' – and that's enough to explain how silly Samuel was.

Madame de Cosmelly, that lovable Elmira who had the sharp and prudent eye of virtue itself, was not slow in seeing what advantage she could take of this mere apprentice in rascality, on behalf of her happiness and her husband's honour. So she paid him in his own coin, allowing him to squeeze her hand while they talked about friendship and such platonic stuff. She murmured the word *revenge*, and implied that in a painful crisis in her existence a woman would willingly offer her avenger whatever the betrayer had left of her heart – and other theatrical, flirtatious nonsense. In a word she played the coquette for a worthy motive; whereas our young rake, who was as stupid as a university don, undertook to lure Fanfarlo away from Monsieur de Cosmelly and relieve him of his mistress, in the hope of reaping his reward for such a praiseworthy feat in the honest lady's arms. Nobody but a poet would be so simple-minded as to give such a grotesque ploy a second thought.

A ludicrous incident in this affair, a kind of intermezzo in the

intermède dans le drame douloureux qui allait se jouer entre ces quatre personnages, fut le quiproquo des sonnets de Samuel; car, à l'endroit des sonnets, il était incorrigible, – l'un pour Mme de Cosmelly, où il louait en style mystique sa beauté de Béatrix, sa voix, la pureté angélique de ses yeux, la chasteté de sa démarche, etc..., l'autre pour la Fanfarlo, où il lui servait un ragoût de galanteries pimentées à faire venir le sang au palais le moins novice, genre de poésie, du reste, où il excellait, et où il avait de bonne heure bien dépassé toutes les andalouseries possibles. Le premier morceau arriva chez la créature qui jeta ce plat de concombres dans la boîte aux cigares; le second, chez la pauvre délaissée, qui ouvrit d'abord de grands yeux, finit par comprendre, et, malgré ses douleurs, ne put s'empêcher de rire aux éclats, comme en de meilleurs temps.

Samuel alla au théâtre et se mit à étudier la Fanfarlo sur les planches. Il la trouva légère, magnifique, vigoureuse, pleine de goût dans ses accoutrements, et jugea M. de Cosmelly bien heureux de pouvoir se ruiner pour un pareil morceau.

Il se présenta deux fois chez elle, – une maisonnette à l'escalier velouté, pleine de portières et de tapis, dans un quartier neuf et verdoyant; mais il ne pouvait s'y introduire sous aucun prétexte raisonnable. Une déclaration d'amour était chose profondément inutile et même dangereuse. Un échec lui aurait interdit d'y retourner. Quant à s'y faire présenter, il apprit que la Fanfarlo ne recevait personne. Quelques intimes la voyaient de temps à autre. Que venait-il dire ou faire chez une danseuse magnifiquement appointée et entretenue, et adorée de son amant? que venait-il lui apporter, lui qui n'était ni tailleur, ni couturière, ni maître de ballets, ni millionnaire? – Il prit donc un parti simple et brutal; il fallait que la Fanfarlo vînt à lui. À cette époque, les article d'éloges et de critiques avaient beaucoup plus de valeur que maintenant. *Les facilités* du feuilleton, comme disait récemment un brave avocat dans un procès tristement célèbre, étaient bien plus grandes qu'aujourd'hui; quelques talents ayant parfois capitulé avec les journalistes, l'insolence de cette jeunesse étourdie et aventureuse ne connut plus de bornes. Samuel entreprit donc, – lui qui ne savait pas un mot de musique, – la spécialité des théâtres lyriques.

Dès lors la Fanfarlo fut hebdomadairement éreintée au bas d'une feuille importante. On ne pouvait pas dire ni faire soupçonner même qu'elle eût la jambe, la cheville ou le genou mal tourné; les muscles jouaient sous le bas, et toutes les lorgnettes eussent crié au blasphème.

painful drama which was to be enacted by the four characters, was the muddle which occurred over Samuel's sonnets, for nothing could stop him from concocting such things. He wrote a sonnet for Madame de Cosmelly in which, in highly metaphysical style, he praised her Beatrice's beauty, her honied voice, the angelic purity of her eyes, the chastity of her deportment and so on; then another, for Fanfarlo, in which he treated her to a hash of spiced gallantries enough to burn the most inexperienced palate, and more extravagant than anything of Gongora's. But the first piece found its way to the fallen creature, who threw that cucumber-salad into her cigar-box, and the second reached the poor abandoned wife, who was amazed at first but soon understood and, despite her sufferings, was compelled to laugh as heartily as in her happier days gone by.

Samuel went to the theatre and began studying Fanfarlo on the stage. She struck him as being on the light side, but stunning, dynamic, tasteful in matters of dress, and thought M. de Cosmelly was lucky to be able to ruin himself for such a piece.

He went round to her place twice – a maisonette with a velvet staircase, full of doors and rugs, in a newly-built part of the city, full of trees and gardens; but had no reasonable excuse for being admitted. A declaration of love would have been useless and even dangerous, as a rejection would have prevented him from ever going there again. As for obtaining an introduction, he heard that Fanfarlo never received anyone in her apartments, and only a few intimate friends were allowed to see her now and then. What could he say or do in the home of a *danseuse* who was so superbly installed, provided for and worshipped by her lover? What had he to offer her, being neither a tailor nor dressmaker, impresario nor millionaire? So he decided on a straightforward, ruthless line of action: Fanfarlo must be made to come to him. In those days, puffing or damning articles in the press had more weight than they have now. The licence of journalism (its 'facilities', to use the expression of a well-meaning lawyer in a deplorable case recently) was greater than it is now, and as a few people of talent had capitulated to the hacks, the insolence of such mindless young hot-heads knew no bounds. So Samuel, who could hardly tell one note of music from another, launched himself as a specialist in the song-and-dance trade.

From now on Fanfarlo was mauled every week at the tail-end of an important periodical. It was impossible to assert or suggest that she had an ugly leg or ankle or knee, as her skirts concealed them and every lorgnette would have denounced such blasphemy. But she

Elle fut accusée d'être brutale, commune, dénuée de goût, de vouloir importer sur le théâtre des habitudes d'outre-Rhin et d'outre-Pyrénées, des castagnettes, des éperons, des talons de bottes, – sans compter qu'elle buvait comme un grenadier, qu'elle aimait trop les petits chiens et la fille de sa portière, – et autres linges sales de la vie privée, qui sont la pâture et la friandise journalière de certains petits journaux. On lui opposait, avec cette tactique particulière aux journalistes, qui consiste à comparer des choses dissemblables, une danseuse éthérée, toujours habillée de blanc, et dont les chastes mouvements laissaient toutes les consciences en repos. Quelquefois la Fanfarlo criait et riait très haut vers le parterre en achevant un bond sur la rampe; elle osait marcher en dansant. Jamais elle ne portait de ces insipides robes de gaze qui laissent tout voir et ne font rien deviner. Elle aimait les étoffes qui font du bruit, les jupes longues, craquantes, pailletées, ferblantées, qu'il faut soulever très haut d'un genou vigoureux, les corsages de saltimbanque; elle dansait, non pas avec des boucles, mais avec des pendants d'oreilles, j'oserais presque dire des lustres. Elle eût volontiers attaché au bas de ses jupes une foule de petites poupées bizarres, comme le font les vieilles bohémiennes qui vous disent la bonne aventure d'une manière menaçante, et qu'on rencontre en plein midi sous les arceaux des ruines romaines; toutes drôleries, du reste, dont le romantique Samuel, l'un des derniers romantiques que possède la France, raffolait fort.

Si bien qu'après avoir dénigré pendant trois mois la Fanfarlo, il en devint éperdument amoureux, et qu'elle voulut enfin savoir quel était le monstre, le cœur d'airain, le cuistre, le pauvre esprit qui niait si opiniâtrement la royauté de son génie.

Il faut rendre cette justice à la Fanfarlo, qu'il n'y eut chez elle qu'un mouvement de curiosité, rien de plus. Un pareil homme avait-il réellement le nez au milieu du visage et était-il tout à fait conformé comme le reste de ses semblables? Quand elle eut pris une ou deux informations sur Samuel Cramer, qu'elle eut appris que c'était un homme comme un autre, de quelque sens et de quelque talent, elle comprit vaguement qu'il y avait là quelque chose à deviner, et que ce terrible article du lundi pouvait fort bien n'être qu'une sorte particulière de bouquet hebdomadaire, ou la carte de visite d'un opiniâtre solliciteur.

Il la trouva un soir dans sa loge. Deux vastes flambeaux et un large feu faisaient trembler leurs lumières sur les costumes bariolés qui traînaient dans ce boudoir.

La reine du lieu, au moment de quitter le théâtre, reprenait une toilette de simple mortelle, et, accroupie sur une chaise, chaussait sans

was accused of being rough and common and tasteless, and doing her best to inflict German or Spanish mannerisms on the French theatre, with her castanets and spurs and high heels – apart from which, she drank like a trooper, was too fond of lapdogs and the caretaker's daughter, and suchlike dirty linen of domestic life which are the staple food and titbits of our dimmer newspapers. By a trick peculiar to journalists, which consists of comparing entirely dissimilar things, she was contrasted with some ethereal dancer who always dressed in white and whose chaste steps and poses would leave the purest conscience unmoved. Sometimes Fanfarlo used to come shouting and laughing towards the pit, ending with a leap in the footlights. She always walked boldly, with a dancing step. She never wore those insipid gauzes which reveal everything and leave nothing to the imagination. She was fond of materials which make themselves heard, long crackling skirts all spangled and sheened and metallic which have to be tossed high with a powerful knee, and an acrobat's tunic; she danced not with mere rings in her ears but pendants, almost lustres. She would have delighted in stringing fantastic little dolls to the hem of her skirts, like those old gypsy squaws who tell your fortune in threatening tones, who are to be met in broad daylight under the arches of Roman ruins; she was capable of every eccentricity that Samuel was crazy about, being one of the last romantics to be found in the whole of France.

He was so crazy that after slanging Fanfarlo for three months he had fallen madly in love with her, while by now she wanted to find out who was this monster, this hard-hearted devil and cad and dimwit who was so obstinately vilifying her majestic genius.

To be fair to Fanfarlo, she was stirred by nothing more than curiosity. Could such a man really have his nose in the centre of his face? Could he be shaped like the rest of his kind? After obtaining a few snippets of information about Samuel Cramer, and having heard that he was a man like any other and not entirely without brains and talent, it vaguely dawned on her that there was some mystery to be ferreted out, and that the murderous articles in Monday's paper might well be nothing more than a weekly bouquet, or some obstinate hanger-on's visiting-card.

One evening he met her in her dressing-room. Two enormous candle-lamps, and a rich fire, shed their shimmering beams on the garish costumes which lay scattered all around.

The queen of the boudoir, about to leave the theatre, was now preparing to dress like an ordinary mortal, and, bending down on

pudeur sa jambe adorable; ses mains, grassement effilées, faisaient se jouer à travers les œillets le lacet du brodequin comme une navette agile, sans songer au jupon qu'il fallait rabattre. Cette jambe était déjà, pour Samuel, l'objet d'un éternel désir. Longue, fine, forte, grasse et nerveuse à la fois, elle avait toute la correction du beau et tout l'attrait libertin du joli. Tranchée perpendiculairement à l'endroit le plus large, cette jambe eût donné une espèce de triangle dont le sommet eût été situé sur le tibia, et dont la ligne arrondie du mollet eût fourni la base convexe. Une vraie jambe d'homme est trop dure, les jambes de femmes crayonnées par Devéria sont trop molles pour en donner une idée.

Dans cette agréable attitude, sa tête, inclinée vers son pied, étalait un cou de proconsul, large et fort, et laissait deviner l'ornière des omoplates, revêtues d'une chair brune et abondante. Les cheveux lourds et serrés retombaient en avant des deux côtés, lui chatouillaient le sein, et lui bouchaient les yeux, de sorte qu'à chaque instant il fallait les déranger et les rejeter en arrière. Une impatience mutine et char-mante, comme d'un enfant gâté qui trouve que cela ne va pas assez vite, remuait toute la créature et ses vêtements, et découvrait à chaque instant de nouveaux points de vue, de nouveaux effets de lignes et de couleur.

Samuel s'arrêta avec respect, – ou feignit de s'arrêter avec respect; car, avec ce diable d'homme, le grand problème est toujours de savoir où le comédien commence.

«Ah! vous voilà, Monsieur! lui dit-elle sans se déranger, quoiqu'elle eût été prévenue quelques minutes auparavant de la visite de Samuel. – Vous avez quelque chose à me demander, n'est-ce pas?»

L'impudence sublime de cette parole alla droit au cœur du pauvre Samuel; il avait bavardé comme une pie romantique pendant huit jours auprès de Mme de Cosmelly; ici, il répondit tranquillement: «Oui, Madame.» Et les larmes lui vinrent aux yeux.

Cela eut un succès énorme; la Fanfarlo sourit.

«Mais quel insecte vous a donc piqué, Monsieur, pour me mordre à si belles dents? Quel affreux métier...

– Affreux, en effet, Madame... c'est que je vous adore.

– Je m'en doutais, répliqua la Fanfarlo. Mais vous êtes un monstre; cette tactique est abominable. – Pauvres filles que nous sommes! ajouta-t-elle en riant. – Flore, mon bracelet. – Donnez-moi le bras jusqu'à ma voiture, et dites-moi si vous m'avez trouvée bien ce soir?»

Ils allèrent ainsi, bras dessus bras dessous, comme deux vieux amis; Samuel aimait, ou du moins sentait son cœur battre fort. – Il fut

her chair, was adjusting her high laced boot on her exquisite leg; her plumply tapering hands were thrusting the laces through the eyes like a quick spindle, and she was at no pains to lower her skirts and petticoats in the process. For Samuel, that leg was already the object of undying desire. Long and slender, and well rounded yet lean, it had the correct proportions of beauty and the sensual provocation of prettiness. A perpendicular section taken from the widest point would have given this leg the appearance of a triangle with the apex at the tibia, the rounded line of the calf forming a convex base. A well-shaped male leg is too hard and muscular, and a female leg as drawn by Devéria too soft, to give any idea of hers.

In that pleasing attitude, her head, inclined towards her foot, revealed a neck as firm as some Roman proconsul's, broad and strong and hinting at the dip between the shoulder-blades, well moulded, with tawny flesh. Her hair fell in a heavy thatch on both sides, lightly grazing her bosom, and veiling her eyes so that she had to brush it aside or toss it back. A rebellious, endearing impatience like that of a spoilt child for whom nothing ever happens fast enough animated all her body and clothing, every movement showing fresh features and effects of line and colour.

Samuel halted respectfully on the threshold, or pretended to halt respectfully – for with such a perverse fellow it's always hard to tell at what point the comedian takes over.

'Ah, so there you are, Sir,' she said, without changing her posture, although she had been informed of Samuel's arrival a few minutes earlier. 'I understand you want to ask me something?'

The sublime impudence of this remark went straight to poor Samuel's heart. He had beaten round the bush like a romantic jay for a week with Madame de Cosmelly, but now he could only reply in a feeble undertone, 'Yes, Madame', and the tears came into his eyes.

This was enormously successful. Fanfarlo smiled.

'But what wasp stung you, Sir, to make you sink your teeth into me? What a vile profession –'

'Vile, as you say, Madame. – It's because I adore you.'

'I thought as much', Fanfarlo replied. 'But you're a monster, and your tactics are abominable. We poor women –' she added with a laugh – 'Flora, hand me my bangle. – Now, give me your arm as far as my carriage, and tell me how wonderful I was tonight.'

They went off arm in arm, like old friends. Samuel was in love, or at least felt his heart beating fast – he was perhaps a bit odd but certainly not ridiculous on this occasion.

peut-être singulier, mais à coup sûr cette fois il ne fut pas ridicule.

Dans sa joie, il avait presque oublié de prévenir Mme de Cosmelly de son succès, et de porter un espoir à son foyer désert.

Quelques jours après, la Fanfarlo jouait le rôle de Colombine dans une vaste pantomime faite pour elle par des gens d'esprit. Elle y paraissait par une agréable succession de métamorphoses sous les personnages de Colombine, de Marguerite, d'Elvire et de Zéphyrine, et recevait, le plus gaîment du monde, les baisers de plusieurs générations de personnages empruntés à divers pays et diverses littératures. Un grand musicien n'avait pas dédaigné de faire une partition fantastique et appropriée à la bizarrerie du sujet. La Fanfarlo fut tour à tour décente, féerique, folle, enjouée; elle fut sublime dans son art, autant comédienne par les jambes que danseuse par les yeux.

Chez nous, l'on méprise trop l'art de la danse, cela soit dit en passant. Tous les grands peuples, d'abord ceux du monde antique, ceux de l'Inde et de l'Arabie, l'ont cultivée à l'égal de la poésie. La danse est autant au-dessus de la musique, pour certaines organisations païennes toutefois, que le visible et le créé sont au-dessus de l'invisible et de l'incréé. – Ceux-là seuls peuvent me comprendre à qui la musique donne des idées de peinture. – La danse peut révéler tout ce que la musique recèle de mystérieux, et elle a de plus le mérite d'être humaine et palpable. La danse, c'est la poésie avec des bras et des jambes, c'est la matière, gracieuse et terrible, animée, embellie par le mouvement. – Terpsichore est une Muse du Midi; je présume qu'elle était très brune, et qu'elle a souvent agité ses pieds dans les blés dorés; ses mouvements, pleins d'une cadence précise, sont autant de divins motifs pour la statuaire. Mais Fanfarlo la catholique, non contente de rivaliser avec Terpsichore, appela à son secours tout l'art des divinités plus modernes. Les brouillards mêlent des formes de fées et d'ondines moins vaporeuses et moins nonchalantes. Elle fut à la fois un caprice de Shakespeare et une bouffonnerie italienne.

Le poète était ravi; il crut avoir devant les yeux le rêve de ses jours les plus anciens. Il eût volontiers gambadé dans sa loge d'une manière ridicule, et se fût cassé la tête contre quelque chose, dans l'ivresse folle qui le dominait.

Une calèche basse et bien fermée emportait rapidement le poète et la danseuse vers la maisonnette dont j'ai parlé.

Notre homme exprimait son admiration par des baisers muets qu'il lui appliquait avec ferveur sur les pieds et les mains. – Elle aussi l'admirait fort, non pas qu'elle ignorât le pouvoir de ses charmes, mais jamais elle n'avait vu d'homme si bizarre ni de passion si électrique.

In his joy he almost forgot that he must tell Madame de Cosmelly about his success, and bring a ray of hope to her forlorn hearth.

A few days later Fanfarlo was playing the part of Columbine in an important pantomime which some clevers had concocted for her. In an entertaining series of quick changes she was successively Columbine, Goethe's Margaret, Elvira and Zephyrine, and rejoiced in the kisses and embraces of several generations of characters from a variety of nationalities and literatures. A fashionable musician did not find himself too important to compose a fanciful score, to suit the extravagance of the theme. Fanfarlo was perfectly respectable as well as being fairy-like; crazy and vivacious, she was sublime in her own way, acting with her legs and dancing with her eyes.

It may be remarked in passing that we French take the art of dancing too much for granted. All the great nations – classical Greece and Rome, India and Arabia – have cultivated the dance with no less esteem than poetry. The dance is as much above music – admittedly for certain pagan communities – as the visible and created is above the invisible and uncreated. Only those people will understand me, those for whom music suggests painting. The dance can reveal the mystery which lies hidden in music, and in addition has the merit of being human and palpable. The dance is poetry endowed with arms and legs, it is matter, graceful and terrible, animated and beautified by motion. Terpsichore is a Muse of the South. I suppose she must have been very dark-skinned and often whirled her feet in the golden corn; her movements, precise in cadence, provide many a divine theme for the sculptor. But the eclectic Fanfarlo, not satisfied with rivalling Terpsichore, called all the art of the most modern deities to her aid. The mists of the North shape forms of fairies and water-sprites less vaporous and nonchalant than hers. She was both a Shakespearian caprice and an Italianate buffoonery.

The poet was overjoyed, thinking that at last the dreams of his youth had come to life before his eyes. He could have danced a clownish jig in his box, or dashed his head against the wall in a sort of drunken rapture.

A closed, cosy cab bore the poet and dancer off at double speed towards the maisonette I mentioned earlier on.

Our hero expressed his admiration with silent kisses, fervently laid upon her feet and hands. She was just as lost in admiration for him; not that she was unconscious of the power of her charms, but she had never come across such an unusual man or such an electric passion.

Le temps était noir comme la tombe, et le vent qui berçait des monceaux de nuages faisait de leurs cahotements ruisseler une averse de grêle et de pluie. Une grande tempête faisait trembler les mansardes et gémir les clochers; le ruisseau, lit funèbre où s'en vont les billets doux et les orgies de la veille, charriait en bouillonnant ses mille secrets aux égouts; la mortalité s'abattait joyeusement sur les hôpitaux, et les Chatterton et les Savage de la rue Saint-Jacques crispaient leurs doigts gelés sur leurs écritoires, – quand l'homme le plus faux, le plus égoïste, le plus sensuel, le plus gourmand, le plus spirituel de nos amis arriva devant un beau souper et une bonne table, en compagnie d'une des plus belles femmes que la nature ait formées pour le plaisir des yeux. Samuel voulut ouvrir la fenêtre pour jeter un coup d'œil de vainqueur sur la ville maudite; puis abaissant son regard sur les diverses félicités qu'il avait à côté de lui, il se hâta d'en jouir.

En compagnie de pareilles choses, il devait être éloquent: aussi, malgré son front trop haut, ses cheveux en forêt vierge et son nez de priseur, la Fanfarlo le trouva presque bien.

Samuel et la Fanfarlo avaient exactement les mêmes idées sur la cuisine et le système d'alimentation nécessaire aux créatures d'élite. Les viandes niaises, les poissons fades étaient exclus des soupers de cette sirène. Le champagne déshonorait rarement sa table. Les bordeaux les plus célèbres et les plus parfumés cédaient le pas au bataillon lourd et serré des bourgognes, des vins d'Auvergne, d'Anjou et du Midi, et des vins étrangers, allemands, grecs, espagnols. Samuel avait coutume de dire qu'un verre de vrai vin devait ressembler à une grappe de raisin noir, et qu'il y avait dedans autant à manger qu'à boire. – La Fanfarlo aimait les viandes qui saignent et les vins qui charrient l'ivresse. – Du reste, elle ne se grisait jamais. – Tous deux professaient une estime sincère et profonde pour la truffe. – La truffe, cette végétation sourde et mystérieuse de Cybèle, cette maladie savoureuse qu'elle a cachée dans ses entrailles plus longtemps que le métal le plus précieux, cette exquise matière qui défie la science de l'agromane, comme l'or celle des Paracelse; la truffe, qui fait la distinction du monde ancien et du moderne, et qui, avant un verre de Chio, a l'effet de plusieurs zéros après un chiffre.

Quant à la question des sauces, ragoûts et assaisonnements, question grave et qui demanderait un chapitre grave comme un feuilleton de science, je puis vous affirmer qu'ils étaient parfaitement d'accord, surtout sur la nécessité d'appeler toute la pharmacie de la nature au secours de la cuisine. Piments, poudres anglaises, safraniques, substances coloniales, poussières exotiques, tout leur eût semblé bon,

The weather was as gloomy as the grave and the wind, rocking great piles of clouds, loosened a flood of hail and rain. The gale shook attics and lofts and made the church spires groan; the gutter's dismal bed bore off the love-letters and orgies of yesterday and a seething stream of secrets to the sewers; death swooped with joy onto the hospitals, the Chattertons and Savages of the rue St Jacques were clenching their frozen fingers as they wrote at their desks – when the most false, egoistic, sensual, gluttonous and witty of our friends sat down to a fine supper and well-spread table, in the company of one of the loveliest women that Nature ever formed for the eyes' delight. Samuel felt tempted to open the window and throw a glance of triumph at the accursed city, then as he looked down at the various delicacies within his reach he made haste to enjoy them.

In the presence of such good things it was his duty to be eloquent, so in spite of his over-high brow, tanglewood hair and snuff-addict's nose, Fanfarlo found him almost up to the mark.

Samuel and Fanfarlo shared exactly the same ideas about good fare and the kind of culinary system required for the palates of the élite. Dishes of uninspired meats and tasteless fish were banished from the Siren's suppers. Champagne rarely disgraced her table. The most famous and nosy Bordeaux vintages had to give way to the heavy battalions of burgundies or those of Anjou or Provence or Auvergne, and foreign wines from Germany, Greece and Spain. Samuel used to say that a real glass of wine should be as fruity as a bunch of grapes, and contain as much to eat as to drink. Fanfarlo liked her meat rare, and wines which travel to your head. Incidentally, she was never tipsy. They both had a sincere respect for truffles, that mysterious subterranean growth which Cybele has hidden in the earth longer than any precious metal, that exquisite organism which defies the science of the agromaniac just as gold defied the researches of Paracelsus, the truffle which is the acme of ancient and modern civilisation and which, along with a glass of Chios, has the effect of several zeros after a digit.

As for the question of sauces and relishes and seasonings, a serious question which would require a chapter as weighty as an article in a scientific journal, I assure you that they were in complete agreement, and especially on the need to bring the whole pharmacy of nature to the kitchen's aid. Pimentos, English flavouring powders, saffrons, colonial condiments, exotic spices, even musk and incense suited their

voire le musc et l'encens. Si Cléopâtre vivait encore, je tiens pour certain qu'elle eût voulu accommoder des filets de bœuf ou de chevreuil avec des parfums d'Arabie. Certes, il est à déplorer que les *cordons bleus* d'à présent ne soient pas contraints par une loi particulière et voluptuaire à connaître les propriétés chimiques des matières, et ne sachent pas découvrir, pour les cas nécessaires, comme celui d'une fête amoureuse, des éléments culinaires presque inflammables, prompts à parcourir le système organique, comme l'acide prussique, à se volatiliser comme l'éther.

Chose curieuse, cet accord d'opinions pour le bien-vivre, cette similitude de goûts les lia vivement; cette entente profonde de la vie sensuelle, qui brillait dans chaque regard et dans chaque parole de Samuel, frappa beaucoup la Fanfarlo. Cette parole tantôt brutale comme un chiffre, tantôt délicate et parfumée comme une fleur ou un sachet, cette causerie étrange, dont lui seul a connu le secret, acheva de lui gagner les bonnes grâces de cette charmante femme. Du reste, ce ne fut pas non plus sans une vive et profonde satisfaction qu'il reconnut, à l'inspection de la chambre à coucher, une parfaite confraternité de goûts et de sentiments à l'endroit des ameublements et des constructions intérieures. Cramer haïssait profondément, et il avait, selon moi, parfaitement raison, les grandes lignes droites en matière d'appartements et l'architecture importée dans le foyer domestique. Les vastes salles des vieux châteaux me font peur, et je plains les châtelaines d'avoir été contraintes à faire l'amour dans de grands dortoirs qui avaient un air de cimetière, dans de vastes catafalques qui se faisaient appeler des lits, sur de gros monuments qui prenaient le pseudonyme de fauteuils. Les appartements de Pompéi sont grands comme la main; les ruines indiennes qui couvrent la côte de Malabar témoignent du même système. Ces grands peuples voluptueux et savants connaissaient parfaitement la question. Les sentiments intimes ne se recueillent à loisir que dans un espace très étroit.

La chambre à coucher de la Fanfarlo était donc très petite, très basse, encombrée de choses molles, parfumées et dangereuses à toucher; l'air, chargé de miasmes bizarres, donnait envie d'y mourir lentement comme dans une serre chaude. La clarté de la lampe se jouait dans un fouillis de dentelles et d'étoffes d'un ton violent, mais équivoque. Çà et là, sur le mur, elle éclairait quelques peintures pleines d'une volupté espagnole: des chairs très blanches sur des fonds très noirs. C'est au fond de ce ravissant taudis, qui tenait à la fois du mauvais lieu et du sanctuaire, que Samuel vit s'avancer vers lui la nouvelle déesse de son cœur, dans la splendeur radieuse et sacrée de sa nudité.

palates. If Cleopatra were still with us, she would no doubt season her steak fillets and venison with the perfumes of Arabia. It is surely regrettable that our latterday super-chefs are not compelled by some epicurean law to know the exact chemical properties of all comestible materials, and are no longer capable of discovering, for such unavoidable occasions as a lovers' feast, such culinary ingredients as are almost inflammable, and which flash through the digestive system, like prussic acid, to evaporate like ether.

A curious thing is that this congruence of opinions as regards high living, this total similarity of tastes, was a very strong bond between them. This profound mutual understanding of sensual life shone through Samuel's every look and word and greatly impressed Fanfarlo. His language, which could be as abrupt as an arithmetical figure or as delicate, as aromatic as a flower or a scented sachet, his own inimitable way of saying everything, succeeded in winning the charming young woman's good graces. It was not without a lively, profound satisfaction that he recognized, as he surveyed her bedroom, something like a brother-and-sister partnership in taste and feeling, so far as the furnishings and internal arrangements were concerned. I think that Cramer was right in having a horror of long straight lines in domestic architecture. The vast open halls of old castles fill me with fear, and I pity those ladies of the manor who used to be condemned to making love in those enormous dormitories which look like graveyards, on those enormous catafalques they miscalled beds, or those monumental structures which bore the pseudonym of armchairs. The apartments at Pompeii are hardly bigger than a man's hand, and the Indian ruins on the Malabar coast show evidence of the same system. Those great, voluptuous and learned peoples had a perfect grasp of this problem. Intimate feelings can only be enjoyed at leisure within a very confined space.

Fanfarlo's bedroom, then, was very small and low-ceilinged, crammed with soft and fragrant fragile things, and the atmosphere, heavy with a medley of unidentifiable odours, made one want to die slowly in it as in a hot-house. The lamplight dappled a medley of lace and silks and satins of violent but indefinable shades, and lit up here and there on the walls a few paintings full of Spanish sensuality, with the whitest of flesh on the darkest of backgrounds. And it was at the heart of this delicious untidy den, which seemed half-brothel and half-sanctuary, that Samuel beheld the latest goddess of his affections, now stepping towards him in the radiant and sublime splendour of her nakedness.

Quel est l'homme qui ne voudrait, même au prix de la moitié de ses jours, voir son rêve, son vrai rêve poser sans voile devant lui, et le fantôme adoré de son imagination faire tomber un à un tous les vêtements destinés à protéger contre les yeux du vulgaire? Mais voilà que Samuel, pris d'un caprice bizarre, se mit à crier comme un enfant gâté: Je veux Colombine, rends-moi Colombine; rends-la-moi telle qu'elle m'est apparue le soir qu'elle m'a rendu fou avec son accoutrement fantasque et son corsage de saltimbanque!

La Fanfarlo, étonnée d'abord, voulut bien se prêter à l'excentricité de l'homme qu'elle avait choisi, et l'on sonna Flore; celle-ci eut beau représenter qu'il était trois heures du matin, que tout était fermé au théâtre, le concierge endormi, le temps affreux, – la tempête continuait son tapage, – il fallut obéir à celle qui obéissait elle-même, et la femme de chambre sortit; quand Cramer, pris d'une nouvelle idée, se pendit à la sonnette et s'écria d'une voix tonnante: Eh! n'oubliez pas le rouge!

Ce trait caractéristique, qui a été raconté par la Fanfarlo elle-même, un soir que ses camarades l'interrogeaient sur le commencement de sa liaison avec Samuel, ne m'a nullement étonné; j'ai bien reconnu en ceci l'auteur des *Orfraies*. Il aimera toujours le rouge et la céruse, le chrysocale et les oripeaux de toute sorte. Il repeindrait volontiers les arbres et le ciel, et si Dieu lui avait confié le plan de la nature, il l'aurait peut-être gâté.

Quoique Samuel fût une imagination dépravée, et peut-être à cause de cela même, l'amour était chez lui moins une affaire des sens que du raisonnement. C'était surtout l'admiration et l'appétit du beau; il considérait la reproduction comme un vice de l'amour, la grossesse comme une maladie d'araignée. Il a écrit quelque part: Les anges sont hermaphrodites et stériles. – Il aimait un corps humain comme une harmonie matérielle, comme une belle architecture, plus le mouvement; et ce matérialisme absolu n'était pas loin de l'idéalisme le plus pur. Mais comme dans le beau, qui est la cause de l'amour, il y avait selon lui deux éléments: la ligne et l'attrait, – et que tout ceci ne regarde que la ligne, – l'attrait pour lui, ce soir-là du moins, c'était le rouge.

La Fanfarlo résumait donc pour lui la ligne et l'attrait; et quand, assise au bord du lit dans l'insouciance et dans le calme victorieux de la femme aimée, les mains délicatement posées sur lui, il la regardait, il lui semblait voir l'infini derrière les yeux clairs de cette beauté, et que les siens à la longue planaient dans d'immenses horizons. Du reste, comme il arrive aux hommes exceptionnels, il était souvent seul dans son paradis, nul ne pouvant l'habiter avec lui; et si, de hasard,

Even at the cost of half his days on earth, what man would not desire to behold his dream, his dream come true, posing unveiled before him, and the adored phantom of his imagination drop one by one all the vestments designed to protect it from the eyes of the vulgar? But now Samuel, by some strange caprice of his began to protest like a spoilt child – 'I want my Columbine – bring back Columbine – give me her as she appeared that night when she drove me out of my mind with her fantastic crinolines and acrobat's tunic!'

Fanfarlo was at first astounded, but was willing to share and abet the eccentricity of the man she had chosen; she rang for Flora, who protested in vain that it was three o'clock in the morning, that the theatre was closed, the porter asleep and the weather impossible – for the storm was still raging outside; she had to obey the dancer who was herself obeying, so the lady's maid went out, when Cramer, struck by a fresh idea, hung on the bell-pull and shouted 'And mind you don't forget the rouge!'

This characteristic sally, which Fanfarlo herself disclosed one night when her fellow-actresses wanted to know how she began her affair with Samuel, in no way surprises me; it was typical of the author of the *Ospreys*. He will always be a lover of rouge, white make-up, pinchbeck, and theatrical kitsch of every description; he would gladly gild the lily, repaint the trees and sky, and had God trusted him with planning nature, he would no doubt have made a mess of it.

Although – and perhaps because – Samuel was a man of depraved imagination, love for him was less a matter of the senses than of reason. It was above all an admiration and appetite for the beautiful; he regarded reproduction as a vice of love, and pregnancy as a sort of spider's distemper. He wrote somewhere that 'angels are hermaphrodite and sterile'. He loved a human body as a material harmony, a mobile architecture, and this absolute materialism was not far removed from the purest idealism. But as the beautiful (the cause of love) according to him is made up of two elements, the line and the bait – and all that stuff about the body was only the line – the bait on that particular evening was the rouge.

So Fanfarlo embodied, for him, both the line and attraction as she sat on the side of the bed in the carefree posture and triumphant calm of a woman who is loved; and when he saw her with her hands so delicately laid upon him, he seemed to see the infinite behind her bright eyes, at last, while his own now soared and gazed into immense horizons. As is the case of all exceptional men, he was often all alone in his paradise, and no one else could inhabit it with him, and

il l'y ravissait et l'y traînait presque de force, elle restait toujours en arrière: aussi, dans le ciel où il régnait, son amour commençait d'être triste et malade de la mélancolie du bleu, comme un royal solitaire.

Cependant il ne s'ennuya jamais d'elle; jamais, en quittant son réduit amoureux, piétinant lestement sur un trottoir, à l'air frais du matin, il n'éprouva cette jouissance égoïste du cigare et des mains dans les poches, dont parle quelque part notre grand romancier moderne.

À défaut du cœur, Samuel avait l'intelligence noble, et, au lieu d'ingratitude, la jouissance avait engendré chez lui ce contentement savoureux, cette rêverie sensuelle, qui vaut peut-être mieux que l'amour comme l'entend le vulgaire. Du reste, la Fanfarlo avait fait de son mieux et dépensé ses plus habiles caresses, s'étant aperçue que l'homme en valait la peine: elle s'était accoutumée à ce langage mystique, bariolé d'impuretés et de crudités énormes. – Cela avait pour elle du moins l'attrait de la nouveauté.

Le coup de tête de la danseuse avait fait son bruit. Il y avait eu plusieurs relâches sur l'affiche; elle avait négligé les répétitions; beaucoup de gens enviaient Samuel.

Un soir que le hasard, l'ennui de M. de Cosmelly ou une complication de ruses de sa femme, les avait réunis au coin du feu, – après un de ces longs silences qui ont lieu dans les ménages où l'on n'a plus rien à se dire et beaucoup à se cacher, – après lui avoir fait le meilleur thé du monde, dans une théière bien modeste et bien fêlée, peut-être encore celle du château de sa tante, – après avoir chanté au piano quelques morceaux d'une musique en vogue il y a dix ans, – elle lui dit avec la voix douce et prudente de la vertu qui veut se rendre aimable et craint d'effaroucher l'objet de ses affections, – qu'elle le plaignait beaucoup, qu'elle avait beaucoup pleuré, plus encore sur lui que sur elle-même; qu'elle eût au moins voulu, dans sa résignation toute soumise et toute dévouée, qu'il pût trouver ailleurs que chez elle l'amour qu'il ne demandait plus à sa femme; qu'elle avait plus souffert de le voir trompé que de se voir délaissée; que d'ailleurs il y avait beaucoup de sa propre faute, qu'elle avait oublié ses devoirs de tendre épouse, en n'avertissant pas son mari du danger; que, du reste, elle était toute prête à fermer cette plaie saignante et à réparer à elle seule une imprudence commise à deux, etc., – et tout ce que peut suggérer de paroles mielleuses une ruse autorisée par la tendresse. – Elle pleurait et pleurait bien; le feu éclairait ses larmes et son visage embelli par la douleur.

whenever he tried to seize her and drag her into it by force she always remained some way behind him, so that in the heaven, the Ideal where it reigned, his love began to sadden and sicken with a blue melancholy, like some solitary prince.

However, he was never to tire of her; never, when he left that haven of love and stepped briskly along the pavement in the cool morning air, did he feel that selfish enjoyment of a cigar and his hands in his pockets, which one of our great novelists described somewhere.

Although Samuel's heart had its shortcomings, he had a noble mind. Instead of ingratitude, his gratified desire had brought him that delicious feeling of contentment, that sensual revery which is perhaps of more value than love as the common run of men understand it. Moreover, Fanfarlo had excelled herself and lavished her most subtle caresses, having discovered that this man was worth taking pains for. She had grown used to his metaphysical language with its odd flashes of crudeness and coarseness. It at least had the attraction of novelty.

The dancer's latest aberration was very much talked about. A series of cancellations appeared on the posters; she had been neglecting her rehearsals; Samuel was greatly envied.

One evening, when either chance, or Monsieur de Cosmelly's boredom, or some scheming on his wife's part had brought them together by the fire – after one of those prolonged silences which occur between married couples when they have nothing more to say to one another and a great deal to hide – after having made him the best tea on earth in a homely, cracked teapot, which could have been from her aunt's château – after singing a few pieces at the piano which were all the rage ten years ago – Madame de Cosmelly told him in the gentle, cautious tones of Virtue trying to make itself agreeable and afraid of offending the object of its affections – that she was very sorry for him indeed; that she had shed many a tear (for him rather than herself); that at least she would have wished, in her submissive and devoted resignation, that he might find somewhere all the love that he no longer wanted from his own wife; that she had suffered far more from seeing him deceived than in finding herself neglected; that in any case it was largely her own fault, that she had neglected her duties as a loving wife in failing to warn her husband of the danger he was in; that anyhow she was quite prepared to close that wound and herself make up for an imprudence for which they were both to blame – and so on – everything that cunning authorized by affection can suggest with honeyed words. Most impressively she wept, with the firelight glowing on her tears, on a face beautified by grief.

M. de Cosmelly ne dit pas un mot et sortit. Les hommes pris au trébuchet de leurs fautes n'aiment pas faire à la clémence une offrande de leurs remords. S'il alla chez la Fanfarlo, il y trouva sans doute des vestiges de désordre, des bouts de cigares et des feuilletons.

Un matin, Samuel fut réveillé par la voix mutine de la Fanfarlo, et leva lentement sa tête fatiguée de l'oreiller où elle reposait, pour lire une lettre qu'elle lui remit:

«Merci, Monsieur, mille fois merci; mon bonheur et ma reconnaissance vous seront comptés dans un meilleur monde. J'accepte. Je reprends mon mari de vos mains, et je l'emporte ce soir à notre terre de C..., où je vais retrouver la santé et la vie que je vous dois. Recevez, Monsieur, la promesse d'une amitié éternelle. Je vous ai toujours cru trop honnête homme pour ne pas préférer une amitié de plus à toute autre récompense.»

Samuel, vautré sur de la dentelle, et appuyé sur une des plus fraîches et des plus belles épaules qu'on pût voir, sentit vaguement qu'il était joué, et eut quelque peine à rassembler dans sa mémoire les éléments de l'intrigue dont il avait amené le dénouement; mais il se dit tranquillement: Nos passions sont-elles bien sincères? qui peut savoir sûrement ce qu'il veut et connaître au juste le baromètre de son cœur?

«Que murmures-tu là? qu'est-ce que c'est que ça? je veux voir, dit la Fanfarlo.

– Ah! rien, fit Samuel. – Une lettre d'honnête femme à qui j'avais promis d'être aimé de toi.

– Tu me le paieras», dit-elle entre ses dents.

Il est probable que la Fanfarlo a aimé Samuel, mais de cet amour que connaissent peu d'âmes, avec une rancune au fond. Quant à lui, il a été puni par où il avait péché. Il avait souvent singé la passion; il fut contraint de la connaître; mais ce ne fut point l'amour tranquille, calme et fort qu'inspirent les honnêtes filles, ce fut l'amour terrible, désolant et honteux, l'amour maladif des courtisanes. Samuel connut toutes les tortures de la jalousie, et l'abaissement et la tristesse où nous jette la conscience d'un mal incurable et constitutionnel, – bref, toutes les horreurs de ce mariage vicieux qu'on nomme le concubinage. – Quant à elle, elle engraisse tous les jours; elle est devenue une beauté grasse, propre, lustrée et rusée, une espèce de lorette ministérielle. – Un de ces jours elle fera ses pâques et rendra le pain bénit à sa paroisse.

Monsieur de Cosmelly left the house without saying a word. Men who are caught in the trap of their own errors or faults dislike submitting their remorse to another's clemency. If he went round to Fanfarlo's place, he no doubt noticed some signs of disorder, cigar-butts and literary stuff.

One morning, Samuel was dragged awake by Fanfarlo's saucy, protesting voice. Slowly he raised his sleepy head from the pillow, to read the letter which she thrust into his hands: .

'Many thanks, Sir, indeed a thousand thanks. My happiness and gratitude to you will be your reward in a better world than this. I accept your gift. I am taking back my husband from your hands, and will be leaving with him this evening for our estate at C... where I hope to recover the health and life I owe to you. Please accept, Sir, my promise of lifelong friendship. I have always believed you to be too honourable a man for you to fail to prefer a newly found friendship to any other possible reward.'

Samuel, as he sprawled on the lace bedcover and leaned against one of the coolest and loveliest shoulders imaginable, had a vague sensation of being tricked, and found it hard to reconstitute all the elements of a plot whose denouement he had managed to bring about. But he wondered to himself, 'Are our passions ever sincere? Who can ever know what he really wants? Who can read the barometer of his own heart?'

'What are you mumbling now? What's all this about? I want to see that letter', Fanfarlo said.

'Oh, it's nothing at all', Samuel said – 'It's just a letter from an honest woman, whom I'd promised to make you love me '

'Then I'll make you pay for it', she replied.

No doubt Fanfarlo really loved Samuel, but it was with a love of a kind which few souls have to undergo, fed on resentment. As for him, he had prepared the lash for his own back, the punishment met the sin. Having often simulated passion, he was now to learn what passion is, only it was not to be that peaceful, calm, strong love that honest women inspire, but a terrible, distressing and shameful love, the seedy love of a harlot. Samuel was to suffer all the torments of jealousy, the abjection and dejection arising from an awareness of an incurable constitutional sickness; in a word, all the horrors of that mockery of marriage, known as concubinage. – As for Fanfarlo, she is fattening every day and has turned into one of those plump beauties, clean and shiny and full of cunning, a sort of ministerial strumpet. One of these days she'll go to Easter mass and distribute the holy

À cette époque peut-être, Samuel, mort à la peine, sera *cloué sous la lame*, comme il le disait en son bon temps, et la Fanfarlo, avec ses airs de chanoinesse, fera tourner la tête d'un jeune héritier. – En attendant, elle apprend à faire des enfants; elle vient d'accoucher heureusement de deux jumeaux. – Samuel a mis bas quatre livres de science: un livre sur les quatre évangélistes, – un autre sur la symbolique des couleurs, – un mémoire sur un nouveau système d'annonces, – et un quatrième dont je ne veux pas me rappeler le titre. – Ce qu'il y a de plus épouvantable dans ce dernier, c'est qu'il est plein de verve, d'énergie et de curiosités. Samuel a eu le front d'y mettre pour épigraphe: *Auri sacra fames*! – La Fanfarlo veut que son amant soit de l'Institut, et elle intrigue au ministère pour qu'il ait la croix.

Pauvre chantre des *Orfraies*! Pauvre Manuela de Monteverde! – Il est tombé bien bas. – J'ai appris récemment qu'il fondait un journal socialiste et voulait se mettre à la politique. – Intelligence malhonnête! – comme dit cet honnête M. Nisard.

bread in the parish. Perhaps by then, Samuel, quite worn out, will turn up his toes and be stretched under the slab, as he used to say in his happier days, and Fanfarlo, with her canoness's airs, will turn the head of some rich young heir. Meanwhile she is learning how to have children and has just happily given birth to twins. Samuel has given birth to two 'scientific' works – a study of the four apostles and a treatise on the symbolism of colours; a pamphlet on a new system of advertising, and a fourth whose title I can't remember. The worst thing about the last effort is that it's so full of verve and eccentricities. Samuel had the nerve to insert, as an epigraph, *Auri sacra fames*. Fanfarlo wants her lover to be elected to the National Institute, and is intriguing with the Ministry for him to be awarded the Légion d'Honneur rosette.

Poor bard of the *Ospreys*! Poor Manuela de Monteverde! He has fallen very low. I heard recently that he has just founded a socialist newspaper and intends to go in for politics – a prime specimen of intellectual dishonesty, as our *honest* turncoat Nisard would say.

Notes on the Poems

The Savage Wife and the Kept Woman (p.55)
Le soliveau and *la grue* (King Log and King Crane) are characters from La Fontaine's fable 'Les Grenouilles qui demandent un roi' (Fables, III, 4).

Trinck! (p.149)
The translation of the title – Trinck! – is the oracle given to Panurge by 'La Dive Bouteille' in Rabelais' *The Fifth and Last Book*, chapter 45.

Anywhere Out of the World (p.191)
Baudelaire took the title from Thomas Hood's 'The Bridge of Sighs'. See Volume I, page 354 for Baudelaire's translation of Hood's poem.

Drafts and Notes (p.207)
When a peasant added his faggot to the stake at which Jan Huss was burned, the martyr exclaimed 'O sancta simplicitas!'

The Musard concert-hall was a seedy music hall near the Champs Élysées.

Variantes

LE CRÉPUSCULE DU SOIR

La tombée de la nuit a toujours été pour moi le signal d'une fête intérieure et comme la délivrance d'une angoisse. Dans les bois comme dans les rues d'une grande ville, l'assombrissement du jour et le pointillement des étoiles ou des lanternes éclairent mon esprit.

Mais j'ai eu deux amis que le crépuscule rendait malades. L'un méconnaissait alors tous les rapports d'amitié et de politesse, et brutalisait sauvagement le premier venu. Je l'ai vu jeter un excellent poulet à la tête d'un maître d'hôtel. La venue du soir gâtait les meilleures choses.

L'autre, à mesure que le jour baissait, devenait plus aigre, plus sombre, plus taquin. Indulgent pendant la journée, il était impitoyable le soir; – et ce n'était pas seulement sur autrui, mais sur lui-même que s'exerçait abondamment sa manie crépusculaire.

Le premier est mort fou, incapable de reconnaître sa maîtresse et son fils; le second porte en lui l'inquiétude d'une insatisfaction perpétuelle. L'ombre qui fait la lumière dans mon esprit fait la nuit dans le leur. – Et, bien qu'il ne soit pas rare de voir la même cause engendrer deux effets contraires, cela m'intrigue et m'étonne toujours.

Variants

EVENING TWILIGHT

For me, nightfall has always been a signal for inner rejoicing, as if it were a deliverance from anguish. Whether in the woods or in the streets of a great city, the darkening of the day and the scintillations of stars or streetlamps bring light into my mind.

Yet I had two friends who were distressed by twilight. One of them would forget all the civilities of friendship and courtesy, and savagely maltreat the first person he came across. I once saw him throw a perfectly good chicken at a head-waiter. Nightfall could ruin the best of things for him.

The other, as the day declined, grew more bitter and depressed and sharp-tongued. Quite a tolerant man in daytime, he became merciless in the evening; it was not only against others but against himself that his twilight mania vented its spleen.

The first friend died insane, unable to recognize his mistress and his own son. The second is tormented by a constant feeling of uneasiness and dissatisfaction. The gloam which brings light into my mind brings nothing but darkness into theirs. And although it is not unusual to see the same cause result in contrary effects, this never ceases to intrigue and astonish me.

[First version, 1855; cf. page 97]

LA SOLITUDE

Il me disait aussi, – le second, – que la solitude était mauvaise pour l'homme, et il me citait, je crois, des paroles des Pères de l'Église. Il est vrai que l'esprit de meurtre et de lubricité s'enflamme merveilleusement dans les solitudes; le démon fréquente les lieux arides.

Mais cette séduisante solitude n'est dangereuse que pour ces âmes oisives et divagantes qui ne sont pas gouvernées par une importante pensée active. Elle ne fut pas mauvaise pour Robinson Crusoë; elle le rendit religieux, brave, industrieux; elle le purifia, elle lui enseigna jusqu'où peut aller la force de l'individu.

N'est-ce pas La Bruyère qui a dit: «Ce grand malheur de ne pouvoir être seul?.....» Il en serait donc de la solitude comme du crépuscule; elle est bonne et elle est mauvaise, criminelle et salutaire, incendiaire et calmante, selon qu'on en use, et selon qu'on a usé de la vie.

Quant à la jouissance, – les plus belles agapes fraternelles, les plus magnifiques réunions d'hommes électrisés par un plaisir commun n'en donneront jamais de comparable à celle qu'éprouve le Solitaire, qui, d'un coup d'œil, a embrassé et compris toute la sublimité d'un paysage. Ce coup d'œil lui a conquis une propriété individuelle inaliénable.

SOLITUDE

My second friend also told me that solitude is bad for human beings, and quoted, I think, some biblical text. It is true that an impulse to murder and lewdness is powerfully stimulated by all kinds of solitude; the devil haunts barren places.

But the seduction of solitude is only dangerous for those idle and wayward souls which are not governed by some important, activating thought. It was not harmful for Robinson Crusoe, but made him into a religious, honest and industrious man; it purified him and taught him how far an individual's strength may go.

Was it not La Bruyère who remarked on 'the great misfortune of not being able to be alone'? The same is true of solitude as of twilight; it may be good or bad, criminal or salutary, inflammatory or tranquillizing, according to how we use it and according to how we have used our lives.

As for enjoyment, the most splendid feasts of fraternity, the most magnificent reunions of men who are spurred by some common pleasure, will never rival those of the solitary man, who, at a single glance, has embraced and understood the sublimity of a landscape. That glance has won him a personal property which nothing can take away.

[First version, 1855; cf. page 101]

Also in Anvil Editions

BAUDELAIRE
VOLUME I
The Complete Verse
translated and introduced by Francis Scarfe

The complete verse of Charles Baudelaire (1821–1867) is presented for the first time in a text with English translations. 'No one must underestimate the value of the present enterprise to even the most advanced student of French literature.'
– Michael Glover, *British Book News*

HÖLDERLIN
Selected Verse
translated and introduced by Michael Hamburger

Michael Hamburger's selection of the poetry of Friedrich Hölderlin (1770–1843) concentrates on his most mature work, the poetry of his middle years written between 1797 and 1803, and also includes a selection of the poems of his so-called madness written from 1805 onwards.

French Poetry in Bilingual Editions

APOLLINAIRE
Selected Poems
translated and introduced by Oliver Bernard

A representative cross-section of the most dynamic modernist French poet's work. 'Oliver Bernard's translations ... are immediately engaging in their vividness and humour.' – Christopher Ricks, *New Statesman*

VICTOR HUGO
The Distance, The Shadows
selected poems translated by Harry Guest

'... the virtues of these translations will be immediately evident to any reader. They can all be read with pleasure, and many of them can only be described as masterly.' – John Ash, *PN Review*

POEMS OF JULES LAFORGUE

translated and introduced by Peter Dale

Peter Dale captures Laforgue's wit and panache in this sub-
stantial selection from one of the quirkiest and most entertain-
ing of French poets. 'Generally, when Dale adapts, he still
manages to reproduce, conveying much of the letter of the
original as well as the spirit. . . . The collection is hard to over-
praise.' – D.J. Enright, *The Observer*

GÉRARD DE NERVAL
The Chimeras

translated by Peter Jay with an essay by Richard Holmes

'The rendering of Gérard de Nerval's justly celebrated and
mysteriously allusive sonnet sequence in English is a formi-
dably difficult enterprise, and translator and publisher are to be
congratulated.' – Michael Glover, *Books and Bookmen*

USA edition: Black Swan Books

ARTHUR RIMBAUD
A Season in Hell and Other Poems

translated by Norman Cameron with an introduction by Michael Hamburger

In the opinion of Robert Graves, Norman Cameron was
unsurpassed as a translator of Rimbaud. This volume contains
thirty-three of the verse poems and the whole of *Une Saison en
enfer*, the extraordinary work that was Rimbaud's literary
testament, his apology, and a contribution to the mythology
of his time.

PAUL VERLAINE
Femmes/Hombres: Women/Men

translated by Alistair Elliot

'. . . in Verlaine's clandestine collections of erotic verse, Mr
Elliot succeeds marvellously . . . astonishing, beautiful poems,
astonishingly and beautifully rendered.' – D.M. Thomas

USA edition: Sheep Meadow Press